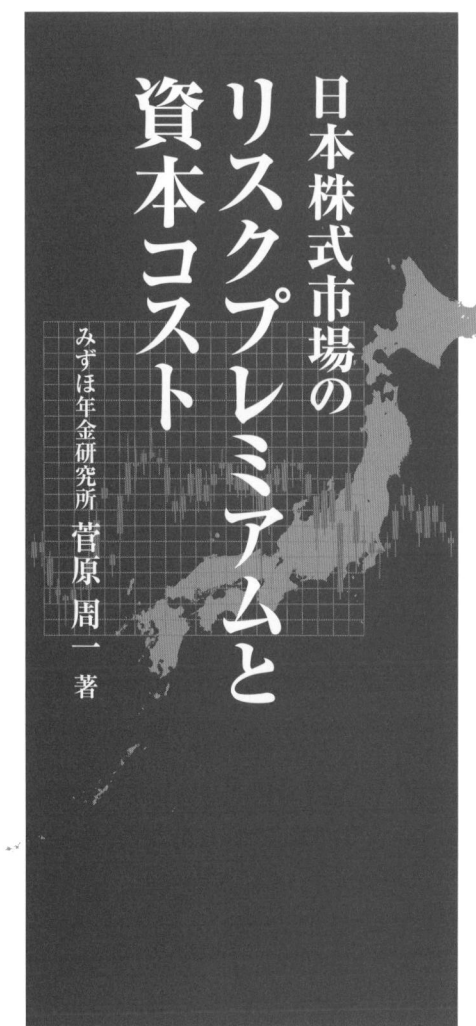

日本株式市場の
リスクプレミアムと
資本コスト

みずほ年金研究所 菅原 周一 著

株式会社 きんざい

 きんざいプロフェッショナルとは、㈱きんざい出版センター刊行の出版物で金融実務において専門性が高く、かつ実務・体系的に解説されている書籍に対して付与される。

まえがき

　日本経済が長期低迷するなかで日本株式市場も厳しい状況が続いていたが、2012年12月末の安倍政権発足以降、日本経済再生の可能性を期待して株式市場が大きく上昇した。しかし、株式市場は、期待が現実のものとならないことがわかれば調整される。期待が大きければ、実現されなかったときの反動は大きくなる。期待を現実のものとするためには、日本株式市場を構成する個々の企業が期待に応える必要がある。日本全体をみると少子高齢化が進み、高い経済成長が期待できないなかで、一部の企業では経済成長が著しい新興国の成功を取り込むことで大きく成長することに成功している企業も存在する。しかし、日本企業全体をみると、期待以上の成果をあげることは簡単ではないことは容易に推測できる。

　一方、現在の日本企業の多くをみると、経営を改善できる要素が数多く残されている。そのなかでも、（自己）資本コストを意識した企業経営を行うことは重要であり、各企業経営者はこの（自己）資本コスト以上の収益を、永続的、安定的にあげていくことに注力する必要がある。また、投資家はこの（自己）資本コスト以上の収益をあげられる企業であるか否かの評価を行うことが重要となる。本書の最大のテーマは、日本経済再生の鍵となるこの（自己）資本コストの推定方法とその前提となる日本株式市場のリスクプレミアムの推定に置いている。

　本書は、五つの章から構成されている。最初の二つの章が自己資本コストおよび資本コスト推定のための解説であり、後半の三つの章は、前段の二つの章で議論される重要なトピックスに関するテクニカルな分析をまとめたものである。まず、第1章では日本株式市場の歴史を明治初期から振り返るとともに日本株式市場の期待されるリターンおよびリスクプレミアムの今後について推定し、第2章では前章で推定した株式リスクプレミアムに加えて、

まえがき

負債コスト、節税効果の大きさを推定するために必要となる税率、資本構成割合等から自己資本を推定する方法を実務面を加味して具体的に解説している。第3章では資本コストを構成する重要な要素である負債コスト（社債コスト）の代表的な推定方法について比較を行うとともに、特徴、留意点について確認を行っている。第4章ではハードルレートとしての自己資本コストに着目して、これを上回る利益をあげている企業の株式価値が上昇していることを確認し、自己資本コストを意識した企業経営が重要であることを示している。そして、最後の第5章では、自己資本コストを推定するための代表的なモデルである資本資産評価モデルに代わる新しいモデルの存在の有無について、ハンセン・ジャガナサン距離を用いて比較、評価し、より適切なモデルが存在する可能性を示している。各章の概要は、以下のとおりである。

第1章の「日本株式市場とリスクプレミアム」では、日本株式市場の歴史を株式取引所が開設された1878年以降から振り返り、価格変動の要因を確認するとともに、日本株式市場に投資することで負担することになるリスクの対価である株式リスクプレミアムの大きさを、過去の実績値や将来の企業業績、経済成長の大きさ等から多面的に分析している。さらに、今後の日本株式市場から得ることが期待されるリターンおよびリスクプレミアムの大きさを推定し、日本株式市場が現在抱えている課題について整理している。

第2章の「資本コストの推定」では、資本市場で非常に重要な役割を果たしている資本コストとは何か、資本市場の期待役割は何かについて確認し、資本コストの推定方法について加重平均資本コストを中心に解説している。具体的には、加重平均資本コストを推定する際に必要となる主要要素（自己資本コスト、負債コスト、税率、資本構成割合）の推定方法を解説し、最後に、資本コスト推定方法の手順と留意点について述べている。

第3章の「負債コスト算出のための社債の期待リターン推定方法に関する考察」では、まず、社債投資の期待リターン推定の代表的な方法と特徴を概観し、財務データからデフォルト確率を推定して社債の期待リターンを求め

る方法、格付情報からデフォルト確率を推定して社債の期待リターンを求める方法および、資本資産評価モデル（CAPM）が示したベータ値を含む2ファクターモデルとファーマ・フレンチが示した3ファクターを含むマルチファクターモデル等から社債の期待リターンを求める方法について解説し、各々の特徴を示している。そして最後に、各々の手法を採用する際の留意点を確認している。

第4章の「ハードルレートとしての自己資本コストと投資戦略への応用」では、過去の日本株式市場において、実績リターンと利益に関連するいくつかの代表的な指標の成長率との関係を確認し、これらの利益関連指標の成長率に加えて、（自己）資本コストを上回る利益に関する指標の成長率が高かった銘柄群から構築したポートフォリオのパフォーマンスがよいことを確認するとともに、利益関連指標の投資戦略への応用の可能性についても検討を行っている。そして、最後に自己資本コストを考慮した意思決定が企業経営者および株主にとって重要であることを確認するとともに今後の課題について整理している。

第5章の「ハンセン・ジャガナサン（HJ）距離による自己資本コスト推定モデルの比較」では、自己資本コストの推定方法として、これまでに利用されてきた資本資産評価モデル（CAPM）よりも適切なモデルが存在するか否かを評価することを目的として、CAPMやファーマ・フレンチの3ファクターモデル等の代表的な自己資本コスト推定モデルについて、Hansen and Jagannathan (1997) のHJ距離をもとに、Kan and Robotti (2009) が示したモデル間比較の方法を適用して、モデルの比較、評価を行い、より適切なモデルが存在する可能性が高いことを示している。

以上が本書の概要であるが、企業経営者が（自己）資本コストを考えた経営を行ううえで、また、投資家が（自己）資本コストを考えた株式投資を行ううえで、本書がなんらかの手助けになれば、本書を執筆した目的は達成さ

まえがき

れたと考えている。企業経営や資産運用に携わる多くの方々に読んでいただければ、幸いである。

　本書をまとめる過程で、多くの方々にご指導、ご協力をいただいている。上智大学の斎藤進名誉教授には、本書の中心テーマである自己資本コスト推定モデルに関する分析およびアセット・プライシング理論全般に関して、多くのご指導をいただいている。早稲田大学大学院ファイナンス研究科の森平爽一郎教授には、金融工学をはじめとしたファイナンス全般に関して長年にわたり、多くのご指導をいただいている。また、みずほ年金研究所の湊信幸社長、みずほ年金レポート編集委員長の谷田信夫氏には、みずほ年金レポートの執筆活動を通して、ご支援、ご指導をいただいたことに感謝したい。本書の執筆過程では、イボットソン・アソシエイツ・ジャパン㈱の山口勝業社長、小松原宰明マネージング パートナーCIO、㈱東洋経済新報社の依光孝史部長から、多くのご助言、ご指導をいただいている。さらに、みずほ信託銀行のスタッフの方々にご協力いただいた。片岡淳氏、青山祥一朗氏、豊島裕樹氏には、データ処理作業および分析作業の一部について協力をいただいている。原稿完成時には、第1章、第2章を中心にみずほ年金研究所 村上正人専務理事ならびに近畿大学経営学部の桂眞一教授からご助言をいただいている。この場を借りて、お礼を申し上げたい。なお、本書出版の機会を与えていただき、本書完成に至るまで多くのご助言とサポートをいただいた㈱きんざい出版センターの西野弘幸部長に御礼申し上げたい。

　最後に、私事になるが、自宅での長期にわたる週末での執筆活動を、温かく見守ってくれた妻恭子に心から感謝したい。

2013年8月

菅原　周一

目　次

▶第1章　日本株式市場とリスクプレミアム

1　日本株式市場の歴史 …………………………………………………… 3
- (1) 近代日本株式市場の誕生から第二次世界大戦開始まで …………… 6
- (2) 戦後の復興期 …………………………………………………………… 9
- (3) 岩戸景気からいざなぎ景気まで …………………………………… 12
- (4) ニクソン・ショックから平成バブル発生前まで ………………… 14
- (5) 平成バブルの発生と崩壊 …………………………………………… 15
- (6) バブル崩壊以降からITバブル崩壊まで ………………………… 19
- (7) ITバブル崩壊以降から現在まで ………………………………… 22

2　日本株式市場のリスクプレミアム ………………………………… 25
- (1) 株式リスクプレミアムとは ………………………………………… 25
- (2) 株式リスクプレミアムに関するこれまでの研究 ………………… 26
- (3) 日本株式市場における過去のリスクプレミアム ………………… 36
- (4) 過去の株式リスクプレミアム ……………………………………… 41
- (5) 算術平均か、幾何平均か、あるいは両者の中間か ……………… 45
- (6) 一定ではない株式リスクプレミアム ……………………………… 50
- (7) その他の代表的な株式リスクプレミアムの推定方法 …………… 59

3　日本株式市場の展望と課題 ………………………………………… 75
- (1) 日本株式市場の展望 ………………………………………………… 75
- (2) 日本株式市場の課題 ………………………………………………… 82

〈補論Ⅰ〉　PERに着目したリターン分解（PBRについても同様に分解可能）………… 86
〈補論Ⅱ〉　Tモデルの導出 ……………………………………………………………… 88

v

目次

▶第2章 資本コストの推定

1 資本コストの期待役割 …………………………………………… 91
 (1) 資本コストとは何か ……………………………………… 91
 (2) 資本コストの役割 ………………………………………… 93
2 資本コストの推定方法 …………………………………………… 95
 (1) 資本コスト推定の基本的な考え方と加重平均資本コスト …… 95
 (2) 加重平均資本コスト算出のための主要要素の推定方法 …… 97
3 自己資本コスト推定の方法 …………………………………… 106
 (1) CAPMによる自己資本コスト算出に必要となる変数の推定 …… 106
 (2) F&Fの3ファクターモデルによる自己資本コスト算出に必要となる変数の推定 …… 128
 (3) 自己資本コストとレバレッジ …………………………… 134
4 負債コスト ……………………………………………………… 138
 (1) デフォルト確率からの方法 ……………………………… 141
 (2) ベータ値から推定する方法 ……………………………… 141
5 法人税率推定の方法 …………………………………………… 142
6 資本構成割合推定の方法 ……………………………………… 145
7 資本コスト推定の実際 ………………………………………… 147
 (1) 具体的な資本コストの推定例 …………………………… 147
 (2) 資本コスト利用上の留意点 ……………………………… 151
 (3) まとめ …………………………………………………… 152
〈補論Ⅲ〉 加重平均資本コスト算出式 (WACC: Weighted Average cost of capital) の導出 …… 154

▶第3章 負債コスト算出のための社債の期待リターン推定方法に関する考察

1 はじめに ………………………………………………………… 159
2 社債の期待リターン推定の代表的な方法と特徴 …………… 160
 (1) 社債の期待リターン推定の方法 ………………………… 160
 (2) 具体的な社債投資の期待リターン推定方法とその特徴 …… 163

3　デフォルト確率による社債の期待リターンの推定 ……………… 166
　(1)　財務データからの方法 …………………………………………… 166
　(2)　格付情報からの方法 ……………………………………………… 169
4　マルチファクターモデルによる社債の期待リターンの推定 ……… 172
5　おわりに ……………………………………………………………… 182

第4章　ハードルレートとしての自己資本コストと投資戦略への応用

1　はじめに ……………………………………………………………… 187
2　過去にパフォーマンスがよかった銘柄群の特徴 …………………… 188
　(1)　リターンの大きさと銘柄分布の関係 …………………………… 189
　(2)　リターンの大きさと銘柄利益の関係 …………………………… 193
　(3)　リターンの大きさと自己資本コスト・資本コストの関係 …… 193
3　自己資本コストを上回る残余利益を含む利益関連指標とポートフォリオのパフォーマンス …………………………………………… 200
4　自己資本コストを上回る残余利益を含む利益関連指標の投資戦略への応用の可能性 ……………………………………………… 204
　(1)　スクリーニングとランキングによる少数銘柄ポートフォリオのパフォーマンス …………………………………………………… 205
　(2)　ポートフォリオの下方リスク …………………………………… 211
　(3)　ポートフォリオのリスク特性 …………………………………… 211
5　おわりに ……………………………………………………………… 221

第5章　ハンセン・ジャガナサン距離による自己資本コスト推定モデルの比較

1　はじめに ……………………………………………………………… 225
2　これまでの研究成果 ………………………………………………… 225
　(1)　ハンセン・ジャガナサン距離 …………………………………… 225
　(2)　ハンセン・ジャガナサン距離によるモデル間比較 …………… 228

目次

- 3 ハンセン・ジャガナサン距離による自己資本コスト推定モデルの比較 ……………………………………………………………………… 231
  - (1) 分析対象 ……………………………………………………………… 231
  - (2) ファクターモデルの評価 …………………………………………… 234
  - (3) 自己資本コスト推定モデルの評価 ………………………………… 237
  - (4) 分析結果 ……………………………………………………………… 239
- 4 おわりに …………………………………………………………………… 241

〈補論Ⅳ〉
- 1. Hansen and Jagannathan（1997）のハンセン・ジャガナサンの距離 ………………………………………………………………………… 242
- 2 ハンセン・ジャガナサン距離算出の実際 …………………………… 247
- 3 ハンセン・ジャガナサン距離と確率割引ファクターの係数の推定と検定 ………………………………………………………………………… 249

第1章
日本株式市場とリスクプレミアム

第1章　日本株式市場とリスクプレミアム

概　　要

　資本主義経済において、企業は価値創造の中心的役割を果たしており、企業の将来に対する期待（予想）[1]は株式市場で評価され、株価という集約された一つの変数として表されている。そして、日本で活動の基盤をもつ企業の株価をなんらかの方法で合計したものが、日経平均株価（NK225）や東証株価指数（TOPIX）である。こういった株価指数の動きは、日本という国全体の経済に対する期待（予想）の変化を表していると考えられ、市場に参加している平均的な投資家が想定している将来の日本経済の方向性を予想したものと考えることができる。したがって、株式市場の歴史を振り返ることは日本経済に対する各時点における将来に対する期待（予想）とその変化の歴史を振り返ることになり、日本経済の将来を展望するうえで多くの情報を提供してくれる。

　一方、株式市場から得られるリターンの大きさは、株式市場に参加して株式市場のリスクを負担することへの対価としてのリターンであるリスクプレミアムと無リスク資産に投資することで得られるリターン（無リスク金利）の和として表すことができる。したがって、株式市場の歴史を振り返ることは、株式市場のリスクプレミアムの動きを振り返ることでもある。

　以下では、まず、日本株式市場の歴史を株式取引所が開設された1878（明治11）年以降から振り返り、価格変動の歴史を確認する。次に、日本株式市場に投資することで負担することになるリスクの対価である株式リスクプレミアムと株式リターンの大きさを、過去の実績値や将来の企業業績、経済成長の大きさ等から多面的に検討する。最後に、今後の日本株式市場から得ることが期待されるリターンおよびリスクプレミアムの大きさを確認するとともに、日本株式市場が現在抱えている課題について整理する。

1 ▶ 日本株式市場の歴史

　近代の資本主義経済では、企業が価値創造の中心に位置し、企業の活動が経済全体を動かしているといっても過言ではない。そして、企業の将来に対する期待がその企業の株式価値に反映され、その国内にある企業の株式価値の総和がその国の株式市場全体の動きとなる。したがって、日本株式市場の歴史を知ることは、その時点での日本の経済全体の将来に対する期待を表している。以下では、日本株式市場の歴史を振り返りながら、過去の事実を確認する。なお、日本で初めて株式取引所が開設されたのは、明治初期の1878（明治11）年であり、明治政府の政策は、短期間のうちに日本を欧米の近代国家に追いつかせようとするものであった。その多くは欧米の近代化された資本主義国家から学び、生まれたものである。株式市場についても同様で、欧米の株式市場を手本としている。たとえば、1887（明治20）年5月14日に公布された取引所条例はベルリン取引所の制度を基につくられたとされている。日本株式市場の歴史を振り返ろうとすれば、まずその起源である近代日本の資本市場誕生の経緯を知る必要がある。

　以下では、1946（昭和21）～1949（昭和24）年4月までの期間を除く明治の初めから現在に至るまでの135年間の日本株式市場の歴史を振り返ることとする（ただし、第二次世界大戦までの1878（明治11）～1945（昭和20）年のデータ系列に関しては、整備されたものが入手できず、過去の文献、資料から独

1　株式価値は、株主に帰属する将来フリーキャッシュフローの現在価値の総和として計算される。したがって、株式価値は将来フリーキャッシュフローの予測と割引率である自己資本コストの予測から決定されることになるが、実際の価格決定に対しては市場参加者の心理的な要素が入るため、価格自体は大きく変動する。このような結果として価格付けされた株式価値と一国の経済は、必ずしも明確ではないものの、ある程度の関係があることがわかる。特に、変化の方向性に関しては、両者にはなんらかの関係があると考えられる。

第1章 日本株式市場とリスクプレミアム

自に作成[2]している)。戦後の1949(昭和24)年5月以降のデータ系列については、日本経済新聞社HP「http://indexes.nikkei.co.jp/nkave/archives/data」の「日経平均プロフィル」より日経平均株価(月次データ)を取得している。したがって、1878(明治11)～1945(昭和20)年の68年間は独自に作成した年次データ、1949(昭和24)年5月末～2013(平成25)年3月末までの約65年は日経平均株価の月次データを使っている。

図表1-1には、日経平均株価の月次データ(月次終値基準)から作成した約65年間の過去の推移を示している。1949(昭和24)年5月末以降の日経平均株価の最安値(以降月末基準)が1950(昭和25)年6月末の86.17円で、最高値が1989(平成元)年12月末の38,915.87円であるため、図表1-1から株価水準の異なる時点での株価変化率の大きさを視覚的に比較することは困難である。そこで、日経平均株価の月次データ(月次終値基準)に対して対数をとって[3]作成した約65年間の過去の推移を図表1-2に示す。図表1-1と1-2を比較すると、図表1-1からではわかりにくいが、図表1-2からいくつかの重要なことが確認できる。まず、少なくとも株式市場の価格変動の大きさは、過去も現在もそれほど大きく変わっていないこと、次に、1989(平成元)年までは一定のトレンドをもって上昇しているが、1990(平成2)年以降は下降トレンドが続いていることが確認できる。また、回数は多くないものの、一定の上昇トレンドから上方に大きく乖離する時期が複数

---

[2] 明治以降、第二次世界大戦勃発までのデータ系列については、国会図書館所蔵の資料およびHP「http://rnavi.ndl.go.jp/research_guide/entry/post-380.php」の「株価の調べ方」を参照されたい(データ系列作成に際しては東洋経済新報社の依光孝史氏のご助言を頂いている)。

[3] 株価水準が100の時点で100だけ上昇して200に変化した場合、変化幅は100で変化率は100%となるが、株価水準が10,000の時点で100だけ上昇して10,100に変化した場合、変化幅は同じ100であっても変化率は1%となり、前者の100%と比較して1/100の大きさとなる。株式市場の価格変動の動きを知るうえでは、変化の幅ではなく変化率が問題となることが多いため、長期での株価水準が異なる場合での比較の議論をする際には対数をとったグラフを使うことが一般的である。

図表1−1　1949年5月〜2013年3月末までの日経平均株価の推移

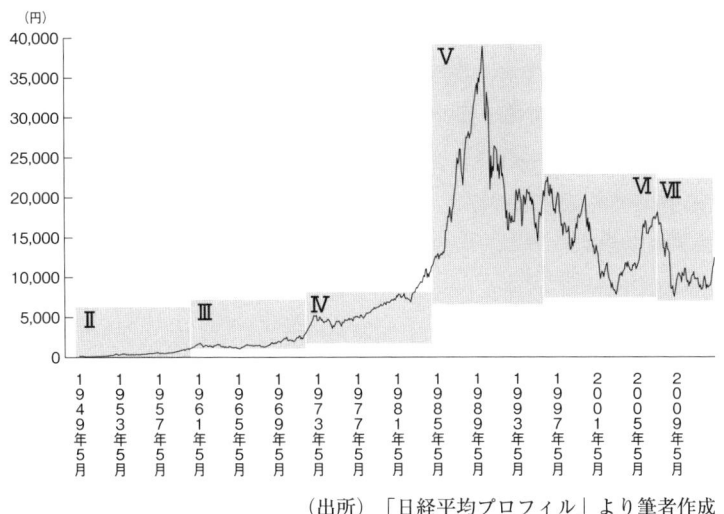

（出所）「日経平均プロフィル」より筆者作成

図表1−2　1949年5月〜2013年3月末までの日経平均株価の推移（対数表示）

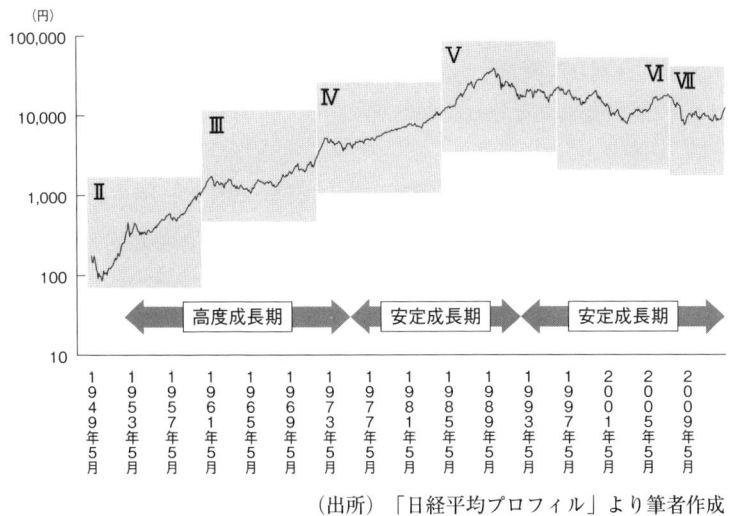

（出所）「日経平均プロフィル」より筆者作成

第1章 日本株式市場とリスクプレミアム

存在することも確認できる。これらのことをふまえて以下では、1949（昭和24）年5月末〜2013（平成25）年3月末までの期間を下記の六つ（明治初期から第二次世界大戦開始までの期間を含めると七つ）に分けて、景気、経済との関係をふまえて株式市場の価格変動の歴史を概観する。

Ⅰ（1878（明治11）〜1945（昭和20）年）
近代日本株式市場の誕生から第二次世界大戦開始まで

Ⅱ（1949（昭和24）年5月〜1959（昭和34）年12月）
戦後の復興期

Ⅲ（1960（昭和35）年1月〜1970（昭和45）年12月）
岩戸景気からいざなぎ景気まで

Ⅳ（1971（昭和46）年1月〜1982（昭和57）年12月）
ニクソン・ショックから平成バブル発生前まで

Ⅴ（1983（昭和58）年1月〜1992（平成4）年12月）
平成バブルの発生と崩壊

Ⅵ（1993（平成5）年1月〜2003（平成15）年12月）
バブル崩壊以降からITバブル崩壊まで

Ⅶ（2004（平成16）年1月〜2013（平成25）年3月）
ITバブル崩壊以降から現在まで

(1) 近代日本株式市場の誕生から第二次世界大戦開始まで

　江戸時代後期、複数の無限責任の資本提供者による企業の原型と考えることができる組織が、日本国内にいくつか存在したといわれている。しかし、これらの組織は、現在のような近代的株式会社とは多くの点で異なっていた。その後、欧米を外遊して巨大資本による株式会社制度の重要性を学んだ渋沢栄一や福沢諭吉等が株式会社設立に力を注ぐとともに、明治政府も株式会社設立を支援した。その結果として、1869（明治2）年頃から、東京や大阪などの主要都市で通商会社や為替会社が設立され始めていた。

しかし、日本における最初の近代的な株式会社は1873（明治6）年6月11日に設立され、7月20日に開業した第一国立銀行であろう。この後、多くの銀行が株式会社として活動を開始した。そして、1878（明治11）年7月15日に東京株式取引所で売買が開始された。この時点で上場された銘柄は東京株式取引所、第一国立銀行、東京麹町米商会所、東京町米商会所の4銘柄であった。また、1879（明治12）年1月6日には大阪株式取引所で売買が開始されている。1886（明治19）年以降になると、政府のデフレ政策による通貨の安定と金利低下に加えて、資金が株式市場に供給できる環境が整ったこともあり、鉄道、紡績等、その後の日本経済を牽引することが期待される企業が数多く新設、上場され、上場ブームとなった。そして1889（明治22）年には東京株式取引所の出来高が年間200万株を超え、過熱状態となった。売買の中心は短期的な価格の上昇を期待した投機的な取引であり、近代日本株式市場で最初の株式ブームである。このブームは、実態を伴わないものであったために、短期間で崩壊することとなった。

　1889（明治22）年には凶作による米価の高騰と物価上昇、それまでの過剰な株式発行による資金の吸収により金融逼迫の兆候が表れ、1890（明治23）年の初めには金融逼迫と金利上昇をきっかけとして、株式市場も大暴落することとなった。この暴落は、近代日本資本市場で最初の経済恐慌（明治23年恐慌）といわれている。金融逼迫と株価下落は、創業間もない新興企業にとって大きな打撃となった。

　1894（明治27）年8月1日に起きた日清戦争は、その後の日本経済を大きく発展させることとなった。公定歩合の引下げをきっかけとして、株式市場は過熱し1895（明治28）年にピークとなった。しかし、1898（明治31）年4月以降の貿易輸入超と米穀の凶作による米価高騰と物価上昇、さらに日本銀行の度重なる公定歩合の引上げにより、年末に株価は暴落した。その後、株式市場は不安定な状態が続き、1904（明治37）年に入ると日露関係の悪化の懸念から株式市場は下落した。ところが、1904（明治37）年2月8日に日露

第1章 日本株式市場とリスクプレミアム

　戦争が始まると株価は急上昇し、その後は戦況の変化とともに株価は変動した。一時は、企業業績の好転とともに上昇を始め過熱市場となったが、戦争終結とともに株価は急落した。この勝利により日本経済は大きく成長し、国家の近代化が急激に進むこととなった。

　日露戦争終結以降の1907（明治40）年頃から続いた長い不況は、大正時代に入った1914（大正3）年7月28日の第一次世界大戦の始まりにより一変した。この大戦で日本はさらに資本の蓄積が進むとともに、物価が急騰し、日本全国に米騒動が発生するまでに至った。株式市場は急上昇し、1918（大正7）年11月に大戦が終結すると、一度は調整に入ったが、1919（大正8）年には戦後景気を期待して信用膨張が拡大するとともに、株価は急上昇した。しかし、1920（大正9）年には金融引締めと銀行貸出の抑制により株価が大暴落することとなった。この時には、銀行の取付け騒ぎが全国で発生するなど、大混乱となったため、日本銀行が特別融資を行い、事態の沈静化を図っている。さらに、1923（大正12）年9月1日に関東地方を直撃した大地震（関東大震災）の発生により、日本経済は大打撃を受けることとなった。政府は災害地に支払猶予令を出し、日本銀行は震災手形を発行するなどの対策を打つことで対処したこともあり、株式市場は平静さを取り戻すことができた。

　ところが、1929（昭和4）年10月24日にニューヨーク株式市場で株価が大暴落した。この暴落は直ちに世界中の株式市場に伝播し、全世界で株価が暴落することとなった。日本株式市場も例外ではなく、翌日から下落が始まっている。この暴落により米国経済が大打撃を受けただけではなく、全世界が巻き込まれる世界大恐慌へと拡大していった。日本株式市場は急落後、政府の株価対策もあり、1930（昭和5）年10月を底として反転し、1937（昭和12）年には軍事関連企業を中心に株価の急上昇が始まった。この時点で株式市場は投機市場と化していたが、1938（昭和13）年4月に「国家総動員法」が公布されると、市場は下落した。しかし、1939（昭和14）年に入ると、欧州で

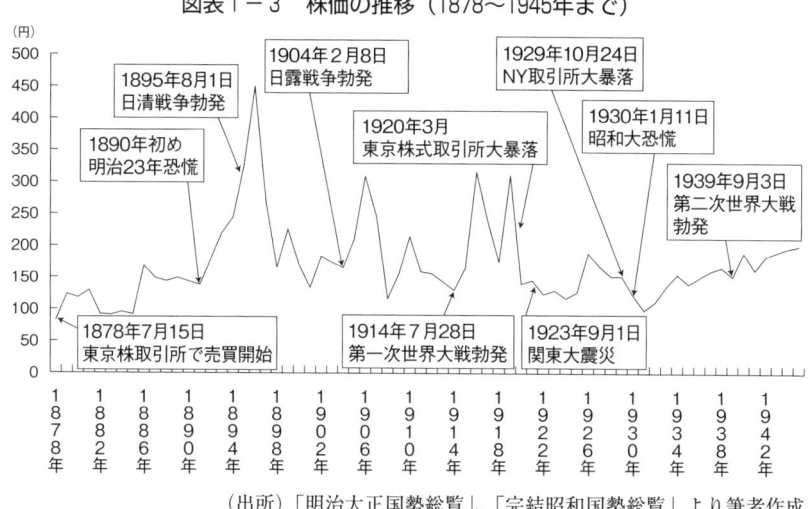

(出所)「明治大正国勢総覧」、「完結昭和国勢総覧」より筆者作成

の戦争が本格化し、株価は高騰したものの戦争による経済統制が強まるにつれて、株価は下落することになり、政府は株価維持対策を打つこととなった。そして、1941（昭和16）年12月8日、日本は真珠湾を急襲し、太平洋戦争が始まったことにより、市場は戦時下の経済統制のなかで株式市場も強い制約を受けることとなった。

(2) 戦後の復興期

　1945（昭和20）年8月6日に広島、8月9日に長崎に原爆が投下され、さらに8月8日にソ連軍が宣戦布告し、敗戦は明らかとなっていた。日本経済は完全に機能不全に陥り、8月10日から全市場で取引が停止された。日本は同年8月15日に連合軍に全面降伏し、取引所も連合国軍総司令部（GHQ：General Headquarters）の管理下に置かれることとなった。GHQは取引所の再開を直ちに認めず、閉鎖が続いたため、取引所外で自然発生的に生まれた

第1章 日本株式市場とリスクプレミアム

集団取引が行われていた。取引所が再開されたのは、第二次世界大戦の終結から4年後の1949（昭和24）年5月11日であった。一方、1949（昭和24）年3月に実施されたドッジライン（日本経済の早期自立と安定のために実施された財政、金融引締め策）により戦後のインフレは沈静化したものの、日本経済はデフレ状態に陥り、不況が深刻化する事態となり、株価は1949（昭和24）年8月から下落し、翌年の1950（昭和25）年1月までのわずか6カ月の間に50％近い大幅な下落を記録した。そして、1950（昭和25）年7月6日には、日経平均株価（当時は東京証券取引所修正平均株価）の最安値である85.25円にまで下落している。

1950（昭和25）年6月25日に朝鮮動乱が発生し、その後日本は朝鮮特需と戦後復興に沸くことになる。株価は上昇し、徐々に過熱状態となって1951（昭和26）年6月4日証券投資信託法施行、1953（昭和28）年2月4日には474.43円まで上昇した。しかし、同年3月4日に突然旧ソビエト社会主義共和国連邦首相のスターリンが重体とのニュースが入り、翌日の朝刊で死亡との報道がなされると、株式市場は朝の寄り付きから急落し、3月5日の下落幅が10％もの大暴落となった（スターリン暴落）。株価は翌日には反転して急上昇したものの、株式市場は日本経済の将来を冷静に評価するようになり、朝鮮特需の終焉も明らかになりつつあったため、株式市場は下落を始め、4月2日には295.18円まで急落した。その後株価は反転して上昇を続け、1953（昭和28）年9月末には450.87円にまで上昇した。一方、日本銀行が10月から金融引締め策を実施したこともあり、10月以降下落を始めることとなった。1954（昭和29）年3月には、314.08円にまで下落し、その後は上昇、下降を繰り返し、株価の再上昇は、神風景気の到来を待つことになる。

1955（昭和30）年に入ると、それまでの不況と株式の低迷の反動と世界的な好景気を背景とした輸出の増加をきっかけに民間設備投資が急増し、重化学工業が飛躍的に発展した。さらに金融緩和策により、株価は上昇に転じた。日本の高度経済成長期の始まりとなる神武景気である。この景気は、

1954(昭和29)年12月〜1957(昭和32)年6月まで続き、株式市場も大きく上昇し、1957(昭和32)年4月には589.69円をつけている。しかし、1956(昭和31)年7月26日にスエズ危機が発生し、その影響で国際収支が悪化することになると、1957(昭和32)年3月20日から日本銀行が金融引締め策をとることになり、株価も1957(昭和32)年末には474.55円まで低下した。しかし、その後は金融引締めが緩和され重化学工業が大きく成長して、欧米の先進国と肩を並べる実力をもつようになったこともあり、景気が好転(この時期の好景気は岩戸景気と呼ばれている)し、株式市場は長期の上昇に転じることになる(1955(昭和30)年から1973(昭和48)年の高度経済成長期の間は、年平均10%以上の経済成長を達成している)。

図表1-4　日経平均株価の推移(1949年5月〜1959年12月末まで)

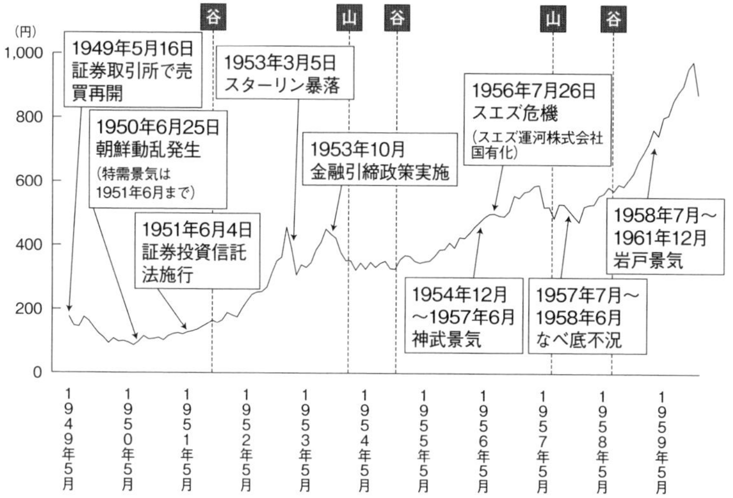

(出所)「日経平均プロフィル」より筆者作成

第 1 章　日本株式市場と
　　　　リスクプレミアム

(3) 岩戸景気からいざなぎ景気まで

　60年安保闘争で日本中が混乱するなか、1960（昭和35）年12月27日に政府は国民所得倍増計画（10年間で実質GNPを倍にする計画）を閣議決定し、日本経済は力強い成長を続けることになる。しかし、1961（昭和36）年に入ると国際収支が悪化し、日本銀行は7月22日に公定歩合を引き上げ、さらに9月28日にも引上げを含むさらなる金融引締め策をとることになった。すると景気も急激に悪化し、1958（昭和33）年7月から続いた岩戸景気は終焉を迎えることとなる。株式市場も7月の公定歩合引上げを受けて下落を始め、同年12月には1,258.00円をつけることとなった。景気の落込みから立ち直るため、1962（昭和37）年後半から政府は景気刺激策を打つが、岩戸景気後の不況下で景気は簡単には上向かず、国際収支が悪化したこともあり、再度金融引締め策がとられることとなった。1963（昭和38）年3月には、株価は1,614.13円まで上昇したが、その後、同年7月19日にケネディ・ショック（米国資本の海外流出を抑えるための税の新設）が日本株式市場を襲い、株式市場は急落する。これをきっかけとして株価は下落を始め、1965（昭和40）年7月には1,020.49円まで低下した。この間、1964（昭和39）年1月20日には株式買い支えのための日本共同証券が設立されるなど株価対策が打たれるが、株価の反応は限定的なものであった。

　そして、1964（昭和39）年12月にサンウェーブと日本特殊鋼（現大同特殊鋼）が会社更生法適用を申請し、1965（昭和40）年3月6日には山陽特殊製鋼が会社更生法適用を申請（当時としては史上最悪の負債総額約480億円で倒産）することになり、さらに証券不況が長期化するなか、同年5月28日に山一證券に、そして7月7日には大井証券に対して日銀特融（金融システムの安定化を目的として日本銀行が政府からの要請を受けて、事実上無担保、無制限で特別融資を行うこと）を実施した。この対応により、信用不安の拡大を抑えることができ、株式市場も落ち着きを取り戻した。そして、同年7月27日に決

定された戦後初の国債（建設国債）発行を1966（昭和41）年1月28日に行うなど、不況克服策をきっかけとして証券業界も立ち直っていった。

　一方、6月5日からは第三次中東戦争（6日戦争）が始まりスエズ運河が通行不能になり、戦争自体は短期間で終結したものの、原油価格や供給量に対する不安から株価が下落した。さらに11月18日には突如ポンドが切り下げられ（14.3％）、株価が急落した。しかしその後は、好景気（いざなぎ景気）にも助けられ株価は回復し、1970（昭和45）年3月末には2,523.75円まで上昇した。ところが、1970（昭和45）年1月8日に米国政府が対日投資規制を行ったことで日本株式市場は大きく下落した。その後の株式市場は、不安定で方向感のない状況が続いた。長く続いた好景気も終わり、日本銀行は10月28日に公定歩合を引き下げる金融緩和措置をとることになる。

図表1－5　日経平均株価の推移（1960年1月～1970年12月末まで）

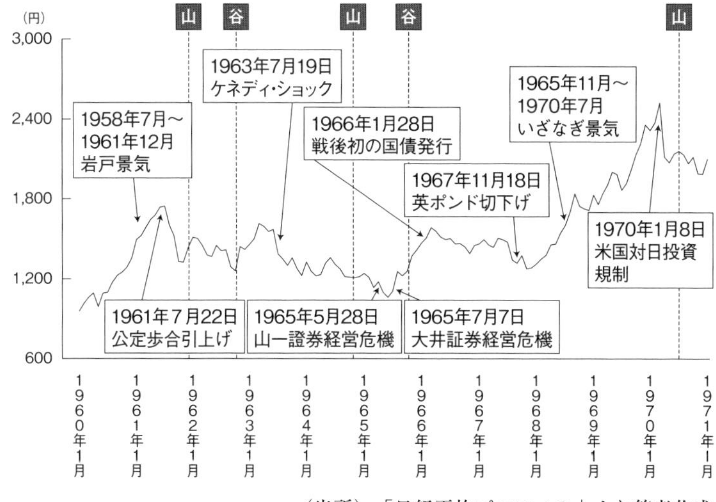

- 1958年7月～1961年12月　岩戸景気
- 1961年7月22日　公定歩合引上げ
- 1963年7月19日　ケネディ・ショック
- 1965年5月28日　山一證券経営危機
- 1965年7月7日　大井証券経営危機
- 1966年1月28日　戦後初の国債発行
- 1967年11月18日　英ポンド切下げ
- 1965年11月～1970年7月　いざなぎ景気
- 1970年1月8日　米国対日投資規制

（出所）「日経平均プロフィル」より筆者作成

第1章　日本株式市場とリスクプレミアム

(4) ニクソン・ショックから平成バブル発生前まで

　ニクソン・ショック以降、外貨準備高が急増し、資金過剰の状態、すなわち過剰流動性の状態となったが、企業収益は上向かず、設備投資意欲が低下しているなかで、株式や不動産の取得に資金が流れていった。また、1972（昭和47）年6月11日に発表された日本列島改造論も株価や地価の上昇に拍車をかけることになり、インフレが社会問題化した。その結果、株価は上昇を続け、1971（昭和46）年10月末時点で2,275.84円であったものが1972（昭和47）年12月末には5,207.94円まで短期間で急激に上昇した。いわゆる過剰流動性相場である。しかし、1973（昭和48）年2月14日の円相場制への移行や相次ぐ公定歩合の引上げ、さらに1973（昭和48）年10月6日に第四次中東戦争が勃発したことで第一次オイルショックが発生し、狂乱インフレの時代を迎えることになる。インフレ抑制のために日本銀行は公定歩合を引き上げる

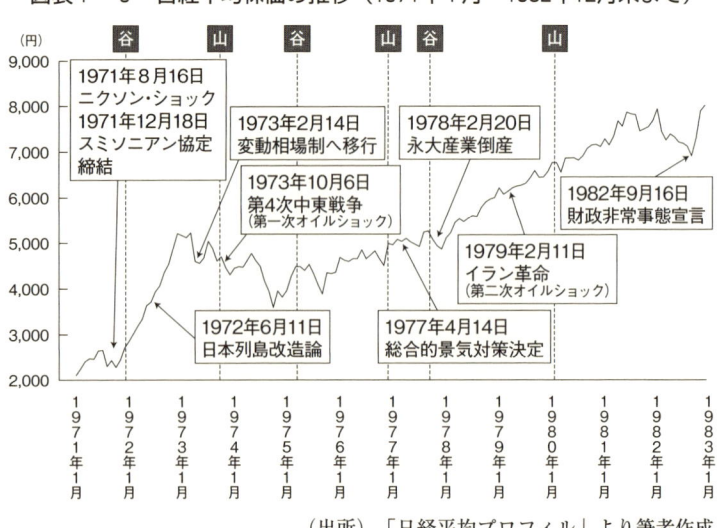

図表1－6　日経平均株価の推移（1971年1月～1982年12月末まで）

（出所）「日経平均プロフィル」より筆者作成

ものの、十分な効果が得られなかった。トイレットペーパー騒動が発生したのもこの時期である。日本はこの影響で、1973（昭和48）年12月以降景気後退期に入り1975（昭和50）年3月まで続いた。そして、1974（昭和49）年には戦後初めてのマイナス成長となり、株価も1974（昭和49）年10月末には3,594.55円にまで低下した。

　第一次オイルショックは、日本経済に大きな影響を与え、高度経済成長の終焉と安定経済成長の始まりを告げることとなった。以降、円高による企業収益の悪化や景気減速はあったものの、不況対策の実施や金融緩和により、株価は毎年、上昇下降を繰り返しながらも、全体としては上昇を続け、1981（昭和56）年12月末には7,938.83円にまで上昇した。この間の1980（昭和55）年には、第二次オイルショックによるインフレを抑制するために、日本銀行は公定歩合を引き上げているが、大きな下落もなく株価は推移した。しかし、1982（昭和57）年は、輸出が30年ぶりの前年割れとなったこと、財政再建下で公共投資の伸びが望めなかったことなどにより、景気は停滞したまま年末を迎え、株価も9月まで大きく下落したものの、その後反転して長期上昇トレンドを迎えることになる。

(5) 平成バブルの発生と崩壊

　第二次オイルショックの後半頃から株価は上昇に転じ、その後、1984（昭和59）年1月9日に初めて日経平均は1万円を超え（終値10,053.81円）、1985（昭和60）年2月末には1万2,000円台に到達（2月末の終値は12,321.92円）した。そして、1985（昭和60）年9月22日のニューヨークのプラザホテルで先進5カ国蔵相・中央銀行総裁会議（G5）が開催され、為替安定化に関する合意（プラザ合意）がされ、過度なドル高を是正するために各国が協力することとなった。プラザ合意以降、各国は為替市場に協調介入し、ドルは主要通貨に対し下落し、急激な円高が進行した。その結果、国際収支の不均衡はある程度是正されたが、米国内ではインフレという新たな問題を生むこと

第1章 日本株式市場とリスクプレミアム

なった。そして、円高ドル安に急激に為替レートが変化したにもかかわらず、日本株式市場は急激な上昇を続け、1987（昭和62）年7月に26,028.22円の高値をつけた。

しかし、1987（昭和62）年10月19日月曜日にニューヨーク株式市場で大暴落が発生した。暗黒の月曜日（ブラックマンデー）である。10月19日の1日だけでダウ30種平均は、前営業日よりも508ドル暴落（▲22.6％）し、1929（昭和4）年10月のニューヨーク株式市場の大暴落を上回る過去最大の下げ率を記録した。この大暴落は、世界各国の株式市場の暴落を誘発し、日本株式市場も1987（昭和62）年10月20日に14.9％も下落した。その後、11月11日には21,036.76円をつけるなど、年末まで不安定な下落傾向を示していたが、1988（昭和63）年1月6日からは再び株価は上昇を始め、1988（昭和63）年4月7日にブラックマンデー以前の水準に到達した。1月6日以降の株価反発を作り出した要因は、前日の1月5日の引け後に大蔵省が発表した機関投資家の決算処理弾力化方針（株価急落で発生した含み損を決算に反映させることを猶予する臨時措置）であるとされている。一方、欧米の株式市場は、不安定な状態が続き、日本株式市場が6カ月足らずでブラックマンデー以前の水準に到達したのに対して、欧米の株式市場は長い時間を要し、ニューヨーク株式市場では1989（平成元）年7月にやっとブラックマンデー以前の水準に到達した。実に21カ月の時間を要したことになる。

この間の日本の景気は、1982（昭和57）年2月を底として回復し1985（昭和60）年6月がピークとなった。輸出依存型であった日本経済は、その後、米国経済の景気の影響や円高進行を受け、景気が悪化した（1986（昭和61）年11月が谷）ものの、その後は内需主導型への移行が順調に進み、1991（平成3）年2月まで少なくとも経済面に関しては順調に推移しているようにみえた。この間の金融政策は、1982（昭和57）年7月以降の米国の金融緩和政策（公定歩合は7～12月の間に7回引き下げられ、12.0％から8.5％に低下）の影響により1983（昭和58）年10月22日に5.0％に引き下げられ、その後の急激な

円高により1986（昭和61）年1月29日に4.5％にまで引き下げられた。さらなる円高の進行で、その後も段階的に公定歩合が引き下げられ、1987（昭和62）年2月22、23日にパリのルーブル宮殿で開催されたG7では、各国が協力して為替相場の安定化を図ることに合意した（ルーブル合意）。この合意を受けて、1987（昭和62）年2月23日には2.5％という過去最低の水準にまで公定歩合は引き下げられた。為替に端を発した金融緩和政策がその後のバブル形成に大きな影響を与えることになる。円高の進行は、輸出企業に大きな打撃を与えたものの、内需の拡大が全体としてはこれを補い、株価は上昇を続けることとなった。

　この間の円高のもう一つの大きな影響として、経常黒字の増大とこれに伴う対外純資産の増大がある。世界一の債権大国となったのはこの時期である（1985（昭和60）年末）。さらに、余剰資金を有価証券の運用に回して大きな

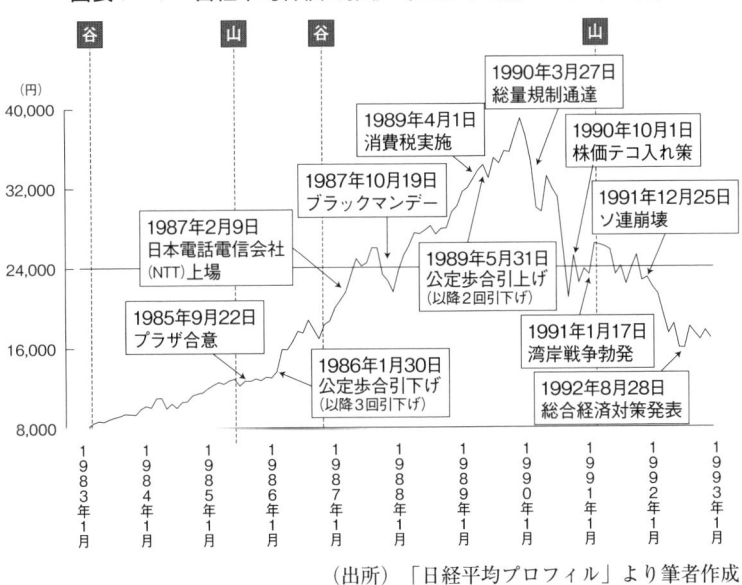

図表1-7　日経平均株価の推移（1983年1月～1992年12月）

（出所）「日経平均プロフィル」より筆者作成

第1章 日本株式市場とリスクプレミアム

利益をあげる企業も一部ではあるが出てきた。本来であれば、企業がこういった余剰資金をもち、有価証券の運用で利益をあげることを株主の立場から考えれば、不適切なことであったが、当時はこういった問題点を指摘する声はあまりにも小さかった。また、銀行は値上がりした土地を担保に過剰な融資を行い、後々これの多くが不良債権化して大きな問題となるのである。

株式市場は、1989（平成元）年12月29日（大納会）に38,915.17円という史上最高値をつけたが、翌年初日から下落が始まり、株価は急落していった。史上最高値をつけた12月末からわずか3カ月後の1990（平成2）年3月末に株価は3万円台を割り、4月2日には28,002.07円まで下落した。5月に入って株価は一度上昇したものの、翌月から下落を始め、10月1日には20,221.86円まで急落した。わずか9カ月の間に50%近い大暴落となった。その後の株式市場は上昇、下降を繰り返す不安定な状態が1年ほど続いたが、1991（平成3）年後半から再び下落を始め、1992（平成4）年8月には14,309.41円まで急落し、バブル前の1986（昭和61）年頃の株価水準にまで下落した。

このバブル崩壊のきっかけは、1989（平成元）年5月31日の公定歩合引上げに始まる金融引締め策と1990（平成2）年3月に金融機関に対する通達「土地関連融資の抑制について」（いわゆる、総量規制）と考えられるが、1987（昭和62）年以降の日本の株式市場の状態は明らかに異常な状態であっただけに、こういった対応がもっと早くとられるべきであったのであろう。投資家のコンセンサスで決定される株価は、適切な価格付けをすることもあれば、実態と乖離した感情的な期待から極端な価格付けをすることもある。後者は典型的なバブルで、1980年台後半のバブル発生の早い時期に、早めの対応がなされていれば、その後の状況は大きく変わっていた可能性も高い。

バブル崩壊の過程で、政府は株価対策、経済対策を打ち出し、株価下落に歯止めをかけようとした。1990（平成2）年10月1日には「株価テコ入れ策」を発表し、1992（平成4）年8月28日には「総合経済対策」（総額10兆7,000億円）を発表した。また、日本銀行も公定歩合を1991（平成3）年に、年6.0%

から5.5％、11月14日に5.5％から5.0％、12月30日に5.0％から4.5％に引下げ、さらに1992（平成4）年には4月1日に4.5％から3.75％、7月27日には3.75％から3.25％に引下げ、金融緩和を行った。しかし、これらの対策の効果は短期的に消滅し、平成大不況に突き進んでいくことになる。また、この間、損失補てん、反社会的勢力との取引、不正融資等の資本市場の信頼を根底から揺るがしてしまう金融不祥事が続発している。

(6) バブル崩壊以降からITバブル崩壊まで

　1993（平成5）年に入ると円高が続き、8月17日には戦後最高値となる1ドル＝100円40銭となった。4月13日には過去最大規模の新総合経済対策が決定され、さらに9月16日には規制緩和や円高差益還元を含む緊急経済対策が決定され、公定歩合も、2月4日、9月21に引き下げられ、1.57％まで低下した。景気は1993（平成5）年10月をボトムとして、その後拡大期に入り、1997（平成9）年5月のピークを迎えるまで回復を続けるが、力強さに欠ける回復期であり、実感としては「不況」の時代と表現したほうが適切であった。さらに、1994（平成6）年2月8日には総合経済対策が決定された。

　一方で、円高が加速し、6月27日には1ドル99円93銭となり戦後初の100円を突破、11月2日には1ドル96円40銭と戦後最高値を更新した。日本銀行が1995（平成7）年4月14日に公定歩合を1.0％としたが、円高は止まらず、1ドル79円75銭と最高値を更新した。その後、8月16日に日米独で協調介入し、円高に歯止めをかけ、一時1ドル99円台と半年ぶりの円安水準に戻り、日経平均株価も全面高となり、8月末には18,117.22円にまで回復した。また、日本銀行は、9月8日に公定歩合を0.5％引き下げて年0.5％とし、政府も史上最大の経済対策（14兆2,200億円）を決定した。

　なお、1995（平成7）年には住宅金融専門会社7社で6.4兆円にものぼる損失が明らかになり、1996（平成8）年5月10日には住宅金融専門会社の母体となった金融機関（銀行）の債権放棄と一部税金の投入（約6,850億円）によ

第1章 日本株式市場とリスクプレミアム

り解決が図られた。金融機関の不良債権問題の深刻さが次第に明らかになっていった時期でもあり、株式市場は上昇、下降を繰り返す方向感のない展開が続いた。その後、悪化した国家財政の立て直しを計るために、1997（平成9）年4月1日には消費税率の引上げ（5.2兆円）、所得税の特別減税廃止（2.0兆円）、社会保険料引上げと医療費負担増（1.4兆円）といった増税が同時に行われた。

1997（平成9）年11月3日に三洋証券が会社更生法を申請し、1997（平成9）年11月17日に北海道拓殖銀行が破綻、同年11月24日には山一證券が自主廃業するなど、金融機関の破綻が続き、金融システム不安が深刻化した。この時、海外の銀行間市場においてジャパン・プレミアムと呼ばれる日系銀行

図表1-8　日経平均株価の推移（1993年1月〜2003年12月末まで）

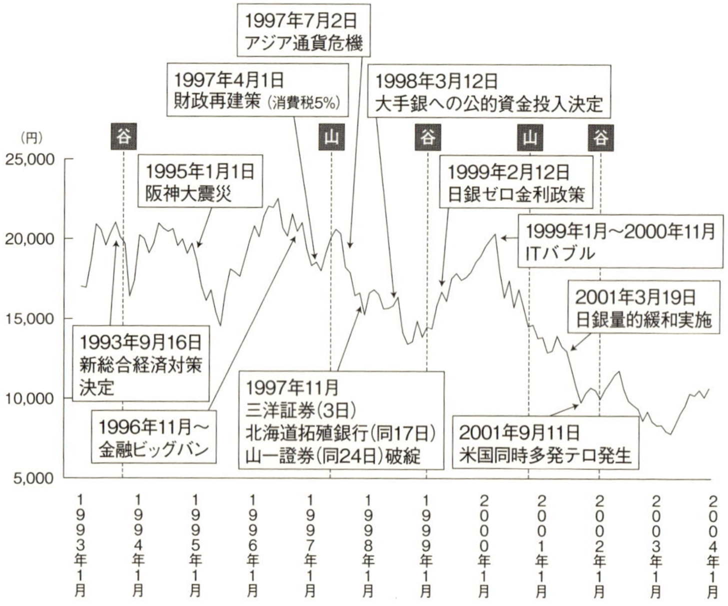

（出所）「日経平均プロフィル」より筆者作成

の調達金利に対する上乗せ金利が発生していた。1998（平成10）年3月21日に金融再生委員会は大手銀行15行への1回目の公的資金注入（1兆8,156億円）を正式承認し、金融再生法が10月12日、続く早期健全化法が10月16日に可決された。そして、日本長期信用銀行が10月23日、日本債券信用銀行が12月13日に経営破綻し、一時国有化された。政府は11月11日に24兆円規模に及ぶ過去最大の緊急経済対策を決定し、さらに金融再生委員会は1999（平成11）年3月14日に大手銀行15行に対して7兆4,592億円の第2回目の公的資金注入を正式承認し、金融システムの安定化を図った。しかし、株価は下げ止まらず、1998（平成10）年10月9日にはバブル崩壊以降最安値となる12,879.97円まで下落した。

この間、1997（平成9）年7月2日にはタイでのバーツ暴落に始まるアジア通貨危機が発生し、インドネシアや韓国にも大きなダメージを与えた。さらに、この影響はアジア以外の新興国諸国にも影響を与え、1998（平成10）年8月にはロシア危機、1999（平成11）年1月にはブラジル危機が発生し、各国の経済に大きな傷跡を残すことになった。

日本では、大手金融機関に公的資金が投入され、銀行再編が進むなかで、その後、株価は反転し、米国の好景気にも助けられ、2万円を超える水準にまで株価が上昇した。米国では、1990年台後半からインターネット関連企業を中心に株価が上昇し、ベンチャー企業設立のブームともなった。この現象は、海外にも波及し、欧州やアジアでも米国を追いかけるようにみられるようになった。しかし、米国政府の金融引締め策がとられるようになると株価も下落を始め、日本のITバブルも長くは続かず、2000（平成12）年4月17日には前日終値の20,434.38円から19,008.64円に大きく下落し（6.98％の下落）、その後も株価は下落を続け、さらに2001（平成13）年9月11日の世界同時多発テロの影響もあり、2001（平成13）年9月末時点で株価は9,774.68円まで下落した。

その後、株価は2002（平成14）年5月まで上昇したものの、年後半になっ

第1章 日本株式市場とリスクプレミアム

て米国の景気減速による輸出が伸び悩んだことや銀行の不良債権処理の加速による経済への影響が不安視され、株価は急落し、2003（平成15）年4月28日には、日経平均株価が7,607.88円まで下落した。その後株価は上昇し、2003（平成15）年12月末には10,676.64円まで回復した。

(7) ITバブル崩壊以降から現在まで

2004（平成16）年に入ると円高が進み3月31日には1ドル＝103円75銭となったものの、株式市場は4月26日には12,163.89円まで上昇した。その後は一進一退の状況が続いたが、2002（平成14）年2月から始まった好景気（いざなみ景気）に支えられ、株価は上昇を続け、2006（平成18）年3月末には17,056.66円まで上昇した（2005（平成17）年の年間収益率は約40％上昇した）。2006（平成18）年5月にはいったん株価は大きく下落したものの、2007（平成19）年6月末には18,138.36円まで上昇した（7月9日には18,261.98円をつけITバブル崩壊後の最高値をつけた）。

ところが、7月に入ると米国で低所得者向け住宅融資の延滞率上昇問題が表面化し、米国株式市場が下落、日本株式市場もこの影響から大きく調整した。さらに世界的な株価の下落が始まり、2007（平成19）年12月末には15,307.78円まで下落した。わずか6カ月間で15.6％も下落した。

さらに、2008（平成20）年3月14日に業界5位の米証券大手ベアー・スターンズが破綻（2008（平成20）年5月30日にJPモルガン・チェースにより救済買収）するなど米国でのサブプライムローン問題の深刻さが明らかになり、米国株式市場が下落を続け円高が進んだこともあり、日本株式市場も下落することとなった。そして、2008（平成20）年9月7日に低所得者向けの住宅ローン債権を保証していた連邦住宅金融抵当公庫（FHLMC、フレディ・マック）と連邦住宅抵当公庫（FNMA、ファニーメイ）が経営不安により国有化され、9月15日にリーマン・ブラザーズが破綻した（リーマンショック）。

その後、米国発の世界金融危機を回避するため、2008（平成20）年9月29

日、米国議会下院に金融安定化法案が提出されたが、否決されたことにより米国株式が急落し、さらに世界中の株式市場も急落、10月3日に修正された金融安定化法案が上院に提出、承認された。しかし、株価は下げ止まらず、世界的な金融不安となり、日経平均は2008（平成20）年10月27日に7,162.90円という平成バブル崩壊後の最安値を記録することとなった。翌年の2009（平成21）年4月10日に政府は過去最大の経済危機対策を決定するなど対策を講じたが、4月30日にクライスラー、6月1日にはゼネラルモーターズが経営破綻した。

　リーマンショック以降、株式市場は落ち着きを取り戻しつつあったが、2009（平成21）年10月にギリシャの政権交代を契機として、2010（平成22）年1月12日に国家財政の粉飾決算が明らかになった。すると4月27日にS&P社がギリシャ国債の格付を3段階引き下げて投資不適格債に格下げされ、

図表1－9　日経平均株価の推移（2004年1月～2013年3月末まで）

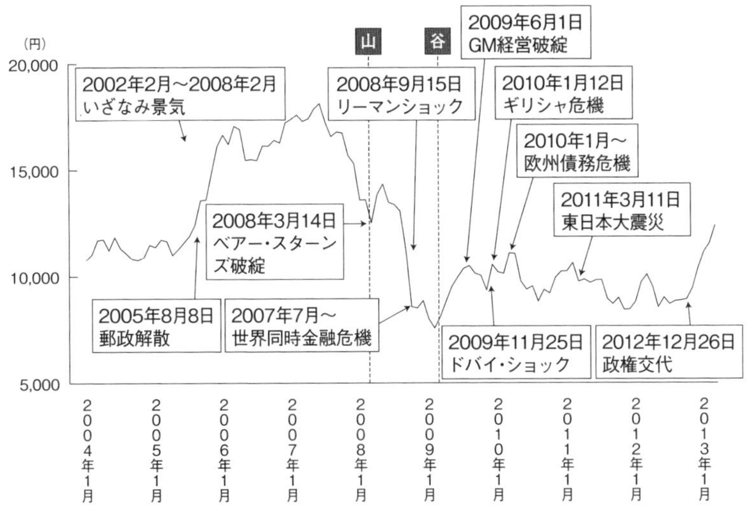

（出所）「日経平均プロフィル」より筆者作成

第1章 日本株式市場とリスクプレミアム

　EUとIMFは5月2日にギリシャに対して緊急融資を決定したものの、5月7日には米国株式市場が急落し、日本株式市場も株価が下落した。その後、スペイン、ポルトガル等でも各国の財政問題から国債のデフォルトリスクが高まり、欧州各国の株価だけではなく、米国株式市場をはじめ世界各国の株価が下落した。また、2009（平成21）年11月25日には、ドバイショックが発生している。

　一方、日本株式市場は、欧州債務危機の影響に加えて、円高の進行と2011（平成23）年3月11日の東日本大震災の影響を受けて低迷を続けていたが、衆議院解散が決まった2012（平成24）年11月16日ごろから上昇を始め、2012（平成24）年12月26日の政権交代と安倍内閣の発足を経て、2012（平成24）年12月28日（大納会）には1万円の大台を超えて10,395.18円、2013（平成25）年3月末には12,397.91円にまで到達した。新内閣発足以降約3カ月の間に20％近く日経平均が上昇したことになる。

　以上、1878（明治11）年末～2013（平成25）年3月末までの日本株式市場の歴史を概観した。株式価値は、株主に帰属する将来の期待フリーキャッシュフローを株主の要求収益率である株主資本コストで現在価値に割り引いたものの総和であり、株式価値の変化、すなわちリターンは、「株主に帰属する将来の期待フリーキャッシュフロー」が変化するか「株主資本コスト」が変化（あるいは、両方が変化）したときである。投資家の多くは暗黙のうちにこの変化を予測（期待）して株式投資を行ってきた。しかし、常に冷静で適切な判断ができたわけではなく、時には過剰で期待を込めた楽観的なシナリオをイメージし、時には過度に悲観的なシナリオをイメージして、株式価値を推定し価格付けをしてきたのである。この繰り返しで過去の株価は推移してきたのであり、今後もこれが繰り返されると考えることができる（楽観的なシナリオが極端に現れる現象がバブルであり、頻度は高くないものの、10～20年程度の期間でみると必ずといってよいほど発生していて、今後も必ず発生

すると考えてよいであろう）。

　将来の予測（シナリオ）は合理的な期待というよりも過剰な期待となり過熱相場を形成して株価は急上昇し、過剰な期待がその後失望へと変わって株価を急落させるという歴史を繰り返してきたといっても過言ではない。しかし、誤りが明らかとなれば市場は瞬時にこれを反映して株価は修正される。一方、株価にはファンダメンタルな価値が必ず存在し、この合理的な価格の間を変動しながら行きすぎれば戻る平均回帰的な動きをすると考えることができる。

▶2　日本株式市場のリスクプレミアム

(1)　株式リスクプレミアムとは

　株式リスクプレミアムは、資本市場を考えるうえで重要な役割を担っている。資本資産評価モデル（CAPM：Capital Asset Pricing Model）で前提としている市場ポートフォリオの代理変数として株式市場を考えた場合、株式リスクプレミアムは重要な変数となる。また、投資家が保有する資産の最適な配分割合を決める際には、株式の期待リターンを入力パラメータにすることが一般的であり、株式の期待リターン推定には株式リスクプレミアムが重要な構成要素の一つとなる。さらに、本書の主要テーマの一つである資本コスト（加重平均資本コスト）の推定には、自己資本コストを推定する必要があり、自己資本コスト推定には株式リスクプレミアムが重要な構成要素となる。このように、株式リスクプレミアムは、資本市場に関する多くの場面で必要となる最も重要な要素の一つであることがわかる。

　ここでは、以下で議論する株式リスクプレミアムを「株式市場に投資することで、投資家が期待する無リスク金利に対する超過リターンのことで、分散することができない株式リスクを負担することへの投資家が期待する対

第1章　日本株式市場とリスクプレミアム

価」であると定義する。

$$r_{RP} = r_m - r_f \quad\quad\quad\quad\quad\quad\quad\quad\quad\quad\quad\quad (1-1)$$

ただし、r_{RP}：株式リスクプレミアムの期待値
　　　　r_m：株式市場に対する期待リターン
　　　　r_f：無リスク金利

　なお、株式リスクプレミアムについては、ファイナンス理論で説明できる合理的な大きさに対して10倍以上も大きな値が観測されているという事実（過去データ）から「エクイティ・プレミアム・パズル」が存在するとの指摘がある。Mehra and Prescot（1985）が最初にこの「パズル」を発見し、その後、多くの研究者によりこのテーマが取り上げられるようになった。明確な結論は出ていないものの、市場で観測される株式リスクプレミアムの大きさを説明する根拠として、「分散することができない株式のリスクを負担することへの対価」だけではなく「借入制約、流動性プレミアム、税金」等があるという指摘がされている。

　以下では、これまでの「エクイティ・プレミアム・パズル」に関する研究を含む主要な研究成果を確認し、日本株式市場の株式リスクプレミアムの大きさの推定を試みるとともに、株式リスクプレミアムが一定ではなく、時間の経過とともに変動していることを確認する。さらに、過去データに依存しない将来の株式リスクプレミアムの推定方法を確認し、日本株式市場における株式リスクプレミアムの推定を行う。なお、米国株式市場での株式リスクプレミアムに関する過去の分析が多くの研究者により行われている。これらの米国市場でのリスクプレミアムに関する研究成果と米国の実データを比較対象としながら、日本株式市場のリスクプレミアムについて検討を行う。

(2)　株式リスクプレミアムに関するこれまでの研究

　投資理論の最も基本的で、最も重要な考え方として、「リスクとリターンのトレードオフの関係」がある。高いリターンを期待するのであればリスク

の高い資産に投資しなければ実現せず、リスクの低い資産に投資すると高いリターンを期待することはできないという考え方である。これまで、多くの投資家はこのリスクとリターンのトレードオフの関係を前提として、高いリターンを期待してリスクの高い株式市場に投資を行ってきた。この株式のリスクを負担することにより得られる無リスク資産のリターンに対する超過リターンのことを株式リスクプレミアムと呼んでいる。この株式リスクプレミアムの大きさに関しては、多くの研究者により研究され、報告されている。

これらの研究のなかでも、Mehra and Prescot（1985）が示した株式リスクプレミアムパズルは、ファイナンス理論の中核となっている資本資産評価モデルでは現実を説明できていないことになり、その後の中心的な研究材料となっている。また、2000（平成12）年に入って株式リスクプレミアムの大きさが低下傾向にあることをSiegel（1999）等が指摘し、大きな注目を集め、その後関連する多くの検討がされている。

以下では、過去の株式リスクプレミアム（過去の事実）の大きさと株式リスクプレミアムの低下傾向を示した研究を中心に、株式リスクプレミアムに関するこれまでの研究成果の全体を概観する。なお、Ibbotson and Chen（2003）では、株式リスクプレミアムを推定する方法として、①過去データに基づく方法、②市場参加者の予測による方法、③デマンド（需要）サイドからの方法、④サプライ（供給）サイドからの方法の四つに大別することができるとしている。過去の研究成果については、本書の分析と関連のある研究成果を中心に、これらの分類を参考にしてまとめることとする。

a 過去データに基づく方法

この方法は、株式リターンおよび無リスク資産のリターンを可能な限り過去にさかのぼって計測し、両者の差をとることで株式リスクプレミアムを推定しようとするものであり、期間を一定間隔で分割する、景気を基準として期間を分割するなどの工夫がされたものがある。この方法の前提として、株式リスクプレミアムは過去も将来も同じ（もしくは条件付きで一定）と仮定し

第1章 日本株式市場とリスクプレミアム

ていることである。将来の最良の推定値は過去の実績値（平均値）であるとする考え方である。

この方法の代表的で先駆的なものとして、Ibbotson and Sinquefield (1976a,b) がある。彼らは最初の論文（1976a）で、1926（昭和元）～1974（昭和49）年のデータを使い、株式、長期国債、社債、短期財務省証券、インフレ（消費財）の五つの資産のリターンとこれらの構成要素（四つの実質ベースでのリターンと三つのリスクプレミアム）についても算出し、この間の株式リターンが算術平均で10.9％、株式リスクプレミアムが算術平均で8.6％であったとした。次の論文（1976b）では、分析時点での国債のイールドカーブを前提として、ブートストラップ法により1976（昭和51）～2000（平成12）年の各年のリターンおよびこれを累積した資産価値を分布として示し、実現性の高い期待値とともに一定の確率のもとでの期待収益率のとりうるレンジを示した。

彼らの研究成果は、株式投資の有効性を示したものであり、株式リスクプレミアムの推定に関する最初の体系的な研究成果であるだけではなく、事実としての過去のリスクプレミアムの大きさを確認したという意味で株式リスクプレミアムに関する最も意義の大きい研究成果の一つであるといえる。

その後、この過去データに基づく株式リスクプレミアムの推定が多くの研究者により行われるようになった。たとえば、前述のSiegel (1999) では、対象期間をさらに過去にさかのぼり、1802（享和2）～1998（平成10）年までの米国株式、債券市場のリターンデータ系列から過去の株式リスクプレミアムを算出し、株式リスクプレミアムが低下傾向にあり、将来もこの傾向が続く可能性が高いことを指摘している。また、Jorion and Goetzmann (1999) は、米国市場が世界的にみて例外的に成功した市場であり、米国以外の39カ国の株式市場のリスクプレミアムを1921（大正10）～1996（平成8）年までのリターンデータ系列から推定し、米国の4.3％に対してこれらの国の株式リスクプレミアムが平均で0.8％であったとしている。

Dimson, March and Staunton（2002）も、日本を含む16カ国の1900（明治33）～2000（平成12）年までの101年間の株式、債券のリターンデータを集め、これらの国の株式リスクプレミアムの平均（世界インデックス）が、幾何平均で4.9％、算術平均で6.2％（日本は幾何平均で6.7％、算術平均で9.9％、米国は幾何平均で5.8％、算術平均で7.7％）であったとしている。

　一方で、過去データを基に将来の株式リスクプレミアムを推定する方法に関しては、いくつかの問題点が指摘され、この問題を解消した場合の株式リスクプレミアムの推定値が示されている。たとえば、Brown Goetzmann and Ross（1995）は、過去のリターンデータから株式リスクプレミアムを推定しようとすると、サバイバル・バイアスにより、上方に偏った推定値となる可能性があるとしている。彼らは、事後的に得られた米国の株式市場のリターンは、市場が長期にわたり存続し続けられたことが前提になっている（市場が存続するという条件下で得られたリターン）が、世界の株式市場が必ず存続し続けられるとは限らず、上方バイアスがかかった結果であるとしている。彼らの考え方に従うと、株式市場の生存確率（π）と実際に観測された株式リスクプレミアムの大きさ（$r_m - r_f$）には、

$$r_m - r_f = r_m^*(2-\pi)^{-1}\pi - r_f \quad \cdots\cdots\cdots\cdots\cdots\cdots\cdots\cdots\cdots\cdots\cdots\cdots\cdots\cdots（1-2）$$

r_m^*：株式市場が存在するという条件付きの期待リターン

r_m：条件なしの期待リターン

の関係があることになる。ここで、実際に市場で観測された株式のリターンを7％、無リスク金利を1％とすると、生存確率と株式リスクプレミアムの大きさの関係は図表1－10のようになる。過去の世界中の株式市場の歴史をみると、存続が完全に保証された市場はなく、長期的な生存確率が95％と想定すると、この前提では0.5％程度のバイアスが存在している可能性があることになる。

　なお、Li and Xu（2002）は、株式市場が成熟すればするほど、市場の生存確率は高まり、生存確率自体も高い水準にとどまるとして、Brown

第1章 日本株式市場とリスクプレミアム

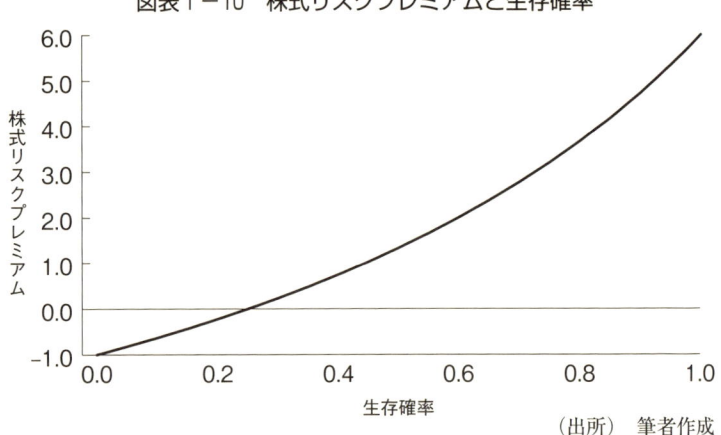

図表1-10 株式リスクプレミアムと生存確率

(出所) 筆者作成

Goetzmann and Ross(1995)の修正はサバイバルバイアスを過大評価しすぎているとしている。

b 市場参加者の予測（コンセンサス予想）による方法

　この方法は、資産価格を決定する投資家や企業経営者の平均的な意見（コンセンサス）が、将来に向けた株式リスクプレミアムの最良の推定値であるとする考え方である。具体的には、機関投資家や大企業のCFOにインタビューやアンケート調査を行い、将来の株価水準等の予測（すなわち株式等のリターンの予測）結果を集め、集計する方法である。この方法に関する代表的な研究に、Welch（2000）がある。Welchは、金融経済学者に対してアンケート調査を行い、米国株式市場のリスクプレミアムの平均が7.0％（Welch（2000））、5.0％（Welch（2001））であったと報告している。また、Graham and Harvey（2001）は、米国を代表する企業のCFOに対して、2000（平成12）年第2四半期～2001（平成13）年第3四半期の間、四半期ごとにS&P500の今後1年間、10年間の期待リターンに対するヒアリングを行い（毎期200程度のデータが得られた）、10年間の株式リスクプレミアムの推定値が4％程度でどの期も安定して同じ値であること、1年間の株式リスクプ

レミアムの推定値は期ごとに不安定であること、1年間の株式リスクプレミアムの推定値がその時点での過去のリターンの影響を受けていることを示した。Ibbotson and Chen（2003）は、市場参加者の予測（コンセンサス予想）による方法は、「あまりにも意見が幅広く分布するので信頼性が低い」としている。

日本の株式市場においても、同様の方法で株式リスクプレミアムを推定した場合について研究した結果が報告されている。山口（2009）は、日経金融新聞に、毎年年初に特集記事として掲載されるエコノミストやストラテジストの株価予想値から予想リターンを計算し、実現リターンとの差異が非常に大きいことを示した。

この方法について、小松原・小野田（2010）は、「コンセンサス・アプローチはアンケートの回答者によって意見が楽観的になったり、悲観的になったり、あるいは幅広く分布する場合がある」こと、「アンケート回答者の所属、投資に対する知識、対象者の数、聞き方、事前情報提供の有無が、アンケート結果に大きく影響する」ことに留意する必要があるとしている。市場参加者の予測（コンセンサス予想）による方法は、一見納得性の高い方法のように思えるが、将来の株式リスクプレミアムを予測するには推奨できない方法といえる。

c デマンド（需要）サイドからの方法

この方法は、投資家の立場で投資家の効用関数から株式のリターン、あるいは株式リスクプレミアムを求めようとする方法である。この方法の代表的な研究成果として、Mehra and Prescott（1985）がある。Mehra and Prescott（1985）は、Lucas（1978）のアセット・プライシング・モデルを拡張して、代表的個人の存在を前提とした標準的な効用関数（相対的リスク回避度を一定）を使い、株式リスクプレミアムの大きさを推定した。具体的には、1889（明治22）～1978（昭和53）年の米国でのデータ（図表1－11の「Mehra and Prescott（1985）が使用した米国経済に関する標本統計量」を参照）

図表1−11　Mehra and Prescott（1985）が使用した米国経済に関する標本統計量（1889〜1978年）

（単位：％）

項　目	値
無リスク金利：Risk free rate	0.80
平均株式リターン：Mean return on equity	6.98
平均消費成長率：Mean growth rate of consumption	1.80
消費成長率の標準偏差：SD of growth rate of return	3.60
平均株式リスクプレミアム：Mean equity premium	6.18

（出所）　Mehra（2003）より筆者が一部修正

を使って計算した消費成長率の標準偏差の大きさ（3.6％）から、投資家の相対的リスク回避度がかなり大きくならない限り、過去に実現した高いリスクプレミアムを説明することができないことを示した。また、これらのデータを使い、リスク回避度を10、ベータ値を0.99とすると、無リスク金利の大きさが12.7％、株式期待リターンの大きさが14.1％になり、株式リスクプレミアムの大きさが1.4％にしかならないことを示した。過去に実際に観測された株式リターン（実績株式リターン）の大きさを理論で説明することができないことは、"株式リスクプレミアム・パズル"と呼ばれている。なお、株式リターンの大きさを過去の高い実績リターンの値となるようにすると無リスク金利のリターンが過去の無リスク金利の大きさと比較してかなり高くなってしまう現象を"リスクフリーレート・パズル"という（Weil（1989）を参照）。

　Mehra and Prescott（1985）が指摘した株式リスクプレミアム・パズルはその後、多くの研究者が研究テーマとして取り上げ、多くの研究成果が報告されている。Mehra and Prescott（1985）が前提とした方法に対して、Grossmann and Shiller（1982）やHansen and Singletion（1982）は効用関数のリスク回避度と割引ファクターの推定方法を改善する方法を示している。また、Epstein and Zin（1991）は一般期待効用関数を使うことにより、Constantinides（1990）は効用が現時点および過去の消費から影響を受けるとする習慣形成（Habit Formation）を考慮して、Abel（1990）、Campbell and Cochrane（1999）は個人の消費水準の代わりに経済全体の平均的な消費水準に着目し、Barberis and Huang（2009）は損失回避を考慮して、株式リスクプレミアム・パズルを解く試みを行っている。

　以上の研究は、効用関数に着目したものであるが、借入制約と取引コストを考慮したモデル（Constantinides, Donaldson and Mehra（2002））、流動性を考慮したモデル（Bansal and Coleman（1996））、税制を考慮したモデル（MacGrattan and Prescot（2001））がその後、提案されている。

　一方、Elton（1999）は、期待リターンと実現リターンの間の関係は明確ではなく、過去の実現リターンから将来の期待リターンを予測することはむずかしいこと、Fama and French（1997）は、これまでのアセット・プライシング・モデルで期待リターンを推定することの限界を示している。

d　サプライサイドからのアプローチ

　株式がリターンを生むメカニズムに着目して、企業が将来生み出す利益から将来リターンを推定しようとする考え方もある。この方法には、将来のマクロ経済に基づいて推定する方法、企業の将来の配当や利益の成長性に基づく方法、両者の中間的なセミマクロに基づく方法が考えられる。

　マクロ経済に関する情報（GNPの成長等）をもとに将来の株式リターンを推定する研究例として、Diermeier, Ibbotson and Siegel（1984）、Cornell（2001）がある。

　企業のミクロ情報（企業収益や配当）から将来の株式リターンを推定する研究例として、Estep（1987）、Fama and French（2002）、Arnott and Bernstein（2002）、Ibbotson and Chen（2003）、山口・金崎・真壁・小松原（2003）などがある。また、業種別集計データ等のセミマクロの情報から将来の株式リターンを推定する研究例として、山口（2005）がある。これらのなかでも、企業のミクロデータに着目して株式市場全体のリスクプレミアム

第1章 日本株式市場とリスクプレミアム

を推定する方法は、株式リターンの源泉である利益に着目した方法であり、将来の期待リターンを推定する方法として説得力も高いため、多くの研究成果が報告されている。たとえば、Fama and French (2002) は、1951（昭和26）～2000（平成12）年までの50年間のデータを使い、配当成長モデルと利益成長モデルから推定した株式リスクプレミアムが、各々2.55％、4.32％となり、過去の実績リターンから計算した平均7.43％と大きく下方に乖離していること、この差は割引率の低下から生じたものであると報告している。また、Arnott and Bernstein (2002) は、1810（文化7）～2001（平成13）年までの米国株式市場のリターンデータ等から、推定した過去の株式リスクプレミアムの大きさは約2.4％で、一般に考えられていた株式リスクプレミアムの半分程度しかなく、さらに将来の株式リスクプレミアムの大きさはゼロもしくはマイナスとなる可能性があるとしている。

Ibbotson and Chen (2003) は、1926（昭和元）～2000（平成12）年までの米国株式市場のリターンデータ系列を使い、デマンドサイド（六つのモデルを使い比較）から株式リスクプレミアムの大きさを推定すると、幾何平均で3.97％、算術平均で5.90％であり、この推定値は過去データからの推定値よりも1.25％低い値であると報告している。日本株式市場を対象とした研究としては、三好、林田 (2003)、山口・金崎・真壁・小松原 (2003)、山口 (2005) がある。山口・金崎・真壁・小松原 (2003) は、1962（昭和37）～2001（平成13）年までの40年間のTOPIX収益率データと法人企業統計の全産業ベースの財務データを使い、EstepのTモデルから株式リスクプレミアムの大きさを計算し、1962（平成37）年以降の40年間でみると算術平均で3.8％から3.9％、幾何平均で3.6％から3.8％であったものの、1980年代以降、今日まではゼロに近い水準にあったとしている。山口 (2005) は、山口・金崎・真壁・小松原 (2003) を改良し、株式リスクプレミアムを推定し、これまでに報告した結果よりも2％程度低い1.6％から1.7％になるとしている。

なお、今回の分類と視点が異なるが、市場価格を利用して投資家が暗黙の

うちに想定している株式期待リターンをなんらかのモデルから推定する方法も存在する。配当割引モデルやその変形モデル（たとえば、EBOモデル、オルソン＝ジッターモデル等）から市場価格を使い割引率（すなわち、投資家の要求する収益率）を求める方法である。Gebhardt, Lee and Swaminathan（2001）, Easton, Taylor, Shoroff and Sougiannie（2002）, Gode and Mohanram（2003）等、この方法に関する研究成果の報告は注目されている。また、Benartzi and Thaler（1995）は損失回避的な投資家は、そうではない投資家よりも高いリスクプレミアムを要求するとして、投資期間の長さと要求するリスクプレミアムとの関係を示している。山口（2007）も株式リスクプレミアムの不確実性を生んでいる大きな要因の一つとして、市場参加者そのものの心理が揺れ動くことがあると指摘し、行動ファイナンスの視点での洞察が必要であると指摘している[4]。

これに対して、James and Bullard（2007）は米国株式市場の過去130年間の市場の年当りのリスク価格を算出し、0.2〜0.3％であったとしている。木村（2011）は2001（平成13）年第4四半期〜2011（平成23）年第2四半期までの最近のデータを使い、日本株式市場におけるリスクの市場価格とインプライド株式リスクプレミアムの推定を行い、0.3％程度であると報告している。今後のリスクの市場価格を推定することができれば、想定している期間の長さに対応した将来のリスク量を推定することにより、将来の期間の長さを考慮した株式リスクプレミアムを推定することができる。

小林（2006）は、"投資家サイド（需要サイド）から構築された伝統的な資産価格理論では、エクイティプレミアムの決定要因は投資家のリスク回避度とマーケットのボラティリティの大きさに限定され、マクロ経済要因が直接

---

[4] 山口（2007）は、これらの方法ではリスクの市場価格の低下傾向を説明できず、サプライサプライサイドからの解釈が必要であるとしている（本章2節(7)bの「リスクの単価と株式リスクプレミアム」参照）。

影響するルートは遮断されている。資産価格理論の修正・再構築という観点でいえば、メーラ・プレスコット・パズルよりもこちらのパズルのほうがより本質的で大きな課題ではなかろうか。"と指摘している。実務的視点と株価形成のプロセスから考えると、後者の視点が、より本質的で重要な課題であると考えられるため、以下では、過去データによる方法を参考としながら、サプライサイドによる方法を中心に、期間を考慮した将来に向けた「株式リスクプレミアム」について検討する。

(3) 日本株式市場における過去のリスクプレミアム

株式リスクプレミアムの推定は、一般には過去ではなく、将来に向けた一定期間を想定したものであるが、まず始めに、過去の事実として日本株式市場でどの程度のリスクプレミアムが得られていたかを確認する。この作業を行う際に、まず算出方法の前提条件を確認し、この前提条件をもとに日本株式市場における過去のリスクプレミアムの大きさを算出することとする。なお、過去データが整っている米国市場での結果と比較検討を行う。

a 株式リスクプレミアム推定の前提条件

過去の株式リスクプレミアムの大きさについて議論をする際に、

① 古いデータ系列の信頼性
② 無リスク金利（無リスク資産のリターン）
③ 算術平均か、幾何平均か、あるいは両者の中間か

の三つの点について整理したうえで議論しておく必要がある。まず、過去の株式リスクプレミアムの大きさを推定するためには、株式市場全体の動きを代表している指数が必要になるが、過去の株式市場全体の代表値とするに足りる十分な銘柄数のもとで計算された指数であるか、価格決定が合理的なものであったかが問題となる。古くさかのぼれることが目的ではなく、市場全体を適切に表すことができていたかが重要となり、この条件が満たされないデータ系列は、たとえ古くからのデータ系列が得られたからといっても、利

用すべきではなく、信頼のおけるデータ系列の信頼できる期間から得られた結果をもとに株式リスクプレミアムを計算する必要がある。

次に、株式市場のリスクを負担することに対する株式超過リターン（無リスク金利に対する）の大きさと株式リスクプレミアムを定義して議論を進めているため、無リスク金利（無リスク資産のリターン）を算出する必要がある。一般に、無リスク金利とはまったくリスクのない資産の金利もしくはリターンを指すが、現実にはまったくリスクのない資産は存在しない。国家が発行する満期までの期間が短い国債であっても、デフォルトするリスクはゼロではない。しかし、実務的には、リスクが非常に小さい資産を近似的にリスク資産とみなして、無リスク資産のリターンを計算して利用することになる。

最後に、「算術平均か、幾何平均か、あるいは両者の中間か」については、過去データから過去の平均リターンを計算する際に、幾何平均を使う場合と算術平均を使う場合などがあり（両者の中間値を使う場合もある）、どの計算方法を採用するかにより結果が大きく異なることが知られている（分散の大きさに比例して両者の差は大きくなる）。この点については、日本株式市場における過去のリスクプレミアムの大きさが、計算方法の違いでどの程度異なるかを確認した後で議論することとする。

(a) 古いデータの信頼性

過去の株式リスクプレミアムの大きさを議論する際、可能な限り過去にさかのぼったデータから推定するという考え方がある。Arzac（2005）は、"状態の変化の時期を選択しようとすると、恣意性が入らざるをえないため、通常の議論によれば、株式リスクプレミアムの適切な推定値は、株式市場の暴落、バブル、景気後退、世界大戦、スタグフレーションや他の異常現象をすべて含めた期間を対象とすべきであるとされる。この点で、入手可能な限り長期間のデータを利用することが適切であろう。"としている。

米国株式市場に関しては、Siegel（1993）が1802（享和2）年から、

第 1 章　日本株式市場とリスクプレミアム

　Dimson, March and Staunton（2002）が1900（明治33）年からのデータを使い株式リスクプレミアムの推定結果を報告している。日本株式市場については、Dimson, March and Staunton（2002）が1900（明治33）年からのデータを使いリスクプレミアムの推定結果を報告している。データの信頼性に関しては、考えうる限りの合理的な方法で推定されているが、データが古くなるにつれて、信頼性が低下している可能性は否定できない。

　たとえば、米国株式市場に関しては、Siegel（1993）では1802（享和2）年からの十数年間の指数が、わずかに7社の銀行の株式からなる等ウェイトポートフォリオをもとに計算されていたり、1834（天保5）〜1862（文久2）年までの指数が30社に満たない鉄道株の等ウェイトポートフォリオをもとに計算されている。S&P社の指数が公表されたのは1926（昭和元）年からであり、このS&P社の指数ですら1957（昭和32）年まではわずか90銘柄から計算された指数であった。

　また、日本株式市場も、Dimson, March and Staunton（2002）は100年間のデータ系列を一つつくる際に、八つのデータ系列をつなぎ合わせている。したがって、可能な限り過去にさかのぼるという原則に従うことが適切であるとしても、指数としての代表性やデータの信頼性を考えたうえで、過去にさかのぼることが適切であろう。

　イボットソン・アソシエイツ・ジャパン㈱は、米国株式市場に関しては1926（昭和元）年から、日本株式市場については1952（昭和27）年から、月次ベースでの良質なデータを提供[5]している。データの長さをとるか、データの信頼性をとるかは、分析の目的により判断されるべきものであり、本書の検討では、データの信頼性が重要となるため、データの信頼性に重点を置くことにする。

---

[5]　イボットソン・アソシエイツ・ジャパン㈱から有料で株式リターンデータや株式リスクプレミアム推定に必要なデータ系列が提供されている。

(b) 無リスク金利（無リスク資産のリターン）

　過去の株式リスクプレミアムを推定する際には、株式の実績リターンから無リスク資産のリターンを引く必要があり、通常は無リスク資産をデフォルト・リスクがない期間の短い資産と考えて、この資産の実現リターンもしくは金利を使うことが一般的である。しかし、デフォルト・リスクが非常に小さい短期金利は変動が大きいことが知られている。図表１－12に日本の代表的な短期金利の推移（1952年１月～2012年７月まで）を、図表１－13に米国の代表的な短期金利の推移（1926年１月～2012年７月まで）を示しているが、これらの推移をみると日米ともに短期金利の変動性が大きいことが確認できる。一般的に、短期金利はその国の金利政策により意図的に変更されることが多く、安定していない。そのため、無リスク資産として短期の国債のような資産を長期でみた安全資産とすることには問題があることがわかる。逆に、想定している期間があれば、この期間の長さに合わせたデフォルト・リスクの小さい国債（満期が想定期間と同じ国債）の最終利回りを使うことが適切と考えられて、利用されている。

　この問題に対して、小松原（2006）、小松原・小野田（2010）は、株式リスクプレミアムを推定するための無リスク金利として、金利変動に伴う価格変動リスクがある国債のトータルリターンではなく、クーポンと債券価格によって事前に推計でき、将来確実に得ることができるある時点における国債のインカム・リターンが適切であるとしている。小松原（2006）、小松原・小野田（2010）は、"ここでリスクフリー・レートとして国債のインカム・リターンを利用している理由は、ある時点における国債のインカム・リターンはクーポンと債券価格によって事前に推計でき、将来確実に得ることができる「不確実性（リスク）のないリターン」（リスクフリー・レート）といえるためである。一方、国債のトータルリターンには、金利変動に伴う価格変動リターン（キャピタル・リターン）の変動が含まれているため、リスクフリー・レートとはいえない。ただし、国債については、元利払いは政府に

第 1 章　日本株式市場とリスクプレミアム

図表1-12　日本の短期金利の推移
　　　　　（IA Japan Money Market TR JPY（%Total Return））

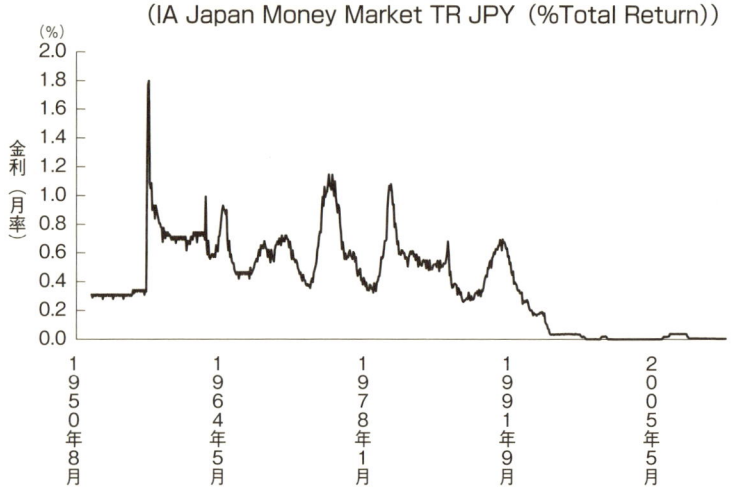

（出所）　イボットソン・アソシエイツ・ジャパン㈱のデータより筆者作成

図表1-13　米国の短期金利の推移
　　　　　（IA SBBI US 30 Day TBill TR USD（%Total Return））

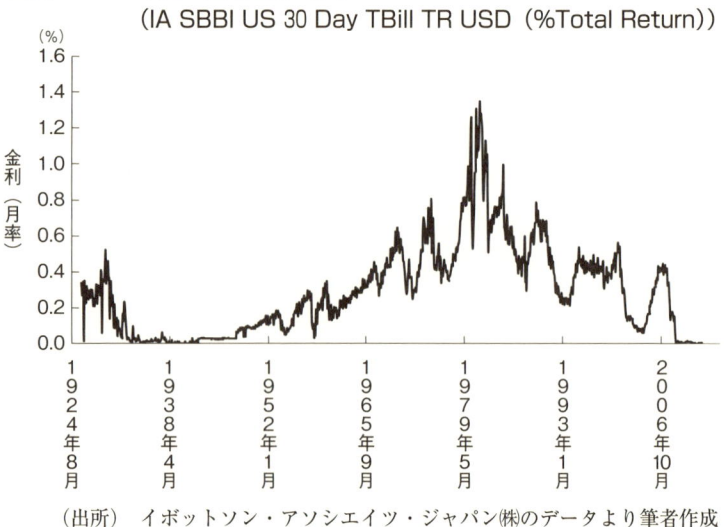

（出所）　イボットソン・アソシエイツ・ジャパン㈱のデータより筆者作成

よって保証されているものの、債務不履行リスクの可能性を完全に否定することはできないため、デフォルト・リスクが存在しないと仮定している。"と述べている。

現実的な対応策としては、小松原（2006）、小松原・小野田（2010）の方法を採用することで十分であろうが、国債は決してデフォルトリスクがゼロではないこと、想定している期間の長さが異なれば無リスク資産のリターンも異なることには注意が必要である。さらに厳密に考えれば、想定されている期間の長さにより株式リスクプレミアムの大きさが異なること、すなわち株式リスクプレミアムの期間構造が存在することになる。この期間構造をどこまで意識するのかは、分析の目的に対して、どこまで正確さを求める必要があるか次第であり、厳密な議論が必要なときに株式リスクプレミアムの期間構造を検討すれば十分であろう。

(4) 過去の株式リスクプレミアム[6]

日本株式市場の過去のリスクプレミアムについては、多くの研究者により報告されている。以下では、可能な限り、過去にさかのぼったデータを使い、株式リスクプレミアムを確認する。まず、日本株式市場のリスクプレミアムを推定する前に、米国株式市場の過去のリスクプレミアムを推定する。イボットソン・アソシエイツ・ジャパン㈱のデータとSiegel（2002）, Dimson, March and Staunton（2002）, Arzac（2005）をもとにデータを2012（平成24）年まで更新[7]した結果を図表1－14と1－15に示す。株式のリスクプレミアムは、短期の無リスク金利に対する超過リターンとする考え方もあるが、前

---

6 本節は、菅原（2011）（証券アナリストジャーナル"展望"）P63～64を加筆、修正したものである。
7 ここで使用しているデータ系列はいくつかのデータ系列をつなぎ合せたものであり、データ系列の一部には、十分な銘柄をカバーできていない、配当が考慮されていないなど、問題点がある。しかし、全体としての結果には大きな影響を与えないと考えた。

第1章 日本株式市場とリスクプレミアム

図表1-14 米国株式市場の過去の株式リターンと株式リスクプレミアム（2012年を終点）
(単位：%)

期間	株式リターン		株式リスクプレミアム			
			対短期金利		対10年インカムリターン	
	算術平均	幾何平均	算術平均	幾何平均	算術平均	幾何平均
1802〜2012	9.16	7.73	4.21	2.80	−	−
1900〜2012	10.56	8.64	5.71	3.83	−	−
1926〜2012	11.83	9.85	8.02	6.09	6.23	4.34
1982〜2012	12.48	11.14	7.63	6.36	5.12	3.87
1990〜2012	9.79	8.55	6.24	5.05	3.78	2.61
2000〜2012	2.97	1.66	0.83	−0.46	−1.63	−2.89

（出所）Siegel（2002）、Dimson, March and Staunton（2002）、Arzac（2005）、イボットソン・アソシエイツ・ジャパン㈱のデータより筆者作成

図表1-15 米国株式市場の過去の株式リターンと株式リスクプレミアム（期間を分割）
(単位：%)

期間	株式リターン		株式リスクプレミアム			
			対短期金利		対10年インカムリターン	
	算術平均	幾何平均	算術平均	幾何平均	算術平均	幾何平均
1926〜1930	11.29	8.68	7.61	5.08	7.55	5.02
1931〜1940	9.00	1.80	8.66	1.48	5.96	−1.04
1941〜1950	14.48	13.38	13.88	12.78	11.94	10.86
1951〜1960	17.00	16.16	14.70	13.87	13.36	12.55
1961〜1970	9.07	8.16	4.62	3.74	3.97	3.10
1971〜1980	9.82	8.48	2.87	1.60	1.57	0.33
1981〜1990	15.48	13.93	6.40	4.96	4.34	2.94
1991〜2000	18.49	17.46	13.13	12.15	10.77	9.81
2001〜2012	3.93	3.15	2.07	0.93	−0.59	−2.22
通期	11.83	9.85	8.02	6.09	6.23	4.34

（出所）イボットソン・アソシエイツ・ジャパン㈱のデータより筆者作成

述のように無リスク金利は政策金利の影響を強く受けることがあるため、想定期間を10年程度と仮定して、長期（10年）国債の１年間の実績リターンに対する米国株式の１年間の超過リターンとしての株式リスクプレミアムを年次データから推定している。この結果をみると、最も長期でみた短期金利に対する株式リスクプレミアムの値は算術平均で3.98％となっている。期間の分割方法により株式リスクプレミアムの推定値は異なるものの、それほど大きな違いはないことが確認できる。

　しかし、この株式リスクプレミアムの値には、大きなバイアスが存在していることが知られている（Brown等（1995））。また、米国市場の結果である図表１－14をみると、株式リスクプレミアムが低下傾向にあることがわかる。ここ20年の傾向として、株式リスクプレミアムがマイナスで、リスクを負担してもその見返りがないだけでなく、マイナスになっていることが確認できる。図表１－15の10年単位で期間を分割した分析結果をみると、株式リスクプレミアムの値が時間の経過とともに変化し、下方トレンドをもちながら平均回帰、もしくは循環している傾向があることが確認できる。

　日本株式市場について、同様の推定をイボットソン・アソシエイツ・ジャパン㈱のデータとDimson, March and Staunton（2002）をもとにデータを2012（平成24）年まで更新した結果を図表１－16と１－17に示す。日本株式市場でも同様に、株式リスクプレミアムが低下傾向にあることがわかる。また、ここ20年の傾向として、株式リスクプレミアムがマイナスでリスクを負担してもその見返りがないだけでなく、大きくマイナスになっていることが確認できる。図表１－17の10年単位で期間を分割した分析結果をみると、株式リスクプレミアムの値が、米国市場と同様に、時間の経過とともに変化し、下方トレンドをもちながら平均回帰、もしくは循環している傾向があることが確認できる。

　以上から、過去の事実として日本株式市場では、平均的には算術平均で6.15％（幾何平均では4.39％）の株式リスクプレミアムが獲得できたものの、

第1章 日本株式市場とリスクプレミアム

図表1-16 日本株式市場の過去の株式リターンと株式リスクプレミアム（2012年を終点）

(単位：％)

期間	株式リターン		株式リスクプレミアム			
			対短期金利		対10年インカムリターン	
	算術平均	幾何平均	算術平均	幾何平均	算術平均	幾何平均
1900～2012	14.23	−	8.83	−	−	−
1952～2012	11.57	9.71	6.48	4.71	6.15	4.39
1982～2012	4.38	2.48	2.02	0.17	0.76	−1.07
1990～2012	−2.06	−4.01	−3.23	−5.17	−4.51	−6.42
2000～2012	−2.25	−3.82	−2.35	−3.92	−3.61	−5.16

（出所）イボットソン・アソシエイツ・ジャパン㈱のデータより筆者作成

図表1-17 日本株式市場の過去の株式リターンと株式リスクプレミアム（期間を分割）

(単位：％)

期間	株式リターン		株式リスクプレミアム			
			対短期金利		対10年インカムリターン	
	算術平均	幾何平均	算術平均	幾何平均	算術平均	幾何平均
1952～1960	34.42	31.69	26.27	23.66	27.01	24.42
1961～1970	9.99	8.52	2.03	0.66	3.41	2.03
1971～1980	16.72	15.48	8.30	7.12	8.48	7.33
1981～1990	16.67	14.57	10.19	8.20	9.28	7.32
1991～2000	−0.28	−2.99	−2.20	−2.98	−3.78	−2.33
2001～2012	−0.18	−1.81	−0.28	−1.92	−1.54	−3.15
通期	11.57	9.71	6.48	4.71	6.15	4.39

（注）1982～2011の短期金利は有担保コール翌日物を使用。その他の短期金利は割引短期国債を使用。
（出所）Siegel（2002）、Dimson, March and Staunton（2002）、Arzac（2005）、イボットソン・アソシエイツ・ジャパン㈱のデータより筆者作成

10年程度の長期でみても安定性に欠け、低下トレンドがあることがわかる。また、算術平均を使うか、幾何平均を使うかで、リスクプレミアムの値も大きく異なることが確認できる。平均値の算出方法は株式リスクプレミアムを推定する際に大きな影響があることか確認できたので、次節で、両者の考え方を整理することとする。

(5) 算術平均か、幾何平均か、あるいは両者の中間か

　株式リスクプレミアムの大きさについて過去データから推定しようとする場合、算術平均と幾何平均について整理しておく必要がある。一般に得られた過去のリターンデータ系列から平均値を算出する際、算術平均が使われることが多い。一方、ファンドのパフォーマンス評価をする際には、幾何平均と呼ばれる平均値を使うことがある。算術平均と幾何平均は、ともに対象データ系列の「平均値」を示すものであるが、一般に算術平均は幾何平均より大きいか等しいという関係があり、計算された二つの平均値は異なることになる。図表1－16、1－17にあるように、株式リターンや株式リスクプレミアムの算術平均と幾何平均の大きさを比較すると、日本株式市場でも米国株式市場でも、算術平均の値が幾何平均の値よりもかなり大きな値となっていることが確認できる。たとえば、図表1－17の最下段の日本の株式リスクプレミアム（対10年インカムリターン）の通期の算術平均と幾何平均の差をみると、1.76％（6.15％－4.39％）の違いがあることがわかる。

　一般にリターン系列が対数正規分布に従っているとすれば、算術平均と幾何平均の間には次式の関係が成り立つことが知られている。

$$幾何平均 \approx 算術平均 - \frac{分散}{2} \quad \cdots (1-3)$$

リターンが対数正規分布に従って発生するとすれば、(1－3) 式のように、幾何平均は、算術平均から分散を2で割ったものにほぼ等しくなる。

　図表1－18、1－19に、(1－3) 式を使って計算した日米の株式（名目）、

図表1−18 算術平均と幾何平均（日本）

a. 名目株式リターン　　　　　　　　　　　（単位：％）

期間	株式リターン				
	算術平均	幾何平均	差	標準偏差	誤差
1952〜2012	11.57	9.71	1.86	18.41	0.16
1982〜2012	4.38	2.48	1.90	19.19	0.06
1990〜2012	-2.06	-4.01	1.95	19.96	-0.04
2000〜2012	-2.25	-3.82	1.57	17.90	-0.03

b. 株式リスクプレミアム　　　　　　　　　　　　　　　　　　　　　　（単位：％）

期間	株式リスクプレミアム									
	対短期金利					対インカムリターン				
	算術平均	幾何平均	差	標準偏差	誤差	算術平均	幾何平均	差	標準偏差	誤差
1952〜2012	6.48	4.71	1.77	18.33	0.09	6.15	4.39	1.76	18.29	0.09
1982〜2012	2.02	0.17	1.86	19.13	0.03	0.76	-1.07	1.83	19.10	0.01
1990〜2012	-3.23	-5.17	1.94	20.00	-0.06	-4.51	-6.42	1.91	19.96	-0.08
2000〜2012	-2.25	-3.82	1.57	17.91	-0.03	-3.61	-5.16	1.56	17.90	-0.05

（出所）　イボットソン・アソシエイツ・ジャパン㈱のデータより筆者作成

株式リスクプレミアム（対短期金利、対10年国債インカムリターン）の幾何平均、算術平均、標準偏差、（1−3）式を変形して算術平均から右辺の幾何平均と分散／2の和を引いた誤差を示している。多少の誤差はあるものの、（1−3）式の関係が近似的に成立していることを確認することができる。したがって、両者の差は分散の大きさに依存しており、分散が大きければ両者の違いも大きくなることになる。一般に株式市場の標準偏差は20％から30％程度あることが知られており、標準偏差が20％であれば、両者の差は（0.20×0.20）／2＝2％、標準偏差が30％であれば、両者の差は（0.30×0.30）

図表1-19 算術平均と幾何平均（米国）

a. 名目株式リターン　　　　　　　　　　　　（単位：％）

期間	株式リターン				
	算術平均	幾何平均	差	標準偏差	誤差
1926～2012	11.83	9.85	1.99	19.07	0.17
1982～2012	12.48	11.14	1.34	15.46	0.14
1990～2012	9.79	8.55	1.24	15.04	0.11
2000～2012	2.97	1.66	1.31	15.96	0.04

b. 株式リスクプレミアム　　　　　　　　　　　　　　　　　　　　　（単位：％）

期間	株式リスクプレミアム									
	対短期金利					対インカムリターン				
	算術平均	幾何平均	差	標準偏差	誤差	算術平均	幾何平均	差	標準偏差	誤差
1926～2012	8.02	6.09	1.92	19.07	0.11	6.23	4.34	1.89	19.02	0.08
1982～2012	7.63	6.36	1.28	15.38	0.09	5.12	3.87	1.25	15.34	0.07
1990～2012	6.24	5.05	1.19	14.98	0.07	3.78	2.61	1.17	14.96	0.05
2000～2012	0.83	-0.46	1.29	15.99	0.02	-1.63	-2.89	1.26	15.94	-0.01

（出所）イボットソン・アソシエイツ・ジャパン㈱のデータより筆者作成

/ 2 ＝4.5％程度にもなる。過去の日本の株式市場のリターンの算術平均が－2.25％から11.57％であることから考えると、この差は非常に大きいことがわかる。したがって、算術平均を採用するか、幾何平均を採用するかはリスクプレミアムの大きさを議論するうえで、重要な論点となる。

　問題は、リスクプレミアムの推定の際にどちらの平均値を採用すべきかということになる。米国の代表的なビジネススクールで広く使われているテキストでは、算術平均を推奨（たとえば、Brealy, Myers and Allen（2010））することが多い。また、「エクイティ・プレミアム・パズル」を指摘したMehra

第1章 日本株式市場とリスクプレミアム

and Prescott (1985) は、株式リターンが無相関であるとして算術平均を採用している。Dimson, March and Staunton (2002) では、"将来に向けた意思決定のためには、算術平均のほうが適切な測定方法である"としている。さらに、Berk and DeMarzo (2011) は、"過去のパフォーマンスに基づいて将来の時間的視野における投資の期待収益率を推定しようとするときには、算術平均を用いるべきである。もし過去の収益率を同じ分布から独立に抽出されたものとみなすならば、算術平均収益率は真の期待収益率の不偏推定値となる。"としている。

一方、Cooper (1996) は、年率の算術平均から計算される値（グロスリターン）をAとすると、

$$A = \frac{\left[\sum_{t=1}^{T}(1+r_t)\right]}{T} \quad \cdots (1-4)$$

年率の幾何平均から掲載される値（グロスリターン）をGとすると、

$$G = \left[\prod_{t=1}^{T}(1+r_t)\right]^{1/T} \quad \cdots (1-5)$$

ただし、r_tはt年でのリターンの大きさ、Tは標本期間の長さとなり、バイアスのない期間Nの割引率の推定値Dは、期待リターン（期待リスクプレミアム）が一定であること、データ系列が独立であること、期待リターンが既知であることを前提とすると、

$$D = bA^{-N} + (1-b)G^{-N} \quad \cdots (1-6)$$

ただし、$b = \dfrac{T+N}{T-1}$

となることから、この式を利用することを推奨している。しかし、実際の株式市場のリターン系列をみると、期待リターンが一定であるという仮定は、前節の「一定ではない株式リスクプレミアム」で示したように、成立しているとは言い切れない。さらに、算術平均の採用を正当化できるのは、リター

ン系列に自己相関がなく、いわゆる独立同一分布している場合である。この条件を満たし、投資の平均価値を議論しているのであれば、適切な平均値であるといえる。一方で、投資の中央値を議論しているのであれば、算術平均は適切な平均値とはいえない。さらに、株式のリターン系列は先ほどの条件を満たしていない。株式のリターンは短期的にはトレンドを、中長期的には平均回帰していることが示されており、リターン系列が独立であるとする仮定は強すぎる仮定である。

　Indro and Lee（1997）は、リターン系列に負の相関（平均回帰）がある場合の推定方法について検討し、Blume（1974）が示した方法がバイアスの少ない推定方法であるとしている。また、Arzac（2005）も"株式収益率は短期的には自己相関を示さないものの、長期的には著しい負の自己相関を示す。そして、自己相関が存在するとき、算術平均は有効推定値ではなくなる。算術平均が単一期間の最適推定量であり、ゆえに単一期間の株式プレミアムの最良推定量であっても、これを多期間にわたり複利計算すると、遠い将来のキャッシュフローの現在価値が過少に推定されていることになる。"と指摘し、（1－7）式に示すBlume（1974）の算術平均と幾何平均の加重平均に基づく近似式を採用することを推奨している。ここで、期間Nの期待リターン（リスクプレミアム）の推定値をWとすると、Blumeの方法は

$$W = aA^N + (1-a)G^N \quad \cdots\cdots (1-7)$$

ただし、$a = \dfrac{T-N}{T-1}$

と表わされる。この方法では、推定値がA^NとG^Nの間の値をとることになるが、Cooper（1996）の方法では、推定値がA^NとG^Nの間ではなく外側にくることになる。

　株式リスクプレミアムの推定値は、リターン系列の特徴から考えて、算術平均と幾何平均の中間にありそうであり、その意味ではBlumeの近似式を使用することが妥当かもしれない。しかし、算術平均は、算出も簡単でわかり

第1章　日本株式市場とリスクプレミアム

やすく使い慣れているうえ、多くの研究論文や資本コストに関連するテキストで推奨され、利用されている。算術平均、幾何平均、あるいは両者の中間を選択するかは、最終的には分析者の判断に任されることになるが、この判断で注意すべき点があるとすれば、選択した方法が最終的な意思決定（たとえば、投資案件の採否や企業価値評価）に極端に楽観的な結論を導いてしまう場合と、逆に保守的すぎる極点に悲観的な結論を導いてしまう場合があるということである。

あまりに保守的な判断がこれまでなされてきたことの問題点については、岸本（2009）が指摘し詳細な分析をしている。しかし、一方で、経営者としてあまりに楽観的な判断をして失敗してしまうことは許されることではない。多くの研究者や実務家が採用し、推奨している算術平均による結果を基本にするとしても、幾何平均で算出した場合が結果に与える影響の程度については確認しておく必要があろう。

なお、ここでの算術平均と幾何平均の議論は、株式リスクプレミアムの推定問題だけではなく、最適資産配分を決定する際の株式、債券、不動産等の各資産クラスのリスクプレミアムや期待リターン推定の際にも当てはまる共通の問題である。

(6) 一定ではない株式リスクプレミアム

a　時間の経過とともに変化している株式リスクプレミアム

長期的な期間を想定した場合、株式リスクプレミアムは一定と仮定されることが多い。しかし、過去の株式リスクプレミアムの推移をみると、1年、2年、5年という期間でみて変動しているだけではなく、10年、20年という期間でみても一定という仮定を置くことはむずかしいことが確認できる。図表1－20の「日本株式市場での各年の株式リスクプレミアムの推移（1952～2012年）」では、日本株式市場の1952（昭和27）～2012（平成24）年までの各年の株式リスクプレミアムの推移を示している。ここで示した株式リスクプ

レミアムは、イボットソン・アソシエイツ・ジャパン㈱が提供している配当込みTOPIX指数のリターン（月次）から10年国債トータルリターン（月次）の値を引いた株式リスクプレミアム（月次）を複利計算で年間の収益率としている。

　この図表をみると、株式リスクプレミアムは年単位でみて大きく変動しており、安定していないことがわかる。図表1－21の「日本株式市場での2012年を終点とした各年からの算術平均株式リスクプレミアムの推移（1952～2012年）」は、各年から2012（平成24）年を終点とした株式リスクプレミアムの算術平均を示している。期間が最長の1952（昭和27）～2012（平成24）年までの60年間の算術平均リスクプレミアムは8.02％程度（1953（昭和28）年からでは6.23％）であるが、期間が短くなるにつれて株式リスクプレミアムは低下している傾向がみられ、1987（昭和62）年から算術平均株式リスクプレミアムはマイナスとなり、その後プラスに転じた期間も短期的にはあったものの、マイナス傾向が続いている。

　一方、図表1－22の「米国株式市場での各年の株式リスクプレミアムの推移（1926～2012年）」と図表1－23の「米国株式市場での2012年を終点とした各年からの平均株式リスクプレミアムの推移（1926～2012年）」をみると、年ごとに株式リスクプレミアムの値は大きく変動し安定していないこと、株式リスクプレミアムが低下傾向にあることがわかる。米国は日本市場ほど顕著ではないものの、同様の傾向があることが確認できる。

　また、図表1－24および図表1－25の「起点と終点を変えた場合の日本株式市場の平均年次リターン」は、起点を1952（昭和27）年から10年刻みで変え、終点も1961（昭和36）年から10年刻みで変えた場合の株式平均年次リターンを示している。この結果をみても、株式リターンは長期でも安定していなかったことがわかる。株式リターンと株式リスクプレミアムが、この間ある程度連動して変動していたと考えることができれば、株式リスクプレミアムも長期でみても安定していなかったことがわかる。

第1章　日本株式市場と
リスクプレミアム

図表1−20　日本株式市場での各年の株式リスクプレミアムの推移（1952〜2012年）

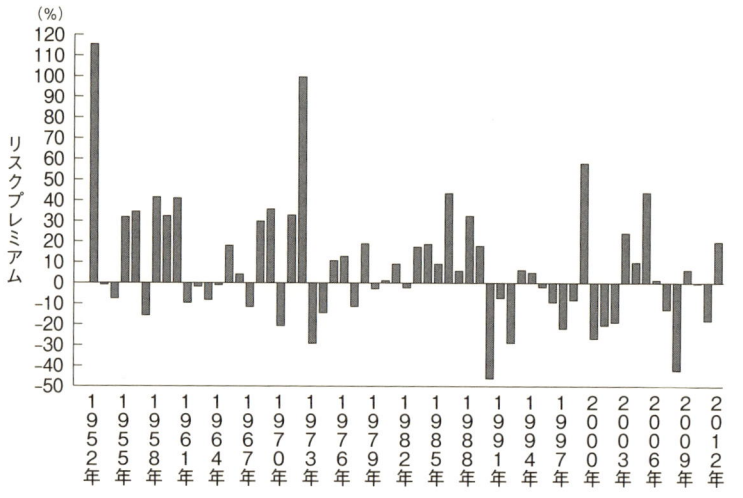

（出所）　イボットソン・アソシエイツ・ジャパン㈱のデータより筆者作成

図表1−21　日本株式市場での2012年を終点とした各年からの平均株式リスクプレミアムの推移（1952〜2008年）

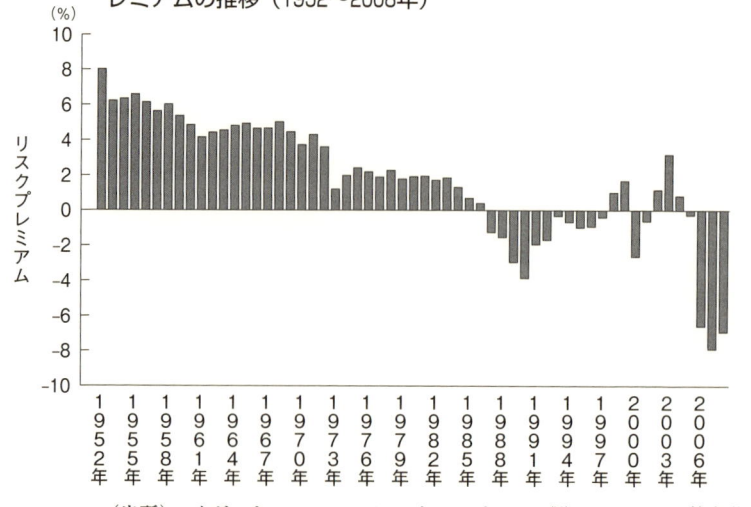

（出所）　イボットソン・アソシエイツ・ジャパン㈱のデータより筆者作成

図表1−22　米国株式市場での各年の株式リスクプレミアムの推移（1926〜2012年）

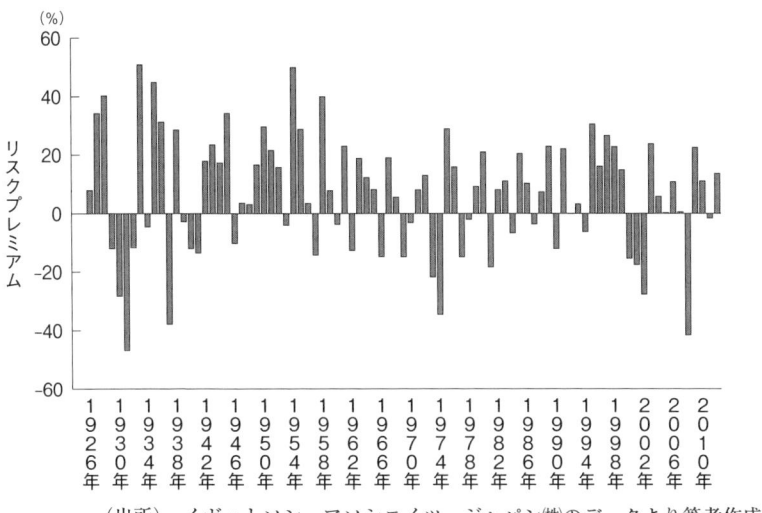

（出所）　イボットソン・アソシエイツ・ジャパン㈱のデータより筆者作成

図表1−23　米国株式市場での2012年を終点とした各年からの平均株式リスクプレミアムの推移（1926〜2008年）

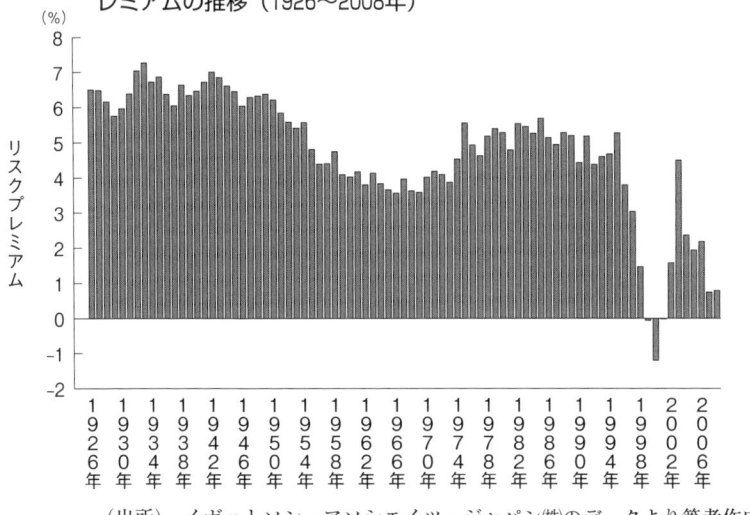

（出所）　イボットソン・アソシエイツ・ジャパン㈱のデータより筆者作成

第 1 章　日本株式市場とリスクプレミアム

図表 1 - 24　起点と終点を変えた場合の日本株式市場の平均年次リターン

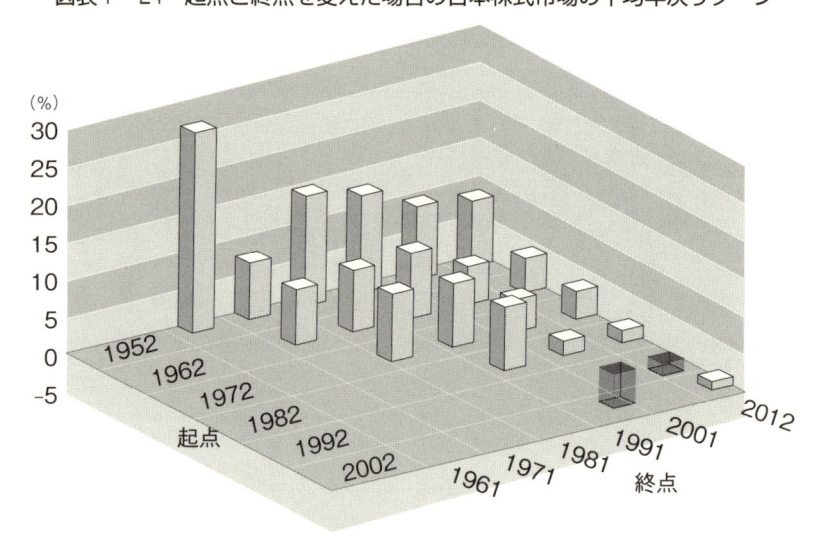

（出所）イボットソン・アソシエイツ・ジャパン㈱のデータより筆者作成

図表 1 - 25　起点と終点を変えた場合の日本株式市場の平均年次リターン

（単位：％）

		起　点					
		1952	1962	1972	1982	1992	2002
終　点	1961	26.31					
	1971	7.93	7.76				
	1981	14.51	8.61	9.47			
	1991	13.11	8.71	9.19	8.90		
	2001	9.52	5.32	4.51	2.04	-4.83	
	2012	8.02	4.43	3.62	1.73	-1.68	1.18

（出所）イボットソン・アソシエイツ・ジャパン㈱のデータより筆者作成

b 株式リスクプレミアムと景気循環

　株式リターン、あるいは株式リスクプレミアムは、時間の経過とともに変化する景気の状況に影響を受け、景気循環と連動（株価が景気動向を先読みした景気先行指数と考えれば、景気に先行して）して循環するとする考え方がある。図表1－26の「景気循環と株式リスクプレミアムの推移」では、内閣府による景気基準日で分割した景気の拡大期と後退期の株式リスクプレミアムの推移と平均を示している。すべての循環期で成立しているわけではないが、景気拡大期の株式リスクプレミアムは景気後退期の株式リスクプレミアムよりも高い（図表1－28、景気拡大期の株式リスクプレミアムの平均は年率で9.86％で、景気後退期の株式リスクプレミアムの平均は年率で▲3.62％）傾向がみられる。

図表1－26　景気循環と株式リスクプレミアムの推移

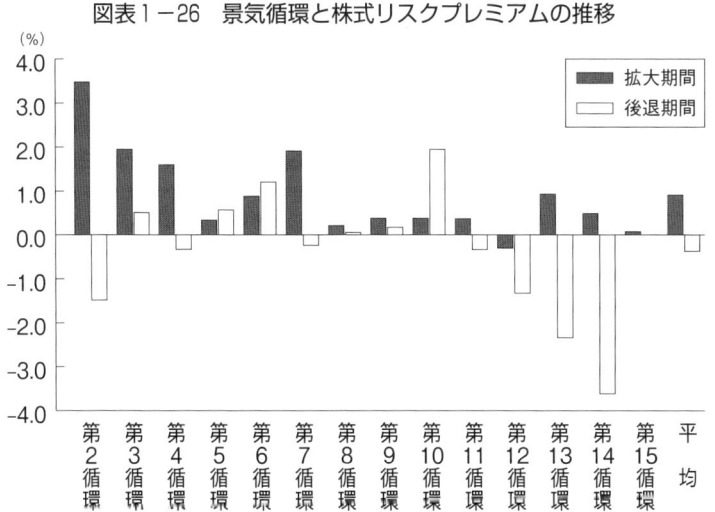

（注1）　第2循環期の株式リスクプレミアムの平均リターンは1952年1月から計算（24カ月のデータをもとに計算）。
（注2）　景気循環の期間は、内閣府による景気基準日付をもとにしている。
　（出所）　イボットソン・アソシエイツ・ジャパン㈱のデータより筆者作成

第1章　日本株式市場とリスクプレミアム

　この結果をみる限り、景気循環と株式リスクプレミアムには関係があることになる。この考え方が正しいとすれば景気循環のどの時点を起点とするか、想定する期間をどの程度とするかで株式リターンと連動して動く株式リスクプレミアムも変わることになる。そして、景気循環を超える十分に長い期間を考えない限り、株式リスクプレミアムを一定と置くことはできないことになる。景気循環を何期も超えた長期（20年、30年、あるいはそれ以上の長期）を考えることができれば、その時点で景気循環のどこにいるのかを考える必要性が低くなる。しかし、現実の問題を考えると、長期で物事を考える状況ばかりではなく、3年、5年、あるいは10年程度の期間も問題となることが多い。

　10年あるいはそれ未満の期間での株式リターン、あるいは株式リスクプレミアムを考えると、起点と終点が景気循環のどこに位置しているかが重要な問題になる。これは、図表1-27の「株式期待リターンと景気循環の関係」にあるように、起点①から終点までの株式リターン（あるいは株式リスクプレミアム）は、起点②から終点までの株式リターン（あるいは株式リスクプレミアム）と大きく異なることがわかる。

図表1-27　株式期待リターンと景気循環の関係

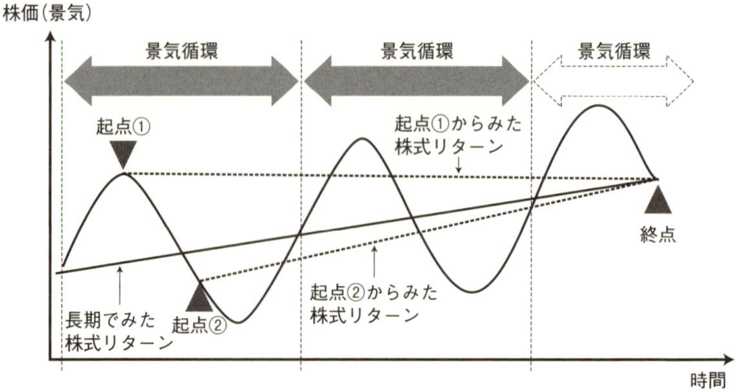

（出所）　筆者作成

以上のことから、株式リスクプレミアムを推定する際には、想定する期間、起点の状況（景気循環のどこに位置しているか）が重要な要素となることがわかる。長期でみた株式リスクプレミアムが一定とする考え方は最も推定が容易であるが、実際に適用できる場面は非常に限られている。一方、起点

図表1-28　景気循環と株式リスクプレミアム

	株式リスクプレミアム					
	拡大期間			後退期間		
	期間（起点）	月数	平均リターン（月次％）	期間（起点）	月数	平均リターン（月次％）
第1循環	－	－		1951年6月	4	－
第2循環	1951年10月	27 (24)	3.48	1954年1月	10	-1.48
第3循環	1954年1月	31	1.95	1957年6月	12	0.50
第4循環	1958年6月	42	1.60	1961年12月	10	-0.33
第5循環	1962年10月	24	0.33	1964年10月	12	0.57
第6循環	1965年10月	57	0.88	1970年7月	17	1.21
第7循環	1971年12月	23	1.91	1973年11月	16	-0.24
第8循環	1975年3月	22	0.21	1977年1月	9	0.05
第9循環	1977年10月	28	0.37	1980年2月	36	0.17
第10循環	1983年2月	28	0.37	1985年6月	17	1.95
第11循環	1986年11月	51	0.36	1991年2月	32	-0.33
第12循環	1993年10月	34	-0.30	1997年5月	20	-1.32
第13循環	1999年1月	22	0.92	2000年11月	14	-2.34
第14循環	2002年1月	73	0.49	2008年2月	13	-3.62
第15循環	2009年3月	34	0.07	－	－	－
平均	－	493	9.86		218	-3.62

（注1）　第2循環期の株式リスクプレミアムの平均リターンは1952（昭和27）年1月から計算（24カ月のデータをもとに計算）。
（注2）　景気循環の期間は、内閣府による景気基準日付をもとにしている。
（出所）　筆者作成

第 1 章　日本株式市場と
リスクプレミアム

および終点の状況を考慮した株式リスクプレミアムの推定は起点および終点が景気循環のどこに位置しているかを事前にわかっている必要があり、非常にむずかしい作業となる（事後的に景気循環のどこに位置しているかを知ることは簡単にできるが、現時点もしくは将来のある時点での景気循環のどこに位置しているかを知ることはむずかしい）。

なお、株式リスクプレミアムが年単位でみて不安定であるだけではなく中長期でみて低下傾向にあったことの理由として、1990（平成2）年以降のバブルの崩壊、2000年代に入って発生したインターネットバブルの発生と崩壊、世界同時金融危機や東日本大震災などの影響があったと考えて、中長期的にみて株式リスクプレミアムは安定していて一定と仮定してしまうことは、これまでの結果をみる限り適切とはいえない。

c　経済成長と株式リスクプレミアム

株式リスクプレミアムはその国の経済成長と関係しているとする考え方もある。Dimson, March and Staunton（2002）は、16カ国の株式リターン、GDP成長率、実質配当成長率の関係を確認し、成長の鈍化と株式リスクプレミアムの低下傾向の関係は日本以外の国でもみられることを報告している。図表1－29に、日本の経済の成長を三つの段階（高度成長、安定成長、経済停滞）に分けて、各期間の実績GDP[8]の対前年度増減率（年度ベース）、株式リターン、株式リスクプレミアムの平均値（年率）を示す。この結果をみる限り、実質GDPの増減率の高い高度成長期の株式リターンと株式リスクプレミアムは大きく、実質GDPの増減率の低い経済停滞期の株式リターンと株式リスクプレミアムは小さいことが確認できる。日本経済の成長が鈍化していくなかで、将来の日本株式市場の株式リスクプレミアムを過去の平均値で代用することは適切ではない可能性が高い。

---

[8]　ここでは、Dimson, March and Staunton（2002）に従って、GDP成長率を使用したが、ここでの目的からは、GNP（GNI）を使用することが適切であると考えられる。次節以降の分析では、マクロ経済の成長率を測定する際には、GNP（GNI）を使用する。

図表1-29　経済成長と株式リスクプレミアム

(単位：%)

期　間	実質GDPの対前年度増減率（年度ベース）	株式リターン	株式リスクプレミアム（対インカムリターン）
高度成長期 （1954年12月 ～1973年11月）	9.10	19.62	13.50
安定成長期 （1973年12月 ～1991年2月）	4.20	13.37	6.38
経済停滞期 （1991年3月～）	0.90	-0.84	-3.18

(出所)　筆者作成

---

(7) その他の代表的な株式リスクプレミアムの推定方法

　過去データに基づく方法以外にも、株式リスクプレミアムを推定する有益な方法がいくつも示されている。以下ではこれらのなかで、代表的、かつ実践的な方法であるゴードンモデルによる方法、マクロ経済の成長率から推定する方法、PERによる分解を利用した方法、Tモデルによる方法（以上がサプライサイドからの方法）、リスクの市場価格からの方法について確認する。なお、コンセンサスによる方法とデマンドサイドからの方法は、これまでの分析結果と実践面から考えて改善すべき点が多いと考え、以下では取り上げないこととした。

a　サプライサイドからの方法

　サプライサイドからの方法として、ゴードンモデルによる方法、マクロ経済の成長率から推定する方法、PERによる分解を利用した方法、Tモデルによる方法の四つから株式リスクプレミアムの推定方法を確認する。

第1章 日本株式市場とリスクプレミアム

(a) ゴードンモデルによる方法

　この方法は、配当が一定の割合で成長するとした場合の株式価値を算出する定成長配当割引モデルを変形したものである。すなわち、現時点の株価をP、来期配当をD、この配当がその後gで成長するとして、割引率（すなわち株主が要求する収益率）をkとすると、

$$P = \frac{D}{k-g} \quad \cdots\cdots(1-8)$$

と表すことができる。この式を変形すると、株主が要求する収益率（期待リターン）を求めることができる。

$$k = \frac{D}{P} + g \quad \cdots\cdots(1-9)$$

　この式は、一般には個別企業に適用されるが、市場全体に適用することで、市場全体の期待リターンを推定することができ、この値から無リスク金利を引くことで、市場全体のリスクプレミアムを推定することができる。また、この式は配当に着目しているが、株主に帰属するフリーキャッシュフロー（来期のフリーキャッシュフローをFCFとする）に着目すれば、

$$P = \frac{FCF}{k-g} \quad \cdots\cdots(1-10)$$

となり（ただし、ここでのgは来期以降のフリーキャッシュフローの成長率とする）、

$$k = \frac{FCF}{P} + g \quad \cdots\cdots(1-11)$$

と表すことができる。この式からも、市場全体のリスクプレミアムを推定することができる。さらに、残余利益モデルやオルソン・ジッター・モデルを使い、市場全体の期待リターンを推定することができ、この値から無リスク金利を引くことで、市場全体のリスクプレミアムを推定することができる。残余利益モデルであれば（純利益から自己資本コストを引いた値は残余利益と

呼ばれている)、

$$P = B_0 + \sum_{t=1}^{\infty} \frac{ri_t}{(1+k)^t} \quad \cdots\cdots\cdots\cdots\cdots\cdots\cdots\cdots\cdots\cdots\cdots\cdots\cdots\cdots\cdots\cdots\cdots\cdots\cdots (1-12)$$

ただし、B_0：時点 0 での自己資本

ri_t：時点 t での残余利益

から市場全体の期待リターンを推定することができ[9]、オルソン・ジッター・モデル[10]であれば、

$$P = \frac{NI_0}{k} + \sum_{t=1}^{\infty} \frac{Z_t}{(1+k)^t} \quad \cdots\cdots\cdots\cdots\cdots\cdots\cdots\cdots\cdots\cdots\cdots\cdots\cdots\cdots\cdots\cdots (1-13)$$

ただし、$Z_t = \frac{1}{k}\{NI_t + kD_t - (1+k)NI_t\}$

NI_t：時点 t での純利益

から市場全体の期待リターンを推定することができる。なお、これらの方法は、全期間を通して割引率である期待リターンが一定で同じ値をとるとして求められたものである。期間の長さの違いを株式期待リターンもしくは株式リスクプレミアムに考慮できないことがこの方法の問題点である。数値例は省略するが、比較的簡単に将来を想定した株式リスクプレミアムを計算することができる。

(b) マクロ経済の成長率から推定する方法

Cornell（2001）は、その国の企業が全体として実質的に成長できる割合（実質成長率）が長期的にはその国の実質GNPの成長率に近づくこと、配当性向が30％程度（過去の水準から算出）であるとして、次式を使い株価水準の議論をしている。

---

[9] この式の解を解析的に求めることは一般にはできないが、EXCEL等の表計算ソフトの組込関数（IRR関数）を使い、求めることができる。
[10] たとえば、菅原『資産運用の理論と実践』p66（朝倉書店、2007）を参照。

第1章 日本株式市場とリスクプレミアム

$$株式期待リターン = \frac{1.5 \times (DPS)}{株価}(実質GNP成長率) \cdots\cdots (1-14)$$

ただし、DPS：一株当り配当金

具体的には、インフレ率を3.0％、無リスク金利を5.5％、配当（D）を16.90ドルとした場合に、実質GNPの成長率が1.5％から3.0％に、株式リスクプレミアムが2.0％から7.0％に0.5％刻みで変化した場合のS&P500の株価をこの式から算出し、株式リスクプレミアムと実質GNP成長率との関係を示している（図表1－30参照）。

図表1－30　実質GNP成長率と株式リスクプレミアムの関係

		株式リスクプレミアム：ER					
		2.0%	2.5%	3.0%	4.0%	5.0%	6.0%	7.0%
実質GNP成長率	1.5%	845	724	634	507	423	362	317
	2.0%	1014	845	724	563	461	390	338
	2.5%	1268	1014	845	634	507	423	362
	3.0%	1690	1268	1014	724	563	461	390

（出所）　Equity Risk Premium Forum 2002 AIMRセミナーより引用

　この式は、GNP実質成長率と配当利回りから株式期待リターン、あるいは株式リスクプレミアムを算出できることを示している。

(c)　PERの分解による方法

　Bogle（1999）は、株式市場のリターンが配当利回りと利益成長、PERの変化により算出できるとして、米国株式市場でのリターンの分解を行っている。具体的には、今後10年間で想定される利益成長率と期末のPER水準をレンジとしてとらえて、各々の株式リスクプレミアムを推定することができる。株式のトータルリターン（R）はインカムゲインとキャピタルゲイン（ロス）の和、すなわち、次式で表すことができる。

$$R = \frac{DPS}{P} + \frac{\Delta P}{P} \quad \cdots\cdots\cdots (1-15)$$

ただし、DPS：一株当りの配当
　　　　P　：株価
　　　　ΔP　：株価変化

ここで、(1-15) 式の右辺の第二項に着目し、キャピタルゲイン（ロス）は、次のように表すことができる（導出方法については、(補論Ⅰ) PERに着目したリターン分解を参照）。

$$\frac{\Delta P}{P} = \frac{\Delta EPS}{EPS} + \Delta PER \times \frac{EPS}{P} \times \left(1 + \frac{\Delta EPS}{EPS}\right)$$

$$= g_{EPS} + \frac{\Delta PER}{PER}(1 + g_{EPS}) \quad \cdots\cdots\cdots (1-16)$$

ただし、$g_{EPS} = \frac{\Delta EPS}{EPS}$ は利益の成長率である。

したがって、

$$R = \frac{DPS}{P} + g_{EPS} + \frac{\Delta PER}{PER}(1 + g_{EPS})$$

と表すことができる。この式の右辺の第2項は利益の成長率であり、第3項はPERの変化、すなわち、バリュエーションの変化を表している。

(d) Tモデルによる方法

山口・金崎・真壁・小松原 (2003) は、過去50年間での株式リターン (TOPIX) と法人企業統計データからEstep (1985) のTモデルに従い、株式リターンを三つの要素に分解し、ファンダメンタルリターンと安全資産のリターンとの差として株式リスクプレミアムの分解を行っている。その結果、1962（昭和37）年以降の40年間に限るとリスク・プレミアム推計値は算術平均で3.8％～3.9％、幾何平均で3.6～3.8％であったことを報告している。

しかしながら、年次のリターンを追跡してみると、リスクプレミアムが大

第1章 日本株式市場とリスクプレミアム

きくプラスであった時代は1970年代であり、80年代以降今日まではその水準はゼロに近いと報告している。また、山口（2005）は、金融以外の一般産業を対象とした「産業総合指数」を作成して、この指数のリターンと法人企業統計データからEstep（1987）のTモデルに従い、三つの要素に分解し、ファンダメンタルリターンと安全資産のリターンとの差として株式リスクプレミアムの分解を行っている。

以下では、山口・金崎・真壁・小松原（2003）、山口（2005）に従い、1961（昭和36）年以降、直近までデータを更新した結果を示す。なお、山口（2005）が作成した「産業総合指数」は作成せず、山口・金崎・真壁・小松原（2003）で使用したTOPIXリターンを分解の対象としている。山口・金崎・真壁・小松原（2003）が使用したEstep（1985）のTモデルは、株式の配当を含めたトータルリターンをRとすると

$$R = \frac{ROE - g_{PBR}}{PBR} + g_{PBR} + \frac{\Delta PBR}{PBR}(1 + g_{PBR}) \quad \cdots\cdots (1-17)$$

ただし、ROE　：株主資本利益率
　　　　g_{PBR}　：株主資本（簿価ベース）の内部成長率（新株発行を含めない）
　　　　PBR　：株価純資産倍率
　　　　ΔPBR：株価純資産倍率の変化

と表すことができる（導出方法については、「（補論Ⅱ）Tモデルの導出」を参照）。山口・金崎・真壁・小松原（2003）、山口（2003）は、この式の第1項は配当イールド（配当利回り）、第2項が株主資本（簿価ベース）の内部成長率を表し、この二つの項の和をファンダメンタルリターンと呼んでいる。第3項が市場での価格評価の変化と解釈でき、バリュエーション変化と呼んでいる。1961（昭和36）年1月～2011（平成23）年7月までのデータを使い、株式リターンを分解した結果を以下に示す。

まず、Tモデルから推定された株式リターンと株式の実績リターンの差の

推移を図表1-31に示す。株式市場の変動は大きく、Tモデルではこの変動の大部分をバリュエーションの変化としてとらえていることが確認できる。

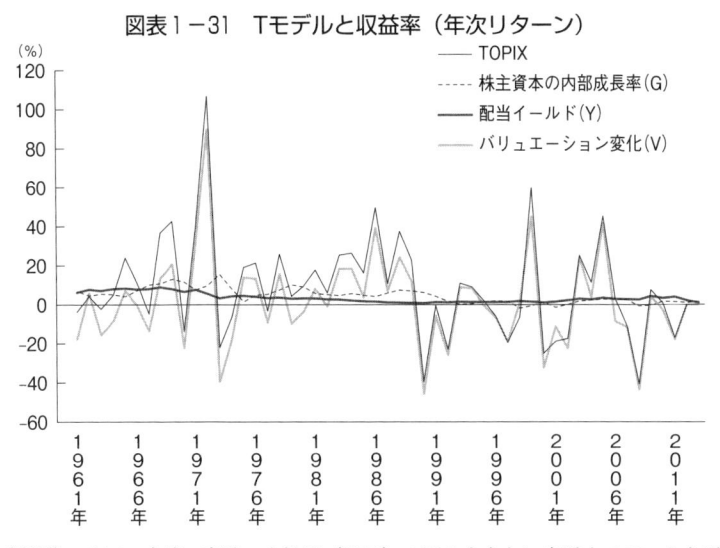

図表1-31　Tモデルと収益率（年次リターン）

TOPIX
株主資本の内部成長率(G)
配当イールド(Y)
バリュエーション変化(V)

（出所）　山口・金崎・真壁・小松原（2003）の図2をもとに直近までデータを更新

　次に、Tモデルの三つの要因がどの程度市場リターンを説明しているかを確認するために、回帰分析を行った。説明変数が三つあるため、配当イールド（Y）、株主資本の内部成長率（G）、バリュエーション変化（V）の3ファクターの場合（T3）、ファンダメンタルリターン（配当イールド（Y）と株主資本の内部成長率（G）の和）、バリュエーション変化の2ファクターの場合（T2）、ファンダメンタルリターン（配当イールド（Y）と株主資本の内部成長率（G）の和）の1ファクターの場合（T1）、バリュエーション変化の1ファクターの場合（V）の四つを対象に回帰分析を行った。その結果を図表1-32に示す。

　この結果からも、市場リターンの変動の大半は短期的にはバリュエーショ

ン変化で説明できること、モデルT3から株主資本の内部成長率（G）も株式リターンを説明する要因であること、モデルT2から配当イールドと株主資本の内部成長率の和であるファンダメンタルリターン（F）も株式リターンを説明する要因であることが確認できる。

図表1-32　Tモデルの説明力

	モデル	観測数		定数項	G	Y	F=G+Y	V	修正R2	DW比	自己相関
1961〜2011	T3	51	回帰係数	0.014	1.089	0.368		1.045	0.972	2.422	-0.211
			t値	1.239	6.015	1.258		40.141			
	T2	51	回帰係数	0.009			0.841	1.042	0.971	2.375	-0.188
			t値	0.795			7.293	39.279			
	T1	51	回帰係数	-0.011			1.252		0.051	2.086	-0.043
			t値	-0.172			1.913				
	Vのみ	51	回帰係数	0.076				1.060	0.940	1.324	0.338
			t値	8.443				27.908			

（注）　有意水準5％で有意な変数に網掛け。
（出所）　山口・金崎・真壁・小松原（2003）の表1を参考として直近までデータを更新

株式リターンを配当イールド（Y）、株主資本の内部成長率（G）、バリュエーション変化（V）の三つに分解した結果を図表1-33に示す（配当イールドは図表1-32の回帰分析の結果をみると有意な説明変数ではないが、トータルリターンを構成する重要な要素の一つであるため、以下では配当イールドを含めた分析を行う）。

この結果をみると、TOPIXリターンのかなりの部分が株主資本の内部成長率（G）と配当イールド（Y）で説明できること、TOPIXリターンの短期的な変動がバリュエーション変化によるものであることが確認できる。また、この方法に従えば、この分析期間の株式リスクプレミアムは、短期金利を基準として算術平均で3.2％（幾何平均でも同じ）、長期金利を基準として算

図表1-33 株式リターンの分解(年次リターン)

(分析期間:1961〜2011年) (単位:%)

			幾何平均	算術平均	標準偏差
Tモデルによる株式リターン推計					
	①	G(株主資本の内部成長率)	4.5	4.5	3.9
	②	Y(配当イールド)	3.4	3.5	2.4
	③=①+②	G+Y(ファンダメンタルリターン)	7.9	8.0	5.5
	④	V(バリュエーション変化)	-1.4	1.3	23.9
	⑤=③+④	T(トータルリターン)	6.6	9.3	25.0
市場リターン	⑥	TOPIX	6.0	8.9	26.1
金利	⑦	コールレート	4.6	4.6	3.7
	⑧	長期国債インカムリターン	4.9	4.9	2.5
ヒストリカルプレミアム					
ファンダメンタルリターンによる計算					
	⑨=③-⑦	短期金利ベース	3.2	3.2	3.8
	⑩=③-⑧	長期金利ベース	2.8	2.9	4.2
マーケットリターンによる計算					
	⑪=⑥-⑦	短期金利ベース	1.4	4.1	25.0
	⑫=⑥-⑧	長期金利ベース	1.1	3.7	24.4

(出所) 山口(2005)の図表3を参考として直近までデータを更新

術平均で2.9%(幾何平均で2.8%)であったことが確認できる。

　図表1-34は、これらの分解結果を累積してグラフに表したものである。この図をみると株式市場リターンの累積値がファンダメンタルリターンの累積値を中心として、変動(ファンダメンタルリターンの累積値に回帰)しているようにみえる。バリュエーションの変化により、株式リターンがファンダメンタルリターンと乖離する時期もあったが時間の経過とともに解消しては、また乖離が生まれることが繰り返されていると考えることもできる。バ

第 1 章　日本株式市場と
リスクプレミアム

リュエーション変化の部分は、短期的には大きなプラスの値やマイナスの値をとることもあるが、長期的にみれば平均値はゼロとなると考えることができる。

　最後に、過去のリスクプレミアムの推移を図表 1 – 35に示す。過去のリスクプレミアムの推移をみると、1980年台〜2002（平成14）年頃までは、対短期（EPR（短期））でも長期（ERP（長期））でもリスクプレミアムはゼロに近かったこと、2003（平成15）年以降リスクプレミアムがプラスに転じていることが確認できる。

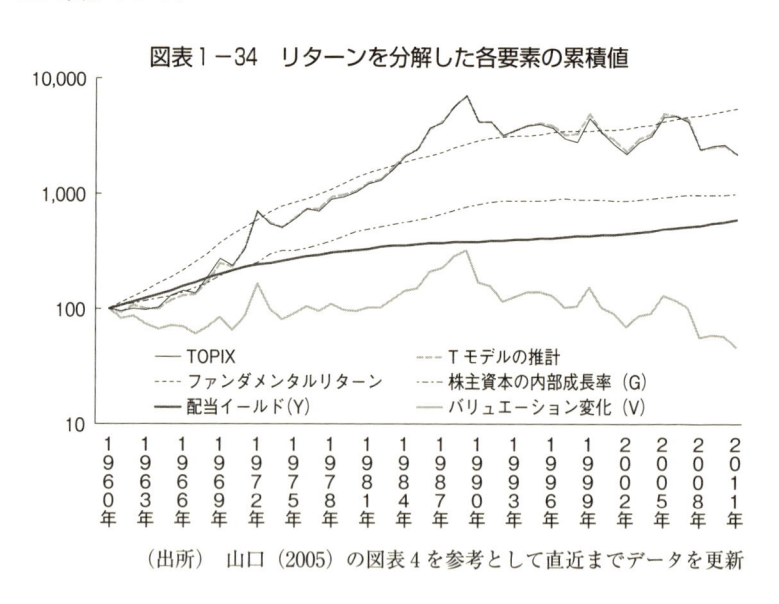

図表 1 – 34　リターンを分解した各要素の累積値

- TOPIX
- ファンダメンタルリターン
- 配当イールド（Y）
- T モデルの推計
- 株主資本の内部成長率（G）
- バリュエーション変化（V）

（出所）　山口（2005）の図表 4 を参考として直近までデータを更新

　以上は、過去のリスクプレミアムに関するものであるが、この T モデルを使うことで、将来に対するリスクプレミアムの推定を行うことができる。具体的には、T モデルの三つの要素を予測（足元や想定している期間の長さ等）することで将来のリスクプレミアムを予測することが可能となる。特に山口（2003）が指摘しているように、企業のファンダメンタルズは、株価の変動

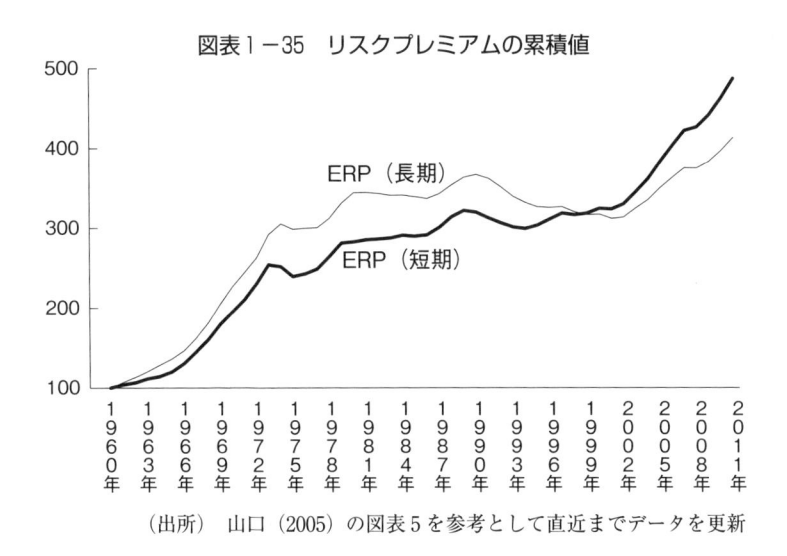

図表1-35　リスクプレミアムの累積値

(出所)　山口（2005）の図表5を参考として直近までデータを更新

に比べれば安定性がより高く、かつ予想しやすい。

b　リスクの単価と株式リスクプレミアム

　資本資産評価理論では、一物一価の法則が成立し、リスク一単位当りに対する無リスク金利に対する市場ポートフォリオの超過リターンの大きさは、個別銘柄のリスク一単位当りに対する無リスク金利に対するこの証券の超過リターンの大きさと等しくならなければならない（この関係から、CAPMの式が導出される）。このリスク一単位当りに対する無リスク金利に対する市場ポートフォリオの超過リターンはリスクの市場価格と呼ばれ、重要な概念の一つである。木村（2011）は、"通常リスクの市場価格と訳されているが、内容は資本市場線の傾きのことであり、価格というより単価と訳したほうがよい" として、「リスクの単価」と呼んでいる。

　　　　　　株式リスクプレミアム＝リスクの単価×株式市場リスクの大きさ

　また、木村（2011）は、リスクの単価を推定するために、過去のリスクの単価を確認している。具体的には、過去の時点のリスクの単価が「過去の時

第1章 日本株式市場とリスクプレミアム

点の市場インプライド(長期間平均)期待リスクプレミアム」を「過去の時点の市場インプライド(長期間平均)ボラティリティ」で割ることで算出できるとして、2001(平成13)～2011(平成23)年までの半期データを利用してリスクの単価を計算している。なお、「市場インプライド(長期間平均)ボラティリティ」はオプション市場からしか入手できないため、代わりに過去60カ月間の月次データを使い推定し、「市場インプライド(長期間平均)期待リスクプレミアム」は、期待配当利回りと期待配当成長率(ROE×内部留保率)の和から無リスク金利(10年国債利回り)を引いたものとして過去の各時点での推定を行っている。その結果、金融危機のような異常時を除けば、リスクの単価が0.3程度であったと報告している。この水準は、James Bullard(2007)が米国株式市場の過去130年間のデータを使い分析したリスクの単価と類似した結果である。一方、山口(2007)は、歴史的なリスクプレミアムの低下原因は「リスクの市場価格」が低下したことにあり、その背景として、株式保有の法人化現象、保有期間、保有動機があるものの、それだけではリスクの市場価格の低下傾向を説明できず、サプライサイドからの解釈をしている。

以下では、日本株式市場のリスク量の変化を可能な限り過去にさかのぼり推定し、リスク量の推移を確認し、日本の株式市場のリスクの単価の推移を確認する。

(a) 日本株式市場におけるリスク量の推移[11]

Dimson, March and Staunton(2002)をもとにデータを2011(平成23)年まで更新し、超長期でのリスク量の推移を図表1-36に示す。分析期間は1900(明治33)～2011(平成23)年までの112年間で、年次データから年率のリスク量を計算している。

---

[11] 本節および次節は、菅原(2011)(証券アナリストジャーナル"展望")p65～67を引用および加筆、修正したものである。

図表1-36　年次データから計算した日本株式市場のリスク量（標準偏差）の推移

期　　間	リスク（年率%）	期　　間	リスク（年率%）	期　　間	リスク（年率%）
1950〜1989	28.4	前半（1900〜1949）	29.2	通期（1900〜2012）	29.2
1990〜2012	24.2	後半（1950〜2012）	29.0		
参考（2000〜2012）	23.4				

（出所）　みずほ信託銀行作成

　この結果をみると、112年間という長い期間ではリスク量は29.2%であった。期間を1900（明治33）〜1949（昭和24）年までの50年間と1950（昭和25）年以降の62年間で分けて計算したリスク量は、それぞれ29.2%、29.0%で大きな差はなかった。一方、後半の期間をバブル前と後、さらに2000（平成12）年以降に分けて計算すると、各々、28.4%、24.2%、23.4%となり、バブル前と後ではバブル後のリスクが2割程度低くなっていることが確認できる。超長期でリスク量を計算するとそれほど大きなリスク量の変化はなく、一定であるようにみえるが、これは非常に長い期間での結果であり、直近の20年間程度の期間でみると、リスクが低下している可能性がみられる。ただし、ここで計算したリスク量は年次データを使用して計算したものであり、データ数が十分でないことも考えられる。そこで、月次データを使いリスク量（標準偏差）を計算した結果を図表1-37に、時系列モデル（GARCHモデル）から推定したリスク量の推移図を図表1-38に示す（ここでは、「年次収益率から計算した標準偏差」と「月次収益率から計算した標準偏差を年率換算した標準偏差」に違いがあることについて、注意が必要である。月次収益率で計算した標準偏差を年率換算する際に、自己相関がないという仮定を置いていることを主因としてこの差が出ている。この差は決して小さくないことが確認できる）。

第1章 日本株式市場とリスクプレミアム

　図表1-38の結果をみると、リスク量の大きさは変動しており、安定していないことがわかる。この結果だけからでは断定できないものの、リスク量は上昇、下降を繰り返している傾向がみられる。直近の世界同時金融危機以降、株式市場のリスクは増大したとの指摘はあるが、日本株式市場単独で考

図表1-37　月次データから計算した日本株式市場のリスク量（標準偏差）の推移

期　　間	リスク（年率％）	期　　間	リスク（年率％）	期　　間	リスク（年率％）
1986〜1989	18.43	前半(1986〜1999)	21.75	通期(1985〜2012)	19.65
1990〜1994	25.79				
1995〜1999	18.70				
2000〜2004	15.82	後半(2000〜2012)	17.90		
2005〜2012	19.14				

（出所）　みずほ信託銀行作成

図表1-38　月次データを使い時系列モデル（GARCHモデル）から推定したリスク量の推移

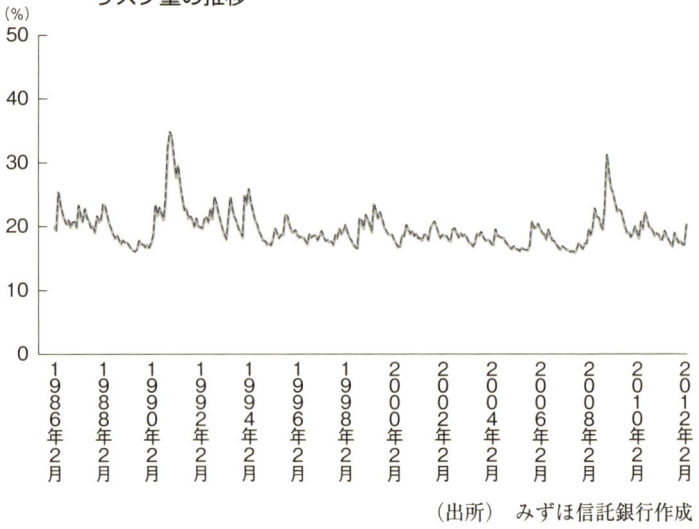

（出所）　みずほ信託銀行作成

えるとその影響は一時的で、すでに安定していることが確認できる。参考として、日次データを使いリスク量がどう変化していったかを確認した結果を図表1-39に示す。確かに、世界同時金融危機時や震災時にはリスクが大きく上昇しているが、その前もその後も安定していることが確認できる。

図表1-39　日次データを使い時系列モデル（GARCHモデル）から推定したリスク量の推移

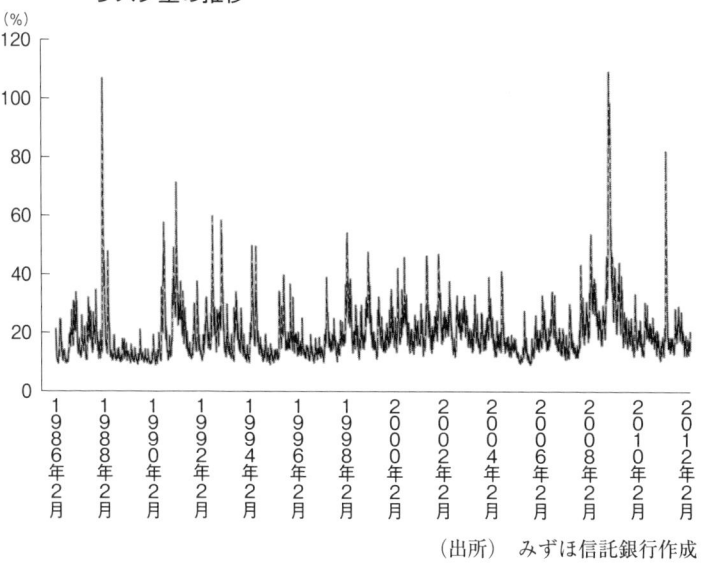

（出所）　みずほ信託銀行作成

　これらの結果から、日本株式市場のリスクは長期的に一定、もしくは過去平均と比較してやや低い水準で推移する可能性が高いと考えられる。世界同時金融危機の経験から、投資家はリスク資産のリスクが増大していると一部で考えられている。市場間の連動性が高まり、分散効果が低下している可能性は否定できないが、日本の株式市場を単独でみると、リスクが必ずしも上昇しているとはいえないという結果が観測された。

(b) 日本株式市場でのリスクの単価の推移

　木村（2011）に従い、可能な限り過去にさかのぼり、リスクの単価を確認した結果を図表１－40に示す。この結果をみると、少なくとも1999（平成11）年以前ではリスクの単価は0.10以下の値であったが、2000（平成12）年に入ってからは0.23から0.30と比較的大きな値となっているものの、サブプライム問題発生以降は低下していることがわかる。この結果は、一部James Bullard（2007）や木村（2011）の結果と整合的であるが、このことだけからリスクの単価は一定で、株式リスクプレミアムの大きさはリスクの大きさが変わることで生じたものであると判断することはむずかしいかもしれない。リスクの単価は経済成長のステージや景気循環のどこにいるかにより変わってくる可能性も否定できず、リスクの大小によりリスクの単価が変わる（たとえば、リスクが大きいときは小さいときと比較して、投資家は高いリスクの単価を要求するかもしれない）可能性もある。

図表１－40　定成長配当割引モデルによるインプライド株式リスクプレミアムとリスクの単価

期　間	株式期待収益率 （％）	株式リスクプレミアム （％）	リスク （％）	リスク単価
1986～1989	6.43	1.43	16.79	0.08
1990～1994	4.67	-0.81	25.60	-0.03
1995～1999	3.73	1.55	18.69	0.08
2000～2004	5.42	3.89	15.82	0.23
2005～2009	6.22	4.70	19.52	0.30
2007～2011	6.15	4.82	19.74	0.27

（出所）　みずほ信託銀行作成

3 日本株式市場の展望と課題

(1) 日本株式市場の展望

　本章2節では、株式リスクプレミアムを推定する方法が複数存在し、各々、長所、短所があることを確認した。さらに、株式リスクプレミアムを推定する際には、現時点の経済状況（株価水準を含む）と想定期間の長さ、さらに想定末時点での経済状況（株価水準を含む）が重要であることを確認した。すなわち、株式リスクプレミアムにも期間構造が存在することになり、分析者（投資家の場合もあれば、企業の財務担当者や経営者である場合も考えられる）は状況に応じて株式リスクプレミアムの期間構造を意識して、推定作業を行う必要がある。あらためて指摘するまでもないことであるが、金利の期間構造と同様に株式リスクプレミアムの期間構造は、経済状況の変化とともに動的に変化していくことになる。また、株式リスクプレミアムと無リスク金利の和で表される株式市場のリターンも同様である。しかし、残念ながら、株式リスクプレミアムの推定誤差も、株式リターンの推定誤差も大きい。金利の期間構造のように期間ごとのスポットレートを推定する具体的な市場から得られる情報を株式リスクプレミアムの場合は得られない。仮に推定できたとしても、信頼性には疑問が残ることになる。対コスト効果の関係からいえば、厳密な期間構造を考える必要がない場合も少なくない。

　以下では、これらのことをふまえて、日本株式市場の今後の株式リスクプレミアムおよび株式リターンの推定を試みる。具体的には、これまでの結果をもとに、現状で適切と考えられる四つの方法（マクロ経済の成長率から推定する方法、PERの分解から推定する方法、Tモデルによる方法、リスクの単価からの方法）を使い、想定期間を10年程度、推定時点および10年先の時点での株価は割高でも割安でもない状態であると仮定して、リスクプレミアムおよび

株式リターンを推定する。

a 代表的な方法による株式リスクプレミアムおよび株式リターンの推定

(a) マクロ経済の成長率から推定する方法

Cornell (2001) の方法を応用して、マクロ経済の成長からその国の株式市場の期待リターンや株式リスクプレミアムを推定することができる。図表1－41は、無リスク金利を1.0％と仮定し、配当利回りが1.0％から3.0％まで、GNI[12]実質成長率が1.0％から3.0％まで、0.5％刻みの値をとった場合の株式リスクプレミアムを示している。この結果から、たとえばGNIの実質成長率が1.5から2.5％程度で、配当利回りが1.5から2.5％程度であるとすると、株式リスクプレミアムは2.8から5.3％程度、株式リターンは3.8％から6.3％程度しか期待できないことがわかる。

図表1－41　GNI成長率に着目した株式リスクプレミアムの推定値

(単位：％)

		GNI実質成長率：g				
		1.0	1.5	2.0	2.5	3.0
D/P	1.0	1.5	2.0	2.5	3.0	3.5
	1.5	2.3	2.8	3.3	3.8	4.3
	2.0	3.0	3.5	4.0	4.5	5.0
	2.5	3.8	4.3	4.8	5.3	5.8
	3.0	4.5	5.0	5.5	6.0	6.5

(出所)　筆者作成

(b) PERの分解から推定する方法

Bogle (1999) が示した株式市場のリターンを配当利回りと利益成長、PERの変化により算出できるとした考え方をもとに、今後10年間で想定される利益成長率と期末のPER水準をレンジとしてとらえて、各々の株式リスク

---

[12] Cornell (2001) はGNPを利用して分析しているが、日本では2000（平成12）年から93SNAに移項したため、GNPの概念がなくなり、GNI（国民総所得）が新たに導入されている。

プレミアムおよび株式リターンを推定することができる。計算式から明らかなように、PER水準が期初と変わらずにほぼ同じ水準にあれば、株式市場のリターンは、期初の配当利回り、利益成長率から計算できることになる。

図表1-42は、期初PERを20、配当利回りを2.0%、無リスク金利を1.0%とし、期末（10年後）のPERの水準が15から25まで2.5刻みの値をとり、利益成長率が1.0%から5.0%まで1.0%刻みの値をとった場合の株式リスクプレミアムおよび株式リターンを示している。仮に、期末のPERが17.5から22.5まで、0.5%刻みの値をとり、利益成長率が2.0%から4.0%まで、1%刻みの値をとるとすると、株式リスクプレミアムは1.7%から6.3%、株式市場のリターンは2.7%から7.3%の値をとることになる。

図表1-42　PERの分解から推定した株式リスクプレミアム (単位:%)

		利益成長率				
		1.0	2.0	3.0	4.0	5.0
期末の PER水準	15	-0.5	0.5	1.4	2.4	3.4
	17.5	0.7	1.7	2.7	3.7	4.7
	20	2.0	3.0	4.0	5.0	6.0
	22.5	3.3	4.3	5.3	6.3	7.3
	25	4.5	5.6	6.6	7.6	8.6

(注)　期初PERを20、配当利回りを2.0%、無リスク金利1%、期間を10年として計算。
(出所)　筆者作成

(c)　Tモデルによる方法

Tモデルから将来の株式リスクプレミアムを推計できる。すなわち、（1-17、64ページ参照）式から、株式リターンが自己資本コストの内部成長率とイールド（配当利回り）の和で算出できることがわかる。日本が低経済成長期に入った1991（平成3）年以降、2011（平成23）年までの自己資本の内部成長率の平均値（算術平均）が1.0%程度でイールド（配当利回り）の平均が2%程度であるので、仮に今後10年間の自己資本の内部成長率が1.0%か

ら3.0％まで0.5％刻みの値をとり、イールド（配当利回り）が1.0％から3.0％まで0.5％刻みの値をとるとすると、無リスク金利を1.0％とした場合の株式リスクプレミアムの値は図表1－43のようになる。仮に、イールド（配当利回り）が1.5％から2.5％の間の値をとり、自己資本の内部成長率が1.5％から2.5％の間の値をとるとすれば、株式リスクプレミアムは2.0％から4.0％の値をとり、株式リターンは3.0％から5.0％の値をとることになる。

図表1－43　Tモデルから推定した株式リスクプレミアム

(単位：％)

		株主資本の内部成長率				
		1.0	1.5	2.0	2.5	3.0
D/P（イールド）	1.0	1.0	1.5	2.0	2.5	3.0
	1.5	1.5	2.0	2.5	3.0	3.5
	2.0	2.0	2.5	3.0	3.5	4.0
	2.5	2.5	3.0	3.5	4.0	4.5
	3.0	3.0	3.5	4.0	4.5	5.0

(出所）筆者作成

(d)　リスクの単価からの方法

次に、リスクの単価を所与として、株式リスクプレミアムおよび株式リターンが今後の株式市場のリスクの大きさに依存するとした場合の結果を確

図表1－44　リスク単価とリスク量から推定した株式リスクプレミアム

(単位：％)

		リスク量				
		15.0	17.5	20.0	22.5	25.0
リスク単価	0.10	1.5	1.8	2.0	2.3	2.5
	0.15	2.3	2.6	3.0	3.4	3.8
	0.20	3.0	3.5	4.0	4.5	5.0
	0.25	3.8	4.4	5.0	5.6	6.3
	0.30	4.5	5.3	6.0	6.8	7.5

(出所）筆者作成

認する。図表1-44は、リスク単価が10.0から30.0まで5.0刻みの値をとり、1年当りのリスク量が15.0％から25.0％まで5.0％刻みの値をとった場合の株式リスクプレミアムの大きさを表わしている。仮に、リスクの単価が15.0％から25.0％の間の値をとり、株式市場のリスクの大きさ（標準偏差）が17.5％から22.5％の間の値をとるとすれば、株式リスクプレミアムは2.6％から5.6％の値をとり、株式リターンは3.6％から6.6％の値をとることになる。

b 日本株式市場における将来のリスクプレミアムおよびリターンの推定結果と解釈

ここまでに、10年程度の期間を想定したうえで、日本の将来の経済環境の前提を置いて株式リスクプレミアムおよび株式リターンの推定を試みた。株式リスクプレミアムおよび株式リターンの大きさについては、米国株式市場での分析結果を中心として、過去の株式リターンから推定する方法を推奨する例も少なくない。しかし、これまでの日本株式市場での経済成長や景気循環と株式リターン、株式リスクプレミアムの関係をみると、過去の株式リターンから将来の株式リスクプレミアムおよび株式リターンを推定することは簡単ではないことがわかる。

　これまでに示してきた四つの方法は、すべて納得性の高い推定方法である。得られた数値はそれぞれ前提条件があるものの、日本株式市場のリスクプレミアムは、マクロ経済の成長率から推定する方法では2.8％から5.3％、PERの分解から推定する方法では1.6％から6.2％、Tモデルから推定する方法では2.0％から4.0％、リスクの単価から推定する方法では2.6％から5.6％となり、推定の幅には多少の違いはあるものの、平均的には4％前後の値となった。この結果は、10年の金利水準を1％程度と想定すると、日本株式市場の今後10年程度の期間を考えた期待リターンが平均的には5％前後の値であると想定していることになる。この値は、一般的に想定される株式期待リターン（6.0％から7.0％程度）よりも低い水準であるかもしれないが、ここで推定した値よりもさらに高い株式リスクプレミアムおよび株式リターンを想

第1章 日本株式市場とリスクプレミアム

定できるとすれば、現在想定されている日本全体の経済の成長率や企業の利益成長の想定値を、現在想定しているよりも高く置くことができる場合だけである。

なお、以上の結果はいくつかの前提条件のもとで成り立つ話である。想定している始点と終点の株価が妥当な水準（割高でも割安でもない）にあること、想定している期間が10年程度を想定していること、無リスク金利が1.0％であること、将来の日本企業の利益成長や経済成長率が現状想定されている平均的な値であることなどが前提となっている。これらの条件が変われば、推定された株式市場の期待リターンやリスクプレミアムの値も変わってくる。

実際の株価の動きをみていると、これまでに示した方法から推定される株式市場のリスクプレミアムおよびリターンとは無関係に価格付けがなされ、変動しているようにみえるかもしれない。株価は短期的には投資家の期待を反映して変動する。投資家の期待は合理的な場合もあれば感情的で非合理的な場合もある。本章1節では過去の株式市場の歴史を概観したが、時に株式市場（市場参加者）は過熱して、過剰な期待を抱いてバブルを作り出し、期待が過剰であることに気がつくと、即座にバブルを崩壊させ、逆方向に過剰に反応する。株式市場はこれを繰り返しながら現在に至っているといってよいであろう。しかし、株式市場は自身の抱いた期待が誤りであれば、必ず修正し、割高な状況や割安な状況はいずれ修正される。株価は割高な値と割安な値の間を変動し、その間にあるのが合理的な価格であり、この合理的な価格がこれまで述べてきた割合で成長していく可能性が高いことになる。

過去の実績リターンから将来の期待リターンを推定することのむずかしさは、投資家は将来の株主に帰属するフリーキャッシュフローの現在価値の総和から現在の価格を決定し、過去のリターンがどうなるかなどということは投資家はいっさい考慮せず、過去とは無関係に決定されることからもわかる。理論上からは、過去のリターンから将来のリターンを推定することはで

きない[13]ことになる。

　株式のリターンは「株主に帰属するフリーキャッシュフロー」、もしくは「割引率」の変化から生じることになる。さらに、日本株式市場の価値は、日本企業の株式価値の総和であり、日本企業の株式価値の変化の総和位が日本株式市場の価値の変化、すなわちリターンとなる。「株主に帰属するフリーキャッシュフロー」と「割引率」の変化でも、プラスの高いリターンを永続的に獲得するためには、「フリーキャッシュフロー」のプラスの変化が重要となることはいうまでもない。

　しかし、少子高齢化が進み、経済成長が期待できない日本では、国内だけをみていては、企業があげる利益（フリーキャッシュフロー）成長や国としての経済成長も多くを期待できない。したがって、日本株式市場がリスクに見合うリターンをあげていくためには、海外の成長、特に発展著しいアジアの国々の成長を取り込み、投資家が期待している以上の高いフリーキャッシュフローを生み続ける企業が数多く存在することが必要条件となる。今後の国内市場が縮小していくことを考えれば、日本以外の市場でどこまで成長できるかが重要であることは明らかであろう。国際競争に生き残り、海外での成長を取り込めなければ、日本企業の成長は限定されたものになり、日本全体として非常に厳しい状況に追いつめられることになり、株式市場も低迷することになる。

c　今後の日本株式市場

　これまでに日本株式市場の歴史を振り返るとともに、いくつかの前提条件のもとではあるものの、将来の日本株式市場における株式リスクプレミアムが4％前後で、株式リターンが5％前後になることを確認してきた。一方、1990（平成2）年以降の20年以上の期間をみると、日本株式市場はリスクが

---

[13] 過去のリターンから将来のリターンを予測できるのは、市場の構造が過去と将来で変わらない場合（長期でこのことを仮定することはむずかしい）や企業の将来利益が過去のとなんらかの時系列的関係をもつ場合など、特殊な場合に限られる。

第1章 日本株式市場とリスクプレミアム

大きいだけでリターンが伴わないどころか、マイナスのリターンしか得られなかったことも事実である。このような株式市場に対して投資家が懐疑的にならざるをえなかったことは当然のことである。

しかし、これまでに述べてきたように、株式には本質的な価値があり、時にはこの本質的な価値から乖離することはあるものの、いずれ本質的価値に回帰してくるものである。第4章では、市場が低迷しているなかでも、利益を生み出し、自己資本コストを上回る利益をあげて株主価値を高めてきた企業が存在することを実証し、市場全体が低迷していたとしても、株価は本質的な価値に追随して高い超過利益をあげていけば株価も上昇することを示す。1990（平成2）年は平成バブルのピークであり、日本経済の大きな転換点でもあった。そのほかにもいくつかの要因があり、回復にはあまりにも時間を浪費してしまったが、必然の事態であったとも考えられる。この状況が今後も続くか否かは誰にもわからないが、時間の経過とともにいくつかの大きな問題が解決されたこともあり、次節で述べる残された課題が整備され、多くの日本企業が国際競争で生き残ることができれば、日本株式市場全体としても、長期低迷の時代から抜け出し、投資に値する市場になれるはずである。

大切なことは、株式市場のリスクの大きさを認識し、投資家自身の耐力を考えた日本株式への長期的な視点で投資を行うことである。日本企業の株式をもつということは、日本企業の事業リスクを負担して、応援することになる。個々の日本企業が期待に応えることが前提ではあるが、株式投資の原点に立ち返り、長期保有を前提とした投資家がふえることを期待したい。

(2) 日本株式市場の課題

日本株式市場の変遷をみると、株式市場の歴史は投資家の日本への期待の変化の歴史でもある。一方、株式価値（企業価値）の評価や資金調達の場として機能してきた。いくつかの課題は残されているものの、株式市場として

の公平性、透明性はある程度確保されていると考えることもできる。しかし、法人税や対外貿易面では早急に解決しなければ国際競争に生き残れない課題であり、国家としての対応課題であろう。こういったハンディを背負って国際競争に生き残ることは至難の業である。また、日本の破綻寸前の国家財政を考えると、税金を投下すべき分野は国際競争力を高める分野のみであり、旧来のばらまきでは将来の日本はないと考えるべきであろう。

しかし、こういった現実的問題以前の問題として、粉飾決算、インサイダー取引や詐欺事件等の日本株式市場の根底を揺るがしかねない事件も発生している。また、日本株式市場が長期にわたってプラスのリターンをあげられていないという深刻で本質的な問題も解決したわけではない。

以下では、これらの問題について、①市場の公平性、②投資家の多様化、③株主重視の企業経営、④株主（投資家）の役割という四つの点から整理する。これらの課題が解決されることにより、日本の株式市場の信頼性が高まり、長期的、安定的な株式市場の成長が期待できる。

a 市場の公平性

市場の公平性は、あらゆる市場参加者が守らなければならない基本となる規則であり、このことが守られなければ、市場への参加資格はないことになる。しかし、株式市場で企業が資金を調達しようとすれば、企業は正しい情報を提供し適切な価格評価を受けなければならない。しかし、決算を粉飾するような事件が頻繁に発生している。また、インサイダー取引に代表される不正行為も後を絶たない。こういった問題は日本だけの問題ではないが、市場が健全に発達し、市場参加者が安心して株式市場を活用していくためにはこういった問題をなくしていくことが市場の信頼性を高める重要な要因となる。

最近では、公募増資に関するインサイダー取引事件が発生しているが、情報を利用して利益を得た側だけではなく提供した側への罰則を含めた法律面の見直しの必要性もあろう。本質的な問題として、最も基本となる規則、原

第1章 日本株式市場とリスクプレミアム

理原則を守らないということが何を意味しているかということを知らなくてはならない。知らなければ、市場に参加する資格はないということを再認識すべきであろう。粉飾決算、インサイダー取引は犯罪であり、これを手助けしたものも犯罪者と同罪である。正しいこと、正しくないことの判断は、一人ひとりの良識に委ねられている部分が少なくない。組織としての啓蒙教育もさらに強化が必要である。

b 投資家の多様性

株式市場は、本来は企業の長期的、安定的な資本を提供する役割を担っている。一方、その時点における企業（株式）の価値評価をリアルタイムで行う役割も担っている。市場には、長期的な視点で株式（企業）への投資を考える投資家も、短期的な視点で投資を考える投資家も存在し、どちらか一方のみが存在する市場では、価格が歪んでしまったり、リアルタイムでの価格付けができなくなってしまう可能性もある。かつては、年金資産は想定投資期間が長期であり、長期的視点で株式投資ができる機関投資家と考えられてきた。しかし、近年では、年度を意識した運用が求められ、長期的視点で投資ができない環境となりつつあり、長期的視点で株式投資ができる投資家が不在の市場になっている。

大多数の投資家が短期的な視点で投資判断を行いだすと、価格変動が大きくなる可能性があり市場が安定性を欠くことになる。たとえばわずかな価格の下落が引き金となり大きな価格下落となり、わずかな価格上昇が引き金となり大きな価格上昇となることも想定される。背後に負債があり（たとえば年金資産には将来の年金給付という負債がある）、リスクを負担しているのが投資家である以上、投資判断の短期化をとがめることはできないが、税制面での長期投資家の優遇を図るなどの工夫の余地は残されている。投資家の多様化こそ、市場の安定性を保つ重要な要因である。

c 株主重視の企業経営

企業が株式市場で資金を調達する以上、企業の最大のリスク負担者である

株主価値を一義的に考えることは基本的なことである。よく議論になることではあるが、株主価値を高めることは、短期的な利益を最大にするということではない。株主価値を最大化することは、長期的、安定的に株主に帰属する利益を成長させていかなければ株式価値を高めることはできない（割引率を低下させることも考えられるが、限界がある）。また、企業は最大のリスク負担者であるという意味で一義的に株主価値を考えなければならないということは、株主のことだけを考えればよいということでもない。株式価値を永続的に高めていくためには、株主資本コストを上回る株主に帰属する利益を永続的に高めていく必要があり、そのためには良質な労働力の確保が必要であり、環境変化に対応できる関連会社も必要である。

　資本市場が発達し、「資本と頭脳」が分離され、分業が確立された時点で、資本提供者と企業経営者は役割を分担したのである。このことが納得できなければ、資本市場での資金調達を止めて、自己の資金と他人資本での資本調達をすればよいだけのことである。株式市場という公の場を利用して経営を行う株式会社は、上場された時点で公器であり、公器であることを認識した企業経営が求められている。

d　株主の役割

　株式市場の参加者には、それぞれの立場で期待されている役割、担わなければならない役割がある。ここでは、市場参加者としての役割が期待されていながら、最も期待されている役割を果たすことができていない株主（投資家）の企業統治について確認する。本来、株主は、企業経営者を選択する権利をもっている。経営のプロフェッショナルとして経営者を選択し、自己資本コストを上回る株主に帰属する利益をあげ、長期的視点での株主価値最大化の経営ができなければ、株主は株主の権利である議決権を行使して、経営の改善を要求したり、経営者を交代させることができる。この権利を行使する、あるいは行使する意思があることを経営者に示さなければ、企業経営者は株主価値を最大化するのではなく、自己の利益を最大化する行動をとる可

第1章 日本株式市場とリスクプレミアム

能性も高い。このことは、企業のもつ価値創造力を最大限に生かす機会を低めてしまう可能性もある。

株主がもっている牽制機能を生かすことが、個々の企業の価値を高め、日本全体でみれば、保有している金融資産を有効活用して、価値を高めることになる。真に有能な経営者は、企業がもっている技術を大切に生かし、育てて価値を創造する。有能な経営者を選び、育てるのも株主である。株主は権利を活用する役割を担っているのである。

〈補論Ⅰ〉 PERに着目したリターン分解
（PBRについても同様に分解可能）

株式のトータルリターン（R）はインカムゲインとキャピタルゲイン（ロス）の和、すなわち、次式で表すことができる。

$$R = \frac{DPS}{P} + \frac{\Delta P}{P} \quad \cdots\cdots（補Ⅰ-1）$$

ただし、DPS：一株当りの配当金
　　　　P　：株価
　　　　ΔP：株価変化幅

ここで、（補Ⅰ-1）式の右辺の第二項に着目する。まず、株価Pは、株価利益率（PER）と一株当り利益（EPS）を使い次のように表すことができる。

$$P = \frac{P}{EPS} \times EPS = PER \times EPS \quad \cdots\cdots（補Ⅰ-2）$$

ただし、PER：株価収益率
　　　　EPS：一株当り利益

ここで株価Pの変化（ΔP）がPERとEPSの両方もしくはどちらか一方の変化から生じたとすると、

$$P + \Delta P = (PER + \Delta PER) \times (EPS + \Delta EPS) \quad \cdots\cdots (補 \mathrm{I} - 3)$$

ただし、⊿PER：PER変化幅
⊿EPS：EPS変化幅

となる。この式の右辺を展開すると、

$$P + \Delta P = PER \times EPS + PER \times \Delta EPS + \Delta PER \times (EPS + \Delta EPS)$$

$$= P + \frac{P}{EPS} \times \Delta EPS + \Delta PER \times (EPS + \Delta EPS) \cdots (補 \mathrm{I} - 4)$$

したがって、（補Ⅰ－1）式の右辺の第2項であるキャピタルゲイン（ロス）は次のように表すことができる。

$$\frac{\Delta P}{P} = \frac{\Delta EPS}{EPS} + \Delta PER \times \frac{EPS}{P} \times \left(1 + \frac{\Delta EPS}{EPS}\right)$$

$$= g_{EPS} + \frac{\Delta PER}{PER}(1 + g_{EPS}) \quad \cdots\cdots (補 \mathrm{I} - 5)$$

ただし、$g_{EPS} = \dfrac{\Delta EPS}{EPS}$

ここで、g_{EPS}は利益の成長率を表している。したがって、株式のトータルリターン（R）は、

$$R = \frac{DPS}{P} + g_{EPS} + \frac{\Delta PER}{PER}(1 + g_{EPS}) \quad \cdots\cdots (補 \mathrm{I} - 6)$$

と表すことができる。

さらに、（補Ⅰ－1）式は、株価純資産倍率（PBR）を使い表すこともできる。また、株価PをPBRを使い次のように表すこともできる。

$$P = \frac{P}{BPS} \times BPS = PBR \times BPS \quad \cdots\cdots (補 \mathrm{I} - 7)$$

ただし、BPS：一株当り純資産

PERの場合と同様に、（補Ⅰ－1）式の右辺の第2項であるキャピタルゲイン（ロス）は次のように表すことができる。

第1章 日本株式市場とリスクプレミアム

$$\frac{\Delta P}{P} = \frac{\Delta BPS}{BPS} + \Delta PBR \times \frac{BPS}{P} \times \left(1 + \frac{\Delta BPS}{BPS}\right)$$

$$= g_{BPS} + \frac{\Delta PBR}{PBR}(1 + g_{BPS}) \quad \cdots\cdots\cdots\cdots (\text{補} \text{I} - 8)$$

ただし、$g_{BPS} = \dfrac{\Delta BPS}{BPS}$

ΔBPS：BPSの変化幅

ここで、g_{BPS}は自己資本の成長率を表している。したがって、株式のトータルリターン（R）は、

$$R = \frac{DPS}{P} + g_{BPS} + \frac{\Delta PBR}{PBR}(1 + g_{BPS}) \quad \cdots\cdots\cdots\cdots (\text{補} \text{I} - 9)$$

と表すことができる。

〈補論Ⅱ〉 Tモデルの導出

補論Ⅰの展開を利用してTモデルを導くことができる。（補Ⅰ－9）式の右辺の第一項に着目し、いま、期の途中での増資、減資がなく、期中の利益が自己資本と配当にのみ配分されたとすると、

$$\frac{DPS}{P} = \frac{EPS - g_{BPS} \times BPS}{P} = \frac{\dfrac{EPS}{BPS} - g_{BPS}}{\dfrac{P}{BPS}} = \frac{ROE - g_{BPS}}{PBR} \cdots (\text{補}\text{Ⅱ} - 1)$$

ただし、$ROE = \dfrac{EPS}{BPS}$

となる。したがって、この銘柄のトータルリターンは、

$$R = \frac{ROE - g_{BPS}}{PBR} + g_{BPS} + \frac{\Delta PBR}{PBR}(1 + g_{BPS}) \quad \cdots\cdots\cdots\cdots (\text{補}\text{Ⅱ} - 2)$$

と表すことができる。これがTモデルである（恒等式であることがわかる）。

第2章
資本コストの推定

第2章　資本コストの推定

概　要

　資本コストは企業の価値創造を考えるうえで最も重要な概念の一つであり、企業経営者のみならず株主（投資家）の双方が概念と算出の基本的な考え方を正しく理解しておかなければならない必須事項である。企業価値を高めるためには、資本コストを上回る利益をあげることが必要であり、企業経営者はそのために経営資源を効率的に活用しなければならない。資本コストを下回る利益しかあげることができなければ企業価値は毀損してしまい、適切な経営ができていないことになる。また、資本コストの主要な構成要素である自己資本コストを下回る利益しかあげることができなければ、株主の価値が毀損していることになる。投資家からみれば、継続的に資本コストを下回る利益しかあげられない企業は、原則として投資不適格銘柄であり、本来は投資対象として除外されるべき存在である（短期志向の投資家の一部は、株価の割高・割安や利益の変化に着目して投資行動をとることがあり、価値創造ができていない企業であっても投資対象とする場合がある）。資本コストを下回る利益しかあげられない企業は、存在価値そのものが問われていることになる。

　本章では、資本市場で非常に重要な役割を果たしている資本コストとは何か、資本市場の期待役割は何かについて確認し、資本コストの推定方法について加重平均資本コストを中心に解説する。具体的には、加重平均資本コストを推定する際に必要となる主要要素（自己資本コスト、負債コスト、法人税率、資本構成割合）の推定方法を確認する。そして、最後に、資本コスト推定の手順と留意点について解説する。なお、ここで解説する資本コストは、すべて将来に向けての期待値であり、過去の数値ではない。現実の実務の世界で必要となる資本コストは一般に将来の資本コストであり、大きな不確実性を伴う変数であることを前提としている。

1 ▶ 資本コストの期待役割

(1) 資本コストとは何か

　企業は安定した事業活動を行うために継続的、安定的な長期資本が必要となる。企業がこの資本を調達して利用しようとする以上、その見返りとしてのコストを支払う必要がある。資金を提供する側からみれば、これは企業のリスクの一部を負担することへの対価であり、資本を提供される側からは、事業活動上、必要不可欠なコストとなる。一方、経営と資本の分業化が進んだ現在の社会では、資本は資本市場を介して投資家から提供されることになる。投資家は、特定の企業に投資をする際、資本市場を介して投資可能な数多くの投資機会のなかの同等のリスクをもった投資機会に対して期待できるリターンと同じ大きさのリターンを期待し、要求することになる。資本の提供を受ける側は、この投資家の要求リターンを支払わなければならない。この要求リターンのことを資本の機会費用（opportunity cost of capital）といい、一般には資本コスト（cost of capital）と呼ばれている。

　したがって、資本コストは資本提供者の機会費用であり、この企業と等価なリスクをもった代替資産に投資することによって得られることが期待されるリターンである。資本コストは、資本を必要とする側が決定するのではなく、資本を提供する側（投資家）と資本を必要とする側を含めた市場参加者の合意のもとで決定されるものである。資本コストは、立場の違いから、資本を提供する側（投資家）からみた「要求リターン」とする見方と、資本を必要とする側からみた「資本を調達するためのコスト」とする見方があることになり、異なる二つの見方が存在することになるが、これは同じものを逆の立場からみているだけであり、両者は必然的に同じ値となる。したがって、同じ企業への投資家であっても、リスク負担度の大きさが異なれば要求

するリターンの大きさも異なることになる。また、この資本コストの考え方は、企業の新規投資案件を評価する際にも適用できる。資金調達の方法が内部であろうと外部であろうと、投下する資本に対するコストの考え方は企業全体に対する考え方と同様の考え方が適用できる。しかし、期限のあるプロジェクトの資本コストは、明示的に期間が固定されていることが一般的であり、資本コストは期間の長さに影響されることになる。また、期間が同じでも、時間の経過とともに資本コストの大きさが変化することになる。すなわち、期限のあるプロジェクトの資本コストを推定する際には、資本市場から得られるその時点での情報を活用して、期限の長さを考慮した推定作業を行う必要があることがわかる（図表2－1を参照）。

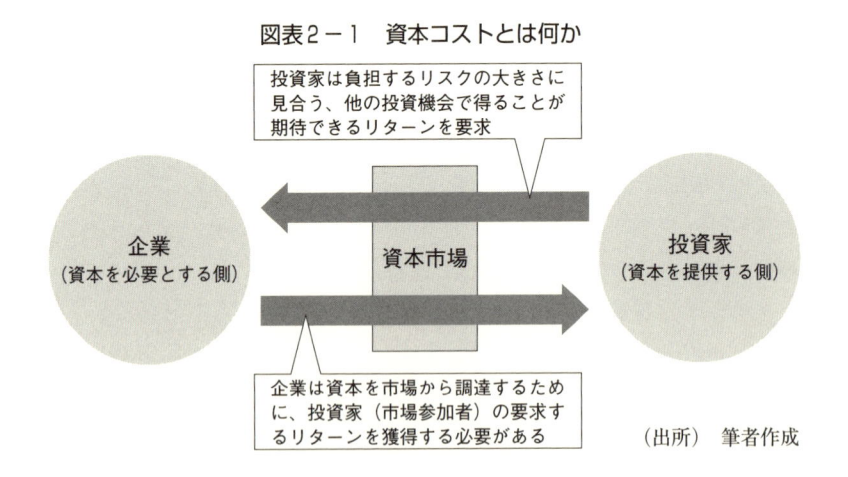

図表2－1　資本コストとは何か

投資家は負担するリスクの大きさに見合う、他の投資機会で得ることが期待できるリターンを要求

企業（資本を必要とする側）　資本市場　投資家（資本を提供する側）

企業は資本を市場から調達するために、投資家（市場参加者）の要求するリターンを獲得する必要がある

（出所）　筆者作成

以上から、資本コストの特徴として、次の3点をあげることができる。
① 市場が決めるものであり、資本を必要とする側の事情で決定されるものではない
② 企業またはプロジェクトのリスク負担への対価であり、負担するリスクの大きさに依存して決定される

③ 期限のあるプロジェクトでは、期間の長さが資本コストの大きさに影響を与える（企業の資本コスト（自己資本コストも負債コストも同様）は、通常は企業が永続するという想定のもとで考えるため、想定期間は超長期と考える必要がある）

(2) 資本コストの役割

資本コストには資本を必要とする側（企業）と資本を提供する側（投資家）の二つの側面があり、それぞれの立場で資本コストは重要な役割を担っている。これらの資本コストの期待役割を確認することで、資本コストの重要性を確認することができる。以下では、まずはじめに、資本コストが担っている役割について確認する。

a 資本を必要とする側（企業）での役割

資本を必要とする側の企業にとって、資本コストの第一の役割としては、企業があげなければならない最低限の収益率を表していることがあげられる。資本コストを上回る収益（全資本提供者に帰属する利益）をあげることができなければ企業価値は毀損してしまい、資本コストを上回る収益（全資本提供者に帰属する利益）をあげることができれば、企業価値は上昇する。あるいは、資本コストを構成する重要な構成要素である自己資本コストを下回る利益（株主に帰属する利益）しかあげられなければ株主価値は毀損してしまい、自己資本コストを上回る収益（株主提供者に帰属する利益）をあげることができれば、企業価値は上昇する。すなわち、資本コストは企業経営の最も基本となる数値を示していること、すなわち、ハードルレートということになる。この自己資本コストを上回る利益をあげなければ株主価値を毀損してしまうことについては、簡単な前提を置いて、残余利益モデルから導くことができる。

また、企業は既存の事業部単位で投下した資本のコストを上回る利益をあげているかを基準として評価を行う。上回っていれば事業は投下資本の価値

第2章　資本コストの推定

を高めていることになり、下回っていれば該当事業は投下資本の価値を低下させることになる。

さらに、企業は新規投資案件の採否を検討する際、資本コストが基準となる（実務的に、使われているかどうかは別にして、理論的には該当案件で使用する資本に必要な資本コストを上回るか否かで判断しなければならない）。この新規投資案件で使用される資本コストを上回る利益をあげることができれば、企業価値が上昇し、資本コストを下回る利益しかあげることができなければ企業価値は低下し、企業価値を毀損することになる。

b　資本を提供する側（投資家）での役割

投資家は、投資対象のリスクの大きさと自己のリスク許容度を考慮して、リスク調整後の自己のリターンが最大となるような行動をとろうとする。投資対象として、企業への資本提供、すなわち投資を行おうとする際には、対象企業の資本コスト、もしくは自己資本コストを推定し、対象企業がこの値を超える収益を将来得られるかどうかにより投資判断を行うことになる。

また、新規投資案件やM&A等を目的として企業価値評価を行う際の割引率は将来に向けた資本コストである。資本コストの大きさは、該当企業の価値を算出する際に非常に大きな影響があるため、資本コストは重要な役割をもっていることになる。

さらに、すでに投資先として資本提供している企業、すなわち投資をしている企業が、投資家の期待に応えていたかの判断も企業の資本コストが基準となる。投資は将来に向けてのものであり、過去に資本コストを下回っていたとしても、将来資本コストを上回る利益をあげることが期待できれば、継続した投資対象として継続保有することに問題はないが、過去に期待を裏切り続けて資本コストを下回る経営しかできなかった経営者が、期待に応えることは簡単なことではない。少なくとも一定期間は経営が失敗していたことになり、株主であれば経営に対してなんらかの主張をすべきである。この時、資本コストは企業経営（者）を評価する基準値となる。

図表2－2　資本コストの役割

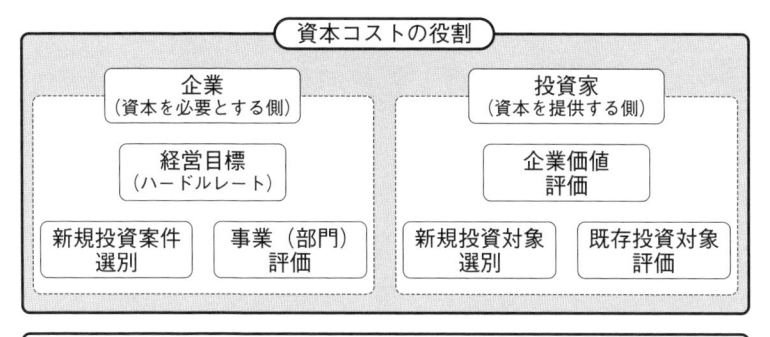

```
┌─ 資本コストの役割 ──────────────────────────┐
│ ┌─ 企業 ──────────────┐ ┌─ 投資家 ──────────────┐ │
│ │ （資本を必要とする側） │ │ （資本を提供する側）  │ │
│ │ ┌─ 経営目標 ─────┐  │ │ ┌─ 企業価値 ─────┐ │ │
│ │ │（ハードルレート）│  │ │ │    評価       │ │ │
│ │ └──────────────┘  │ │ └──────────────┘ │ │
│ │ ┌新規投資案件┐┌事業(部門)┐ │ │┌新規投資対象┐┌既存投資対象┐│ │
│ │ │   選別    ││  評価   │ │ ││   選別    ││   評価    ││ │
│ │ └─────────┘└───────┘ │ │└─────────┘└─────────┘│ │
│ └──────────────────┘ └──────────────────┘ │
└──────────────────────────────────────┘
┌─────────────────────────────────────┐
│ 資本コストは企業価値向上を考えるうえで重要な役割を担っている │
└─────────────────────────────────────┘
```

（出所）　筆者作成

　以上のことから、資本コストの期待役割は大きく、コーポレートファイナンスの重要な基本概念となっている（図表2－2を参照）。

2　資本コストの推定方法

(1)　資本コスト推定の基本的な考え方と加重平均資本コスト

　資本コストの推定方法は、目的に応じて変わってくる。現実的な問題として最も頻繁に議論の対象となるのが、対象企業の将来に向けた長期的な資本コストの推定であろう。将来に向けた長期的な資本コストの推定をする際には、資本の構成割合で重み付けされた加重平均資本コスト（WACC：Weighted Average Cost of Capital）が利用される。加重平均資本コストは、税率が存在しない場合は（2－1）式で表され、税率が存在する場合は（2－2）式で表される。現実の世界では税金は存在するので、（2－2）式をもとに資本コストを推定することになる。なお、津森（2008）は、税金が存在することを前提として、企業内部での管理上の資本コストを考える場合に

第2章 資本コストの推定

は、(2-2) 式ではなく、(2-3) 式を考える必要があることを詳しく解説している（詳細については、津森（2008）を参照されたい）。

$$WACC = \frac{S}{S+D} \times r_s + \frac{D}{S+D} \times r_d \quad \cdots\cdots(2-1)$$

$$WACC = \frac{S}{S+D} \times r_s + \frac{D}{S+D} \times (1-\tau) \times r_d \quad \cdots\cdots(2-2)$$

$$WACC_{Internal} = \frac{WACC}{1-\tau} = \frac{S}{S+D} \times \frac{r_s}{1-\tau} + \frac{D}{S+D} \times r_d \quad \cdots\cdots(2-3)$$

ただし、r_s：自己資本コスト
　　　　r_d：負債コスト
　　　　τ：税率
　　　　S：株主価値
　　　　D：負債価値

この加重平均資本コストの式は、いくつかの前提条件のもとで導出できる（具体的な加重平均資本コストの式を導出する方法については、補論Ⅲを参照されたい）。主な前提条件として、

① 該当企業の資本提供者に帰属する期待フリーキャッシュフローは一定で不変である（デフォルトしない）
② 該当企業の資本構成割合は一定で将来も変わらない

図表2-3　加重平均資本コスト

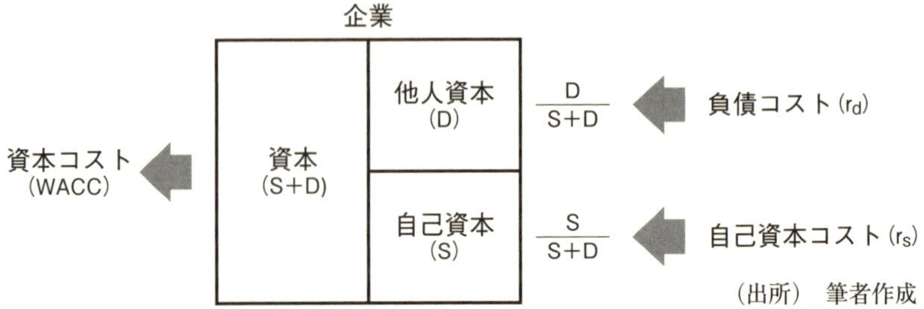

(出所）筆者作成

③　自己資本コスト、負債コスト、税率は将来にわたって一定である

したがって、加重平均資本コストの加重比率は、資本提供者が株主と債権者であれば、株主価値と負債価値から重み付けされ、株主価値は株主に帰属する将来フリーキャッシュフローの現在価値の総和であり、負債価値は債権者に帰属する将来フリーキャッシュフローの現在価値の総和となる。合理的に価格形成がなされていればそれぞれの時価を使うことで加重の割合が決まることになり、簿価ではないことが確認できる。また、税率も実際の節税効果（実際に納めることになる税額の大きさ）から推定される値で、法定税率ではないことが確認できる。

以上のことから、加重平均資本コストを推定するためには、想定している将来に向けた期間での以下の値を推定する必要がある。企業の資本コストであれば、永続的に存続することを想定する必要があり、10年超の20年、30年先を前提とした値を推定する必要がある。

①　自己資本コスト（株主要求収益率）
②　負債コスト（債権者要求収益率）
③　株式価値と負債価値（資本構成割合）
④　節税効果の前提となる実質的な税率

以下では、加重平均資本コスト（以降WCC）を算出するために必要となる四つの要素の各々を推定する方法を順番に確認する。

(2)　加重平均資本コスト算出のための主要要素の推定方法

a　自己資本コスト

自己資本コストを推定する方法にもいくつかの方法が存在する。代表的な方法としては、過去データから推定する方法、配当割引モデルから推定する方法、CAPMから推定する方法、ファーマ・フレンチ（Fama and French、以下「F&F」という）の3ファクターモデル等のファクターモデルから推定する方法などがある。Graham and Harvey（2001）の調査によれば、米国を

第2章　資本コストの推定

代表する企業のCFO、392人のサーベイでは、自己資本コストの推定には、CAPM、過去の算術平均リターン、マルチファクターモデル、配当割引モデル等が使われているとしている。これらのなかで、過去の算術平均リターンから将来の要求されるリターンを推定することは、市場全体の予想でもむずかしいうえに、個別企業の固有の事情も加味した推定を行う必要があり、推定精度に問題があるので、方法論の解説から除外し、以下では、配当割引モデル、CAPM、マルチファクターモデルによる三つの方法から自己資本コストの推定方法を確認する。

(a) 配当割引モデル等の割引モデルから推定する方法

基本的な考え方としては、将来得られる配当と現在の株式価格から割引率を推定し、これを株主の要求するリターンとする考え方である。

$$P = \frac{D_1}{(1+r)} + \frac{D_2}{(1+r)^2} + \frac{D_3}{(1+r)^3} + \cdots + \frac{D_t}{(1+r)^t} + \cdots \quad \cdots\cdots(2-4)$$

ただし、P：株価

D_t：時点 t での一株当り配当金

将来の配当流列の予測ができれば、市場でついている株式価格から、割引率 r を求めることができる。また、将来の配当流列が一定に成長する（成長率 g）という仮定を置くと、

$$P = \frac{D_1}{r-g}$$

となる（ゴードンモデル）。これを変形して割引率を求める形にすると、

$$r = \frac{D_1}{P} + g \quad \cdots\cdots(2-5)$$

が得られる。強い前提条件が置かれた式ではあるが、便利な式である。

一方、配当割引モデルでは将来の配当流列が必要となるが、無配の企業の自己資本コストを推定することができなかったり、配当金が企業業績に連動していない場合も多い。そのため、配当の代わりに、株主に帰属するフリー

キャッシュフローを将来にわたって予測する方法も考えられる。株主に帰属するフリーキャッシュフローの流列を現在価値に割り引いたものの合計が株式の時価に等しいと考え、この式から割引率を推定し、自己資本コストとする考え方もある。

$$V_s = \frac{FCFS_1}{(1+r)} + \frac{FCFS_2}{(1+r)^2} + \frac{FCFS_3}{(1+r)^3} + \cdots + \frac{FCFS_t}{(1+r)^t} + \cdots \quad \cdots\cdots（2-6）$$

ただし、$FCFE_t$：t 期での該当企業の株主に帰属するフリーキャッシュフロー

V_s：株式価値

あるいは、より実践的には、詳細な企業分析の結果から推定した株主に帰属するフリーキャッシュフローを予測可能な時点まで使い、それ以降の株主に帰属するフリーキャッシュフローは保守的な成長率を置いて、現在の株式価値から自己資本コストを推定する。企業アナリストを置く企業では、企業の将来の株主に帰属するフリーキャッシュフローを３年、あるいは５年先まで予測していることが多い。こういったデータがあれば、比較的簡単に割引率を算出することができる。たとえば、５期先までの株主に帰属するフリーキャッシュフローがあれば、（2-7）から割引率をEXCEL等の表計算ソフトで簡単に計算できる。この割引率を自己資本コストとして使うことができる（ここでは５期より先のフリーキャッシュフローは一定の成長率 g で成長していると仮定）。

$$V_s = \frac{FCFS_1}{(1+r)} + \frac{FCFS_2}{(1+r)^2} + \frac{FCFS_3}{(1+r)^3} + \frac{FCFS_4}{(1+r)^4} + \frac{FCFS_5}{(1+r)^5} + \frac{FCFS_5(1+g)}{(1+r)^5(r-g)}$$

$$\cdots\cdots\cdots\cdots（2-7）$$

ただし、g：株主に帰属するフリーキャッシュフローの６期目以降の成長率

さらに、株主に帰属するフリーキャッシュフローの予測精度の低さを考慮して、株主に帰属する会計利益から自己資本コストを引いた残余利益に着目

し、クリーンサープラスの関係（期中に資本異動がなければ、期末の自己資本が期初の自己資本に支払配当額を除いた純利益に等しくなる関係のこと）が成立していることを前提とした残余利益モデルから自己資本コストを推定する方法も一部ではあるが利用されている。

$$P = BPS_0 + \sum_{t=1}^{\infty} \frac{(ROE_t - r)BPS_{t-1}}{(1+r)^t} \quad \cdots\cdots (2-8)$$

ただし、BPS_t：時点 t での一株当り純資産
　　　　ROE_t：時点 t での株主資本利益率

あるいは、より実践的に、詳細な企業分析の結果から推定した残余利益を予測可能な時点まで使い、それ以降の残余利益は一定の割合で減衰してゼロに収束するとして、自己資本コストを推定することができる（ここで、残余利益が時間の経過とともに減衰し、ゼロに収束するとしているのは、競争が激しい世界では、高い収益をあげ続けられるビジネス機会は、他社の模倣や新しい技術の開発により、長期には存在し続けないと仮定しているためである）。

$$E = BPS_0 + \frac{IR_0 \omega}{1 + r - \omega} \quad \cdots\cdots (2-9)$$

ただし、ω：利益の減衰率（$IR_t = \omega IR_{t-1}$）
　　　　IR_0：時点 0 での残余利益の大きさ

ここで述べた割引モデルから自己資本コストを求めようとする方法は、過去の株式リターンデータを使用せず、市場参加者が価格付けした株式価格から求めようとするものであり、インプライド自己資本コスト推定法に分類されることもある。

(b) 資本資産評価モデル（CAPM）から推定する方法

資本資産評価モデルでは、証券に投資することのリスクの大きさを、市場ポートフォリオとの感応度であるβ値で測ることができ、このベータ値と市場リスクプレミアムの積と無リスク金利の和で証券の期待リターンを表すことができる。すなわち、証券iの期待リターンr_iは、

$$r_i = r_f + \beta_i(r_m - r_f) \quad \cdots\cdots\cdots (2-10)$$

ただし、β_i：市場ポートフォリオとの（期待）感応度
　　　　r_m：市場ポートフォリオの期待リターン
　　　　r_f：無リスク金利

と表すことができる。この期待リターンは、投資家がβ_iというリスクを負担することにより得られるリターンであり、この証券を株式と考えれば、自己資本コストとなる。CAPMの式に従って、自己資本コストを推定するためには、

① 無リスク金利
② 市場ポートフォリオとの（期待）感応度であるベータ値
③ 市場ポートフォリオの無リスク金利に対する超過リターン

が必要になる。株式を対象として近似的に市場ポートフォリオを株式市場とした場合でも、株式市場を表すベンチマークを特定する必要がある。これらの値の推定方法については、複数の考え方が存在し、推定結果が自己資本コストの値の大きさに大きく影響するため、別途詳細に解説する。

(c) マルチファクターモデルから推定する方法

CAPMに基づく自己資本コスト推定の方法は、推定方法が比較的簡単なこともあり、米国では広く活用されている。CAPMの原型は、Sharpe（1964）とLintner（1965）が別々に研究を進め、導出したので、Sharpe・Lintner型の資本資産評価モデル（CAPM：Capital Asset Pricing Model）と呼ばれている。彼らの成果はその後多くの研究者により拡張され、たとえば、F.Black（1972）は、無リスク資産が存在しない場合、あるいは無リスク資産が一意に存在しない（たとえば、借入れと貸出の利率が異なる）場合の均衡関係（ゼロβCAPM）を示した。また、Merton（1973）はCAPMを多期間に拡張したIntertemporal CAPM（ICAPM）という考え方を、D.Breeden（1979）はICAPMの特殊なケースとして、消費の限界効用が消費量のみで定まるとしたConsumption CAPMの考え方を示した。

第2章　資本コストの推定

　一方で、CAPMについては、市場ポートフォリオの特定ができないこと、対象証券と市場ポートフォリオの将来のリターンの推計が困難なこともあり、検証不可能な理論であるという指摘がRoll（1977）等によりされ裁定価格理論（APT：Arbitrage Pricing Theory）へと発展していった。さらに、Fama and French（1992）は、ベータ値の説明力が弱いことを示し、アドホックではあるものの、企業規模と簿価時価比率に関するファクターを加えた三つのファクターから構成されるモデルの有効性を示した（Fama and French（1993））。このモデルは、米国での実証面での強い支持もあり、株式リターンを説明する標準的なモデルとなり、F&Fの3ファクターモデルと呼ばれている。さらに、F&Fの3ファクターモデルは拡張され、モメンタムファクターを含めたCarhart（1996）の4ファクターモデルの有効性も米国市場で確認されている。また、個別銘柄変動性も新たなファクターとして注目されている。

b　F&Fの3ファクターモデル

　以下では、はじめに、F&Fの3ファクターモデルを取り上げ、その概要と株式資本コスト推定の方法を概説する。なお、日本株式市場におけるF&Fの3ファクターモデルおよびCarhart（1996）の4ファクターモデルを使った株式資本コスト推定の方法については、太田・斉藤・吉野・川井（2012）が実際の数値例を使いながら、平易かつ詳細に解説し、「推定モデルの妥当性については触れていない。しかしながら、本稿の分析からは、わが国では、規模とモメンタムに関するプレミアムが安定しておらず、またその値も非常に小さいという結果が得られている」と述べ、米国株式市場で有効とされ、一般的に広く利用されているモデルであっても、わが国で疑問なく受け入れることの妥当性については注意が必要であるとしている。

　なお、日本株式市場におけるCAPMやF&Fの3ファクターモデルを含むいろいろなファクターモデルを評価し、自己資本コスト推定の最良モデルの存在の有無については、第5章で分析結果を示している。第5章で示された

結果は、CAPMやF&Fの3ファクターモデルよりも自己資本コストを推定するうえで、優れたモデルが存在することを示しているが、これらのモデルを活用するためには、高価な個別株式に関するデータベースをもっていない限り推計することができないという問題がある。以下では、まずはじめにF&Fの3ファクターモデルの概要と自己資本コスト推定の考え方について確認する。

(a) F&Fの3ファクターモデルによる方法

Fama and French (1992) は、それまでの多くの研究でCAPMを支持する証左として示された「ベータ値と株式平均リターンの正の関係」は、実際には企業規模と株式平均リターンの負の関係によるものであることを示し、ベータ値は株式平均リターンを説明できていないことを明らかにした。この研究成果への反響は非常に大きく、データ・マイニングや生存者バイアスの可能性も指摘されるなど、多くの研究者の研究対象となり、さらにこの分野の発展へとつながっていった。

一方で、平均分散平面上に市場ポートフォリオの代理変数として利用されている株価指標をプロットすると効率的フロンティア上ではなく、効率的フロンティアからかなり離れた内側にあることが報告されるようになり、リスク・ファクター（たとえば、規模に関するファクターのヘッジポートフォリオ）を組み合わせることで、より効率的フロンティアに近い市場ポートフォリオの代理変数をつくることができることが確認されている。直感的には、リスクとリターンを基準として、効率的なリスク・ファクターであり、他のファクターと相関が低いファクターを見つけることができれば、より効率的フロンティアに近いポートフォリオを構築可能であることが予想される。実証的にこのことを行ったのがFama and French (1993) であろう。Fama and French (1993) は、企業規模と簿価時価比率という二つのファクターが、株式リターンに共通の変動性のかなりの部分を説明できることを示した。次式がF&Fの3ファクターモデルである。

第2章　資本コストの推定

$$r_i - r_f = \beta_i \times erp + s_i \times smbp + h_i \times hmlp \quad \cdots\cdots\cdots\cdots (2-11)$$

ただし、r_i ：企業 i の株式リターン

r_f ：無リスク金利

β_i ：株式リスクプレミアムに対する企業 i の株式リターンの感応度

s_i ：規模リスクプレミアムに対する企業 i の株式リターンの感応度

h_i ：簿価時価比率リスクプレミアムに対する企業 i の株式リターンの感応度

erp ：期待株式リスクプレミアム（市場ポートフォリオから無リスク金利を引いたもの）

$smbp$ ：期待規模リスクプレミアム（小型ポートフォリオのリターンから大型ポートフォリオのリターンを引いたもの）

$hmlp$ ：期待簿価時価比率リスクプレミアム（簿価時価比率の高いポートフォリオのリターンから簿価時価比率の低いポートフォリオのリターンを引いたもの）

F&Fの3ファクターのうちの第2項と第3項はユニークである。日本市場では、第3項の簿価時価比率に関するファクターの有効性は示されているものの、第2項の規模に関するファクターについては有効性を示す明確な実証結果が示されているとはいえないという問題も残されている点については留意が必要である。日本株式市場でのファクターモデルの有効性を評価した論文は多くはないものの、久保田・竹原（2007）は、日本株式市場のファクターモデルを、実証面を含めて精緻に分析しているので参照されたい。

なお、この式もCAPMと同様で、投資家の要求する収益率、すなわち自己資本コストを表している。F&Fの3ファクターモデルの式に従って、自己資本コストを推定するためには、（2-11）式の右辺の三つの項の推定を

行わなければならない。ここでも、将来に向けての推定値が必要になる。

　第1項はCAPMの式と同様の方法で、①無リスク金利、②市場ポートフォリオに対する（期待）感応度であるベータ値、③市場ポートフォリオの無リスク金利に対する超過リターンが必要となる。第2項は、④期待規模リスクプレミアム、⑤期待規模リスクプレミアムに対する感応度が必要となる。最後の第3項は、⑥期待簿価時価比率リスクプレミアム、⑦期待簿価時価比率リスクプレミアムに対する感応度が必要となる。これらの値の推定方法については、推定方法が複雑なため、別途解説する。

(b)　他のファクターモデルによる自己資本コストの推定

　このF&Fの3ファクターモデルは、理論的な背景があって生まれたものではなく、ファクターはアドホックに与えられたものであること、ファクターの経済的意味づけが明確ではないということに対する批判を受け、ファクターがプレミアムの伴うリスク・ファクターであるのかキャラクタリスティック・ファクター（財務特性を表したファクター）であるかの論争を呼ぶことになった（Daniel and Titman（1997））。一方で、Fama and French（1993）が示した三つのファクター以外に、モメンタム（Carhart（1997）等）、流動性（Pastor and Stambaugh（2003）等）などが、ファクターの候補として提案されるようになり、F&Fの3ファクターの拡張も研究が進められている。しかし、これらの有効と考えられるファクターが数多く存在することに対して、Lewellen, Nagel and Shanken（2010）は、有効性の検証方法を含めて問題点を指摘している。

　このように、米国を中心としてはいるものの、理論モデルの進展とともに、多くの実証研究の成果が蓄積され、さらに方法論についても議論が続けられている。F&Fの3ファクターモデルは、学術の分野で標準的なモデルとなってはいるものの、現段階でも、いろいろな候補が方法論の妥当性を含めて試行錯誤的に検討されており、どのファクター、そしてどの組合せが最も適切であるかについての明確な結論が得られているわけではない。

一方、日本株式市場でのF&Fの3ファクターモデルの拡張に関連する検証例は少ない。竹原（2009）は流動性ファクター、徳永（2009）はモメンタム・コントラリアンファクターの有効性の可能性を示している。また、菅原（2010）は、F&Fの3ファクターモデルを含めた代表的なファクターモデルについて、Hansen Jagannathan距離を用いてモデル間の比較・評価を行い、個別銘柄変動性を含めたファクターモデルの有効性を示している（詳細については第5章を参照されたい）。

3 自己資本コスト推定の方法

(1) CAPMによる自己資本コスト算出に必要となる変数の推定

CAPMを利用して自己資本コストを推定しようとすると、市場ポートフォリオとして何を使うか、無リスク金利をどう定義するか、市場ポートフォリオのリスクプレミアムはどの程度か、ベータ値をどう推定するかを決定しなければならない。以下では、順番にこれらの問題について解説する。

a 市場ポートフォリオ

CAPMでいう市場ポートフォリオは、市場に存在するすべてのリスク資産を時価総額の大きさの割合で保有したものということになるが、実務的には、自己資本コストを推定する対象が日本株式市場に上場されている日本企業であれば、日本株式市場全体を現わす指標を市場ポートフォリオとみなして、市場ポートフォリオの代理変数とみなしている（自己資本コストを推定する対象が米国株式市場に上場されている米国企業であれば、米国株式市場全体を現わす指標を市場ポートフォリオとみなすことになる）。そして、日本株式市場全体を現す指標としては、マスメディア等で広く利用されている日経平均株価指数があるが、日本の株式市場全体を時価総額の大きさの割合で保有するという意味では、TOPIX（配当込み）をベンチマークとすることが適切と

考えられている。以下では、CAPMでいう市場ポートフォリオの代理変数として、TOPIX（配当込み）を使うこととする。なお、米国を含む海外企業の自己資本コストを推定する際にも、対象企業の国を代表する株式市場全体を現わすベンチマークを市場ポートフォリオの代理変数とすることが一般的である。CAPMのいう本来の市場ポートフォリオの定義から考えると、自国の株式だけではなく世界全体の株式市場を対象としたものが適切であり、さらに債券市場やその他のいろいろなリスク資産を含めるべきであるが、便宜的に対象企業がある国の代表的な株式市場を市場ポートフォリオとすることが一般的になっている。また、後述するベータ値の推定の際、推定値の安定性や説明力が高まるという理由で、セクター等の市場全体の一部を取り出したような特定のカテゴリを代表するベンチマークを市場ポートフォリオとすることは、株式市場全体（あるいは、リスク資産全体）に対する感応度を必要としていることから好ましくないことになる。

b　無リスク金利

CAPMを利用して自己資本コストを推定しようとすると、CAPMの定義式から、無リスク金利として、株式リスクプレミアムを計算するための無リスク金利と株式期待リターンの超過リターンを計算するための無リスク金利が必要となる。

無リスク金利は、まったくリスクのない資産から得られるリターンということになるが、このような資産は現実には存在しない。国債といえども信用リスクはゼロではないし、投資期間が短くても、インフレの影響や金融政策の影響を受けることになるため、無リスクとはいえない。特に、自己資本コストのような5年、10年、あるいはそれ以上の長い期間を考えている投資家にとって、短期の金利物は安全資産とはいえず無リスク資産といえない。第1章で整理したように、投資家の投資期間に応じた近似的に無リスクに近い金利を使用することが適切である。以下では、Arzac（2005）の方法と小松原（2006）および小松原・小野田（2010）の方法を紹介する。

第2章　資本コストの推定

(a) Arzac（2005）の方法

Arzac（2005）は、「企業、事業部門、長期投資プロジェクトなどを評価するには、将来の多期間にわたるフリーキャッシュフローを割り引く必要がある。短期の無リスク金利を用いれば、株式リスクプレミアムはより満期の長い株式キャッシュフローを反映した期間プレミアムと、株式のリスク特性を反映する純粋なリスクプレミアムで構成されることになる。一方、長期の無リスク金利を選んだ場合、株式リスクプレミアムには、株式に関連する純粋なリスクプレミアムのみが反映される」とし、無リスク金利と株式リスクプレミアムの推定には、関連性があることを指摘し、各々単独で推定できないとしている。そして、短期金利の推定は、金融政策の影響を強く受けることから、自己資本コストの評価にバイアスがかかりやすいことを示し、長期的な自己資本コスト推定には有益でないこと、理論的には金利の期間構造に従った自己資本コストの推定が必要[1]だが実務面から考えて実践的でないとし、以下に示す二つの方法を推奨している。

① 現在の長期国債の金利から長期国債と短期国債の平均収益率スプレッドの推定値を差し引く方法

この方法では、たとえば、割り引くべきキャッシュフローの期間の長さが10年であると仮定できれば、現時点の10年国債の金利0.80％、10年国債と1年国債の収益率の差が0.50％であるとすると、この方法で推定した短期金利は、0.80 − 0.50 = 0.30％となる。

② 割り引くべきキャッシュフローの期間の長さに対応した残存期間をもつ既発（長期）国債の最終利回りを使用する方法

この方法では、たとえば、割り引くべきキャッシュフローの期間の長さが10年であると仮定できれば、現時点での残存10年をもつ既発（長期）国債の最終利回りが0.30％であるとすると、この値をそのまま使えばよいこ

---

[1] Ang and Liu（2003）を参照されたい。

図表2-4　残存10年の既発（長期）国債の最終利回りの推移

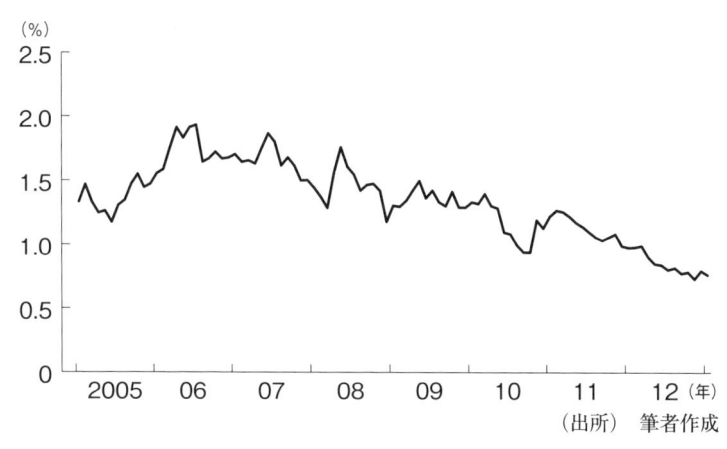

(出所)　筆者作成

とになる。

前者の現在の長期国債の金利から長期国債と短期国債の平均収益率スプレッドの推定値を差し引く方法で、CAPMの式から自己資本コストを推定しようとすると、

$$r_i = r_f + \beta_i(r_m - r_f) = \left[r_l^c - \left(\bar{r}_l - \bar{r}_s\right)\right] + \beta_i(r_m - \bar{r}_s) \quad \cdots\cdots (2-12)$$

ただし、r_l^c：現在の長期国債の金利
　　　　$\bar{r}_l$：長期国債の平均収益率
　　　　$\bar{r}_s$：短期国債の平均収益率

と表すことができ、この式を変形すると次式が得られる。

$$r_i = \left[r_l^c + \beta_i(r_m - \bar{r}_l)\right] - \left(\bar{r}_l - \bar{r}_s\right)(1 - \beta_i) \quad \cdots\cdots (2-13)$$

この式の右辺の第一項は、前者の方法による短期金利であり、$\beta_i \fallingdotseq 1$ が成立していれば、両者は等しいことが確認できる。

なお、企業価値は、割り引くべきキャッシュフローが永続的に発生すると仮定して算出するため、10年を期間とするのではなく、さらに長期の30年の

第2章　資本コストの推定

国債を利用することも考えられるが、流動性や将来の発行量の問題から10年国債を利用すること、10年国債を使用する際には株式リスクプレミアムをより長期の期間を想定した値を使用すること（10年国債よりも30年国債の利回りが高いと考えることができるため、これを補う意味がある）をArzacは推奨している。

(b) 小松原（2006）、小松原・小野田（2010）の方法

小松原（2006）、小松原・小野田（2010）は、"リスクフリーレートとは、投資家（評価者）の視点（機軸通貨）と投資期間（評価期間）、市場金利で決まる「不確実性（リスク）のない（フリー）利回り（レート）」、つまり「リスクをとることなくして将来確実に得ることができる利回り」である"として、評価対象企業が国内、海外にかかわらず、投資家が日本の投資家であれば、推計時点における投資期間に見合った残存年数をもつ日本国債の最終利回りを用いるべきであるとしている。なお、国債の最終利回りをリスクフリーレートとして用いる理由は、その国のなかでデフォルトの可能性が最も低い債券とされ、満期まで保有することにより、ほぼ確実に現時点での最終

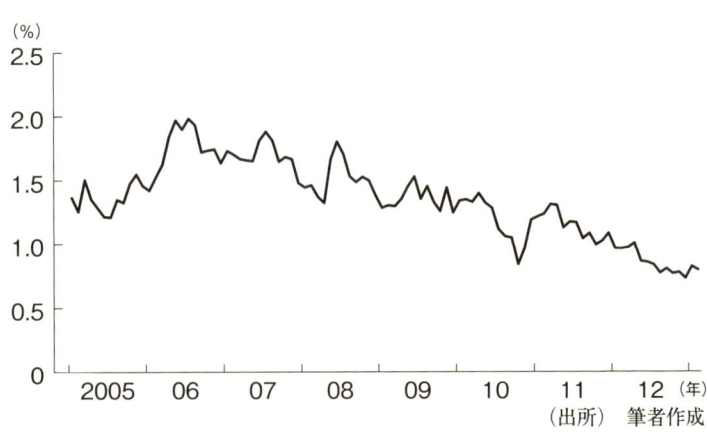

図表2-5　新発10年国債の最終利回りの推移

（出所）筆者作成

利回りを享受できるためであるとしている。そして、日本では直近発行された10年国債の最終利回りをリスクフリーレートとして使うケースが多いとしている。

以下では、投資家が想定している投資期間を長期間と仮定して、小松原等の使用している10年国債インカムリターンを無リスク金利とする。もちろん、投資家の想定している投資期間が異なれば異なるものを使用すべきであり、国債にもリスク（日本が破綻するリスク）が存在することも認識したうえでの近似的な無リスク金利である。

(c)　株式リスクプレミアム

自己資本コストを算出するためには、株式リスクプレミアムも推定する必要がある。株式リスクプレミアムの推定には、第1章で整理したように、いくつかの方法があり、どの方法にも一長一短がある。どの方法を採用するとしても、

① 　市場ポートフォリオとして何を採用するか
② 　想定する期間の長さ
③ 　無リスク金利として何を採用するか

は、株式リスクプレミアムを推定するうえであらかじめ決定しておかなければならないことである。さらに、株式リスクプレミアムが時間の経過や景気変動とともに変化すると考えれば、採用する方法によっては市場ポートフォリオを基準として、

④ 　来期の配当水準
⑤ 　株主資本内部成長率
⑥ 　想定時点での株価の割高割安（PERの水準等）

などについても必要となる場合がある。実践的な推定方法の一例として、Arzac（2005）は、ゴードンモデルを単純化した配当利回り（あるいは配当性向を予想株価利益倍率で割ったもの）と利益成長率の合計から計算される方法は期間に応じた成長率を推定することがむずかしいことから、DCF法をも

とに株式リスクプレミアムを推定する方法が実務家に支持されているとしている。しかしこの場合でも、アナリストの収益予想の楽観バイアスの問題等があるため、この方法で推定された株式リスクプレミアムは株式リスクプレミアムの上限として利用すべきであるとしている。なお、小松原・小野田(2010)は、株式リスクプレミアムのいろいろな推定方法の特徴を整理したうえで、実際の数値を用いた推計例を紹介するとともに、各モデルの留意点について解説している。

(d) ベータ値の推定

次に、ベータ値の推定が必要となる。ベータ値についても他の変数と同様に将来のベータ値が必要となることはいうまでもない。ベータ値については、無条件に月次リターンの過去データを使い回帰分析をした結果を使うことがあるが、これはあくまでも過去のベータ値が安定していて将来のベータ値として利用できると考えられる場合のみである。また、回帰分析をした結果として、モデルとしての説明力が低い場合、残差系列に自己相関がある場合などは、過去データから計算されたベータ値をそのまま使うことには問題がある。

イ いろいろなベータ値の推定方法

ベータ値の推定も、いろいろな方法が存在する。代表的な方法としては、過去のリターンデータを使って回帰分析により求める方法(この方法で推定されたベータ値をヒストリカルベータと呼ぶ)、各企業のファンダメンタルズに着目してベータ値を推定する方法(この方法で推定されたベータ値をファンダメンタルベータと呼ぶ)、企業が複数のセグメントから構成されるポートフォリオであると考えてこれらを合成したものをベータ値とする方法(この方法で推定されたベータ値をフルインフォメーションベータと呼ぶ)などがある。

(ｲ) 過去のリターンデータを使って回帰分析により求める方法

この方法は、一般に最も広く利用されている方法である。過去データを入手できれば簡単に計算することができるが、自己資本コストを推定するため

のベータ値を推定しようとする場合は留意すべき点も少なくない。実際の推定の際には、下記の式からベータ値を推定することになる。

$$R_i - R_f = \alpha_i + \beta_i(R_m - R_f) + \varepsilon_i \quad \cdots\cdots\cdots\cdots\cdots (2-14)$$

ただし、R_i：企業 i のリターン

R_f：無リスク金利

α_i：企業 i のアルファ値（推定値）

β_i：企業 i のベータ値（推定値）

R_m：市場ポートフォリオのリターン

ε_i：企業 i の回帰の残差

この式を回帰分析により推定する際には、過去データが必要となるが、

① 過去のどこまでさかのぼったデータを利用するか
② リターンを計算する際の期間の長さ（週次、月次、年次等）
③ 市場ポートフォリオの代理変数として何を使うか
④ 無リスク金利として何を使うか

を確定する必要がある。これらをどう決定すべきかについては、次節で詳しく解説する。

なお、ベータ値については、いくつかのデータソースからすでに計算されたベータ値を入手することが可能である。しかし、これまでに述べてきたとおり、いろいろな計算の方法があり、計算方法によっては推定値に違いが生じる可能性がある。すでに計算されているベータ値を使う際には、計算方法を確認し、自分の使用目的に適したものであるかを確認したうえで使用すべきである。

㈡ 各企業のファンダメンタルズに着目してベータ値を推定する方法

この方法は市場ポートフォリオと該当企業のリターンの感応度を計算するのではなく、企業の個別銘柄のリターンを説明するマルチファクターモデルを構築し、このマルチファクターモデルからベータ値を算出しようとする考え方であり、企業のいろいろなファンダメンタルズに関す情報（セクターや

図表2－6　株式マルチファクターモデルで採用されているファクター一覧

ファクター名	算出方法
市場ベータ	過去60カ月のヒストリカルベータ
サイズ	時価総額の対数値
非線形サイズ	サイズ（標準化後）の3乗をサイズで回帰した残差
EP	四季報今期予想経常利益÷時価総額
BP	自己資本÷時価総額
売買回転率	前月出来高÷上場株式数
1カ月騰落率	前月のリターン
年間騰落率	前月を除く直近1年間のリターン
債券ベータ	債券インデックスに対する感応度
為替ベータ	為替（ドル円）に対する感応度
売上成長率	過去6年間の売上高を年度（1～6）で回帰した回帰係数
自己資本比率	自己資本÷総資産
ROA変動性	過去5年間の実績ROAの標準偏差
日経225	日経225採用＝1、非採用＝0

（出所）「みずほ信託銀行　資産運用研究所」作成

セグメント情報もファクターとして考慮）から計算される（「図表2－6　株式マルチファクターモデルで採用されているファクター一覧」参照）。

　過去データから感応度を求めるヒストリカルベータは、過去の関係（5年間のリターンデータで推計するのであれば過去5年間の平均的な関係）を表しているものであり、ここで必要となる将来の関係ではない。説明力も高いとはいえないうえに安定性にも欠けている。企業の事業（業務）内容や財務体質の変化は、ベータ値にすぐには反映されない。一方、ファンダメンタルベータは、一部過去データを使ってはいるものの、その時点での企業の財務や市場情報を中心に推定されるものであり、将来の関係をみるうえでは、より適切であると考えられている。実際にこのファンダメンタルベータを計算することは、株式のマルチファクターモデルを構築することになり、専門的なス

キル、コスト、そして労力を必要とする。しかし、ファンダメンタルベータは、イボットソン・アソシエイツ・ジャパン社、日経データサービス社（日経ポートフォリオマスター）、MSCI-Barra社（Barraモデル）、大和総研ビジネスイノベーション社（Peot-Stock）等が計算しており、原則は有料であるが入手は可能である。ただし、こういったベータ値を利用する場合もベータ値の算出方法を調べ、目的に適したものであるかを確認する必要がある。

(ハ) 企業のセグメント情報からベータ値を合成する方法

多くの企業は多角経営しており、特定の一つの業種のみに特化して経営を行っている企業は少なくなっている。古くから利用されていた業種という考え方も、かつては一つの企業が一つの業種に分類されていたが、いまでは一つの企業が複数の業種に属する分類が採用されている。ベータ値の推定に関しても同様に個々の業種単位でベータ値が存在し、これらを合成したものが企業のベータ値と考えることができる。ここで、まず問題となるのが重み付けの割合である。通常は時価を基本に考えるべきであろうが、事業単位ごとの時価はわからないため、代わりに売上げの割合を使用することが一般的である。具体的な推定方法は、下式のような重回帰式を考えて業種ベータ（フルインフォメーション業種ベータ）をクロスセクションで推定することを考える。推定方法として単純な最小二乗法（OLS）で推定する方法と時価の大きさで重み付けをする方法（GLS）が考えられる（ε_iの平均値はゼロにならない）。

$$\beta_i = \sum_{j=1}^{J} \beta_{f,i} w_{i,j} + \varepsilon_i \quad\quad\quad (2-15)$$

ただし、β_i：企業 i のベータ値

$\beta_{f,i}$：業種 j のフルインフォメーションベータ値（回帰係数）

$w_{i,j}$：企業 i の業種 j の割合

ε_i：企業 i の回帰の残差項

J：業種の数

第2章 資本コストの推定

このように算出されたフルインフォメーション業種ベータを使い、該当企業のセグメント情報から売上げの業種ごとの割合を算出したものとの積をとり、総和をとることによりいろいろな企業のベータ値を推定することができる。業種ベータの信頼性と安定性が重要となるが、個別企業のベータ値との比較では安定している。この方法も、フルインフォメーション業種ベータは過去のリターンデータから計算されるものの、売上げの割合は現時点、もしくは将来計画されている値を使うことができるため、過去への依存度が低い推定方法である。なお、上記の計算方法で、企業規模や売上額の大小に関係なく、企業を均等に扱う最小二乗法により推定を行えば、等ウェイト平均フルインフォメーション業種ベータとなり、重回帰を行う際に企業規模等で重み付けをすれば企業規模等を考慮したフルインフォメーション業種ベータとなる。なお、回帰の際には、回帰分析の前提条件を満たしているか否か等の確認作業が必要となる。

この方法では、たとえば、ある企業（総売上げ100億円）が、三つの中核事業を展開し、その66億円をA業種、28億円をB業種、21億円をC業種であげているとする。A、B、Cの各業種の業種ベータ（フルインフォメーション業種ベータ）が1.1、0.9、1.2であったとすると、この企業の企業全体のベータ値は、図表2－7のようになる。フルインフォメーション業種ベータの代わりに、過去の業種指数と市場ポートフォリオの過去のリターンデータから計

図表2－7　ある企業のセグメント別の売上げ割合とベータ値

業　種	売上げ	売上げ比率（％）	業種ベータ
A	66.0	57.4	1.1
B	28.0	24.3	0.9
C	21.0	18.3	1.2
合　計	115.0	100.0	1.07

(注)　$1.1 \times 57.4\% + 0.9 \times 24.3\% + 1.2 \times 18.3\% = 1.07$

(出所)　筆者作成

算した感応度を業種ベータとしても、同様に計算することができる。
　ロ　過去データを使ったベータ値推定の実際
　前述のとおり、回帰分析により過去データからベータ値を推定しようとすると、まず四つの点について決定する必要がある。以下では、順番にこれらをどう決定するかを解説する。
　(イ)　過去のどこまでさかのぼったデータを利用するか
　将来のベータ値を推定する際に、過去のリターンデータをどこまでさかのぼって使うかという問題があり、さかのぼる期間が短すぎると推定したベータ値は不安定になり、長すぎると推定したベータ値は多少安定するものの将来のベータ値としては、適切ではなくなる可能性が高まる。比較的簡単に入手できるベータ値は、5年、3年、2年、あるいは104週といった期間をとって計算されていることが多く、一概には、どの程度の期間がよいとは言い切れない。企業のビジネス上のリスクが大きく変わった場合（たとえば、M&Aにより事業の購入や売却をした場合等）には、その後の期間を使うことのほうが適切な場合もある。機械的な作業ではなく、対象企業の実態を過去にさかのぼって確認する必要がある。
　(ロ)　リターンを計算する際の期間の長さ（週次、月次、年次等）
　リターンを計算する期間の長さも、ベータ値の推定結果に影響を与える。個別株式のリターンデータは、短期的には正の相関、長期的には負の相関をもつといわれており、期間の長さがベータ値の大きさに影響を与えることが推測できる。この期間の長さについても、想定している期間に合った長さにすることが原則だが、期間が長いと必要な標本数を得るために、過去にさかのぼったデータを使うことになり、将来に向けての関係とはいえなくなってしまう。通常は、月次データを使うことが多い（5年間の月次データ60個を使った推定方法が、よい推定結果が得られるとする報告がされている（Bartholdy and Peare（2001）））。

第2章　資本コストの推定

(ハ)　市場ポートフォリオの代理変数として何を使うか

　ここでは自己資本コストを推定するためにCAPMを利用し、CAPMで想定している市場ポートフォリオの感応度を求めることになる。CAPMが想定している市場ポートフォリオに近いと考えられるものを市場ポートフォリオの代理変数とする必要がある。市場ポートフォリオはすべてのリスク資産の時価加重ポートフォリオと定義されることから、日本株式市場を対象とした場合、時価加重型のTOPIXのリターンデータ（配当込み）が採用されることが多い。そのほかにも、NK225やRUSSEL-NOMURA指数などが候補として考えられる。NK225はデータが入手しやすいという利点はあるが、採用銘柄の基準のあいまいさや日本の株式市場全体の動きを表すには銘柄数が少ない可能性があるため、TOPIXのような指数のリターン系列を使用することが推奨される。

(ニ)　無リスク金利として何を使うか

　ここで利用する無リスク金利は、対象企業と市場ポートフォリオの代理変数（たとえばTOPIX）のリターンに対する超過収益を計算するためのものであり、対象企業と市場ポートフォリオの代理変数（たとえばTOPIX）のリターンを計算する期間の長さに対応した無リスク金利を採用することになる。具体的には、対象企業とTOPIXの月次リターン（配当込み）を使うのであれば、原則として1カ月の無リスク金利を採用すればよいことになる。

ハ　将来のベータ値推定の具体的手順

　これまでに将来のベータ値を推定するために必要となる変数の選択方法について確認をしてきたので、以下では実際にベータ値を推定する手順について確認をする。ベータ値を推定するために必要な変数は確定しているとして、以下に一般的な作業手順を示す。

(イ)　元データの確認

　対象企業およびTOPIXの過去15年程度の月次のリターンデータ（配当込み）から無リスク金利を引いた超過リターンを計算し、基本統計量を確認すると

ともに散布図（横軸がTOPIXの超過月次リターン、縦軸が対象企業の超過月次リターン）、リターンの推移図を作成する。参考として、トヨタ自動車の超過月次リターンとTOPIX（配当込み）の超過月次リターンの散布図を図表2－8に示す。これらの情報から、元データに問題がないかを確認するとともに、外れ値がないかを確認する。また、対象企業によっては（たとえば、上場されてから年月の浅い新興企業や最近になって合併した企業等）、十分な期間のデータが取得できない場合もある。こういった場合には、分析対象期間を

図表2－8　散布図（横軸がTOPIXの超過月次リターン、縦軸が対象企業の超過月次リターン）

$y=1.0402x+0.153$
$R^2=0.552$

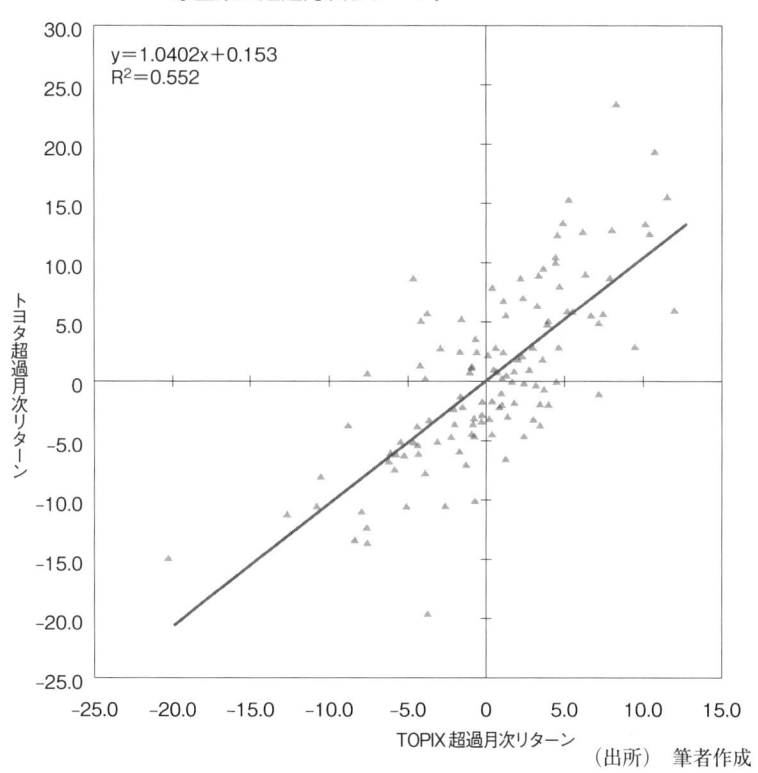

（出所）筆者作成

第2章　資本コストの推定

短くしたり、対象企業の過去データを使わない方法（フルインフォメーション業種ベータ等）を採用するなどの工夫が必要となる。

(ロ)　ベータ値の推定

対象企業の月次超過リターンを被説明変数、TOPIXの月次超過リターンを説明変数として回帰分析を行い、説明変数の係数の推定値、定数項の推定値、各々のｔ値、信頼区間、標準誤差、決定係数を計算する。さらに、残差項についても問題がないかを確認する（残差項が自己相関性をもっていない、分散が均一である等）。統計的に係数が有意でない場合は、適切な推定値が得られなかったことを意味しているため、推定されたベータ値を使うべきか否かはさらに検討が必要となる。過去データからベータ値を推定する以外の方法でベータ値を推定することも一つの選択肢となる。また、得られた一つの推定値だけではなく、ベータ値の信頼区間を考慮して、ベータ値の妥当性を検討する必要がある。なお、これらの作業を行う前提として、回帰分析を行う条件が満たされている（たとえば、説明変数と被説明変数が正規分布をしていて）必要があることはいうまでもない。

(ハ)　ベータ値の安定性の確認

ベータ値を推定するために、過去5年間さかのぼって60個の月次超過リターンデータからベータ値を推定する。その際、直近の5年だけではなく、10年さかのぼった時点から過去5年分の60個の月次超過リターンデータからベータ値を推定する作業を1カ月ごと直近まで繰り返して行う。ここで推定された10年分のベータ値の推移をグラフ化し、ベータ値の安定性を確認する。このとき、係数の推定値だけではなく、ｔ値や決定係数も同時に算出し、値の変化を確認する。ベータ値が過去の推移からみても、比較的安定していれば、今後、対象企業のビジネスリスクが大きく変わる場合は別として、将来の推定値として使用することに問題はないと判断できる。逆に、安定性に欠ける場合には、その原因を確認し、将来のベータ値として推定されたベータ値が適用できるかを判断する必要がある。

図表2-9 回帰分析の結果（EXCELの出力）

回帰統計	
重相関 R	0.742991
重決定 R2	0.552036
補正 R2	0.548239
標準誤差	4.951821
観測数	120

分散分析表

	自由度	変動	分散	観測された分散比	有意 F
回　帰	1	3565.626286	3565.626286	145.413900	2.6E-22
残　差	118	2893.422852	24.520533		
合　計	119	6459.049138			

	係　数	標準誤差	t	P-値	下限95%	上限95%	下限95.0%	上限95.0%
切　片	0.152989	0.452690	0.337955	0.735998	-0.743461	1.049439	-0.743461	1.049439
X 値 1	1.040246	0.086265	12.058769	2.6E-22	0.869419	1.211074	0.869419	1.211074

（出所）筆者作成

図表2-10　ベータ値（5年）と決定係数の推移図

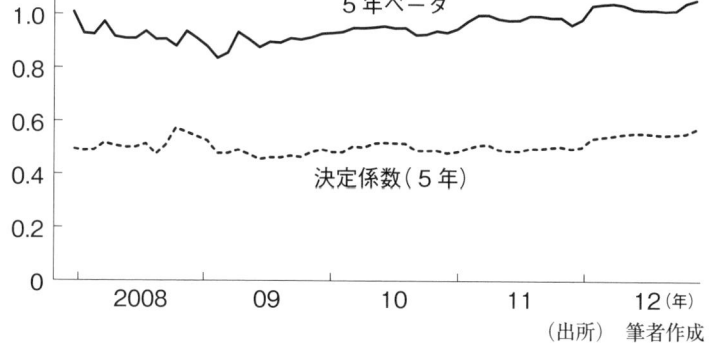

（出所）筆者作成

第2章　資本コストの推定

　㈡　推定値の妥当性の確認

　ここまでの作業で推定したベータ値の妥当性を確認するために、

- 同業の企業のベータ値との比較（企業の資本構成が異なるとベータ値も異なるので調整が必要であることに注意）
- 対象企業が分類されている業種のベータ値との比較（複数の業種から構成される企業の場合は、売上げの割合をもとに業種ベータを重み付けして合計したものを使用）
- ファンダメンタルベータとの比較

等を行い、大きな差異がないことを確認する。ここで、大きな違いが生じている場合はその原因を確認し、将来のベータ値として、適切な推定値であるかを判断する。原因が特定できず、対象企業の過去データからのベータ値が他のベータ値よりも大きく異なる場合には、ファンダメンタルベータを使うということも考えられる。ベータ値推定のための大まかな手順はあるものの、各ステップで分析者の判断や工夫が必要となる地道な作業である。実際に、ベータ値の推定を過去データを使って回帰分析から行うと、説明力が低い場合も少なくない。特に、企業規模が小さい企業の場合、この傾向が顕著にみられる。さらに、モデルとしての安定性もあるとはいえない。このことは、CAPMによる推定の限界と他の説明要因の存在の可能性を示していると考えることができる。他の説明変数の存在については、米国市場を中心として、F&Fの3ファクターモデルやCarhart（1997）の4ファクターモデルが、広く知られている。日本市場では、久保田・竹原（2007）、菅原（2011）、太田・斉藤・吉野・川井（2012）が検討を行っている。F&Fの3ファクターモデル、Carhart（1997）の4ファクターモデルやその他のファクターモデルについては、次節で具体的な変数の推定法や推定手順を解説する。

　ニ　推定したベータ値の修正方法

　個別企業のベータ値を算出しようとすると、推定結果が不安定であったり、説明力が低い場合が非常に多いことがわかる。また、個別企業のベータ

値については、①業種ベータもしくは市場ベータ（すなわち、「1」）に回帰しようとする性質、②大規模企業に対して中規模、小規模の企業の株価は遅れて変動する傾向がみられる（たとえば、Lo and Mackinly（1999））ために、規模の小さな企業のベータ値を推定する際にはこの遅れを考慮する必要があることが指摘されている。このような理由から、実務的には、回帰分析で求めたベータ値を状況に応じて、いろいろな方法で調整して将来のベータ値とすることが行われる。以下に、その代表的な方法を確認する。

(イ)　Blumeの修正ベータ（M. Blume（1971））

個別企業のベータ値は一時的には市場ベータから乖離するものの、いずれは市場ベータに収斂する（あるいは、異常値等により推計したベータ値が過大もしくは過小に推定される）と考え、過去データから回帰分析により推定したベータ値が市場ベータである「1」に収斂すると考えるものである。具体的には、回帰分析により推定したベータ値に2/3の重み付けをし、市場ベータである「1」に対して1/3の重み付けをすることでベータ値を修正する。

$$\beta_{i,adj} = \frac{2}{3}\hat{\beta}_i + (1-\frac{2}{3}) \times 1 \quad\quad\quad\quad (2-16)$$

ただし、$\beta_{i,adj}$：Blumeの修正ベータ

　　　　β_i：回帰分析により推定されたベータ値

個別企業のベータ値は業種ベータに収斂すると考え、過去データから回帰分析により推定したベータ値が将来、業種ベータに収斂するとする考え方もある。

(ロ)　サム・ベータ

比較的規模の小さい企業の株価は、相対的に規模の大きな企業の株価から遅れて変動する傾向があることを考慮してベータ値を推定する際に、この遅れを考慮した項を含めた重回帰分析を行うことにより、今期のベータ値と1期前のベータ値を同時に推定してから、両者の和をとり、将来のベータ値とする考え方である。

第2章　資本コストの推定

$$R_{i,t} - R_{f,t} = \alpha_i + \beta_{i,t}(R_{m,t} - R_{f,t}) + \beta_{i,t-1}(R_{m,t-1} - R_{f,t-1}) + \varepsilon_i$$

$$\beta_{i,sum} = \beta_{i,t} + \beta_{i,t-1} \quad \cdots\cdots(2-17)$$

ただし、$R_{i,t}$：企業 i の時点 t でのリターン

$R_{f,t}$：無リスク資産の時点 t でのリターン

α_i：定数項（推定値）

$\beta_{i,t}$：企業 i のベータ値（推定値）

$\beta_{i,t-1}$：企業 i の 1 期前のベータ値（推定値）

$R_{m,t}$：市場ポートフォリオの時点 t でのリターン

ε_i：残差項

$\beta_{i,sum}$：サム・ベータ値

　この考え方は、1 期前のベータ値を同時に推定して和をとることからサム（和）ベータという（Ibbotson, Kaplan and Peterson（1997））。

　(ハ)　ベージアン修正ベータ

　この方法は、Blumeの修正ベータと同様で、個別企業のベータ値は一時的には市場ベータから乖離するものの、いずれは市場ベータに収斂する（あるいは異常値等により推計したベータ値が過大もしくは過小に推定される）と考え、過去データから回帰分析により推定したベータ値が市場ベータである「1」に収斂すると考えるものである。違いは重み付けの係数が、固定値ではなく、ベイズ推定から得られた回帰分析により推定したベータ値に λ の重み付けをし、市場ベータである「1」に対して $1-\lambda$ の重み付けをすることでベータ値を修正する。

$$\beta_{i,Bays} = (1-\lambda)\beta_i + \lambda \times 1$$

$$\lambda_i = \frac{\sigma_\varepsilon^2}{\sigma_\varepsilon^2 + \sigma_I^2} \quad \cdots\cdots(2-18)$$

ただし、$\beta_{i,Bays}$：ベージアン修正ベータ値

σ_ε^2：回帰モデルで説明できない変動部分（残差の分散）

σ_I^2：回帰モデルで説明できる変動部分（ベータ値で説明

　　　　　　　できる部分の分散)

　この考え方は、回帰分析の説明力が高ければ、回帰残差の標準偏差が小さくなり、回帰分析により推定したベータ値に近い値を将来の推定値とし、回帰分析の説明力が低ければ、回帰残差の標準偏差が大きくなり、市場ベータである「1」に近い値を将来の推定値とするという考え方である。Blumeの修正ベータと同様、市場ベータである「1」の代わりに、業種ベータを使うとする考え方もある。

　将来のベータ値を推定するために、このほかに時系列モデルを応用したものなど、いろいろな方法が提案されている。どの手法を採用するかは、分析者の判断となるが、最終的には説明力と安定性が選択の基準となる。

　ホ　ベータ値推定の留意点

　これまで、ベータ値の代表的な推定方法について解説するとともに、広く採用されている過去データを使ったベータ値推定方法の前提条件や具体的な推定手順について詳細に解説した。一方で、ベータ値については、複数の機関から推定された値が公表されている。このベータ値を使用することは、面倒な作業をする必要がないため、便利である。しかし、これらのデータを使用する際には、そのベータ値がどのように計算されているのか、算出された結果は信頼できる値となっているか、自己資本コスト推定に際して使用する他の変数と一貫性があるかなどの注意が必要である。すでに公表されたベータ値を使用する際には、複数の公表されたベータ値を比較したり、業種ベータと比較するなどの確認作業が必要となる。できれば、第三者によりすでに計算されているベータ値を使うのではなく、本来は自らの手で推計した値を使うべきであろう。

　なお、実際のベータ値の推定は、決められた手順に従って機械的に進めれば適切な値が求められるものではない。試行錯誤をしながら妥当な推定値が得られるまで作業を繰り返す必要がある専門知識と経験が必要な作業であり、難易度の高い作業である。単なる数字の加工作業ではなく、分析対象企

第2章　資本コストの推定

業ならびに海外を含めた競合企業や該当業種に関する知識を基にした将来の最良の推定値を模索する作業が必要である。

(e) CAPMによる自己資本コスト推定方法の有効性と限界

Arzac (2005) は、"CAPMは本質的に単期間モデルであり、かなり厳密な仮定のもとでのみ多期間の評価に応用することができる。CAPMそのものは最も信頼のおけるレシピというよりは、自己資本コスト推定にガイドラインを与えるものと考えるべきである。"としている。Mackinsey&Company, Inc. (2010) は、"近年、CAPMに対する批判はあるが、WACCを用いて企業価値を評価する場合には、現在のところ、CAPMは自己資本コストを推定するには依然として他よりよい方法である。"と述べている。また、Berk and DeMarzo (2011) は、"……、CAPMは、資本コストの決定のために実務で用いられる支配的なモデルであり続けていることは、当然である。"としている。Berk and DeMarzoは、

① 企業やプロジェクト評価に際して、CAPMの推計誤差の影響よりもキャッシュフロー推定誤差の影響がはるかに大きい
② CAPMに基づく方法は頑健性が高く、他の方法よりも誤差は小さい
③ 自己資本コスト推定に必要となる変数が少なく、前提条件も単純に表され、経営者が都合よく操作できる余地が少ない
④ CAPMが完全には正確ではないにしても、正しい方法でリスクを考えることができる

という理由から、多少の欠点はあるものの、CAPMを利用することを推奨している。

しかし、これまでに述べたCAPMによる自己資本コスト推定方法をそのまま採用することが、適切ではない場合もある。たとえば、小規模企業（規模効果を考慮して自己資本コストを推定）や非上場企業（非上場の該当企業と同様の製品を扱う同規模の上場した類似企業を基準とすることが原則）等の自己資本コストをCAPMで推定しようとする際には、なんらかの工夫が必要とな

る。実際、Arzac（2005）、Mackinsey&Company, Inc.（2010）は、小規模資本の自己資本コストを推定する際に、規模効果を考慮する方法を示している。一方、Pratt and Grabowski（2010）は、規模効果の存在を示した二つの研究（MorningstarとDuff & Phelps）を示すとともに、規模効果の存在に対して疑問を投げかける研究についても紹介している。また、上場されていない企業の自己資本コストはベータ値が計算できないのでCAPMを使って自己資本コストを推定することはできないため、上場している類似企業のベータ値をもとに資本構成や企業規模(同様の規模の類似企業があるとは限らない)、流動性を考慮して、CAPMによる方法を工夫した形での株式リスクプレミアムを推定する必要がある。

　一般には、比較的規模が大きい企業の説明力は高く、係数も有意な場合が多く、比較的規模が小さい企業の説明力は低く、係数も有意でない場合が少なくない。企業規模や流動性を加味する必要性があるということは、CAPMが示した説明要因以外にも説明要因が存在する可能性が高いことを示唆しているとも考えられる。株式の期待リターンを説明するモデルとしては、前述のF&Fの3ファクターモデルが代表的なモデルであり、このモデルを自己資本コスト推定に適当することで、問題点のいくつかは解決できる可能性がある。久保田・竹原（2008）は、"CAPMとFama–French 3ファクターモデルのいずれを株式資本コストの推定に用いるかは、意見の分かれるところであろう。……いずれか一方を選択しなければならないとすれば、資本コスト概念の定義に立ち返り、……説明力の観点からFama-French 3ファクターモデルを使用すべきであると我々は考える"としている。CAPMをベースにした推定方法を推奨しているものの多くに、さらに規模効果を加味すべきであるとしていることが多いことを含めて考えると、F&Fの3ファクターモデルを採用する方法がより適切である可能性は高い。次節では、F&Fの3ファクターモデルによる自己資本コスト算出に必要となる変数の推定方法について解説する。

(2) F&Fの3ファクターモデルによる自己資本コスト算出に必要となる変数の推定

　F&Fの3ファクターモデルを利用して自己資本コストを推定しようとすると、CAPMで必要とした市場ポートフォリオとして何を使うか、無リスク金利をどう定義するか、市場ポートフォリオのリスクプレミアムはどの程度か、ベータ値をどう推定するかに加えて、新たに加わった二つのファクターについての推定作業が必要となる。当然、モデルが複雑になった分だけ、推定作業も複雑になる。以下では、F&Fの3ファクターモデルの構築手順を解説しながら、F&Fの3ファクターモデルによる自己資本コストの推定方法を確認する。

a　F&Fの3ファクターモデルの構築手順

　F&Fの3ファクターモデルは（2-11）式で表され、個別企業の株式の期待リターンを推定するためには、個別株式の配当込みのリターンデータ系列、無リスク金利、三つのファクターのファクターリターンデータが必要となる。ここでも、本来は将来の値が必要であるが、過去のデータをもとに回帰分析を行い、推定をすることになる。なお、市場ポートフォリオの代理変数、リターン計算のインターバル、無リスク金利については、前節の結果をそのまま採用し、市場ポートフォリオの代理変数としてTOPIX（配当込み）を、リターン計算の間隔は月次（月次のリターンデータ）とし、無リスク金利は1カ月の無リスク金利を採用する。F&Fの3ファクターモデルは（2-11）式で表されるので、右辺の第2項と第3項の値を計算する必要がある。まず、第2項の「規模リスクプレミアム」は、小型ポートフォリオのリターンから大型ポートフォリオのリターンを引いたもので、第3項の「簿価時価比率リスクプレミアム」は、簿価時価比率の高いポートフォリオのリターンから簿価時価比率の低いポートフォリオのリターンを引いたものである。

図表2-11　規模プレミアムと簿価時価比率プレミアムの算出方法

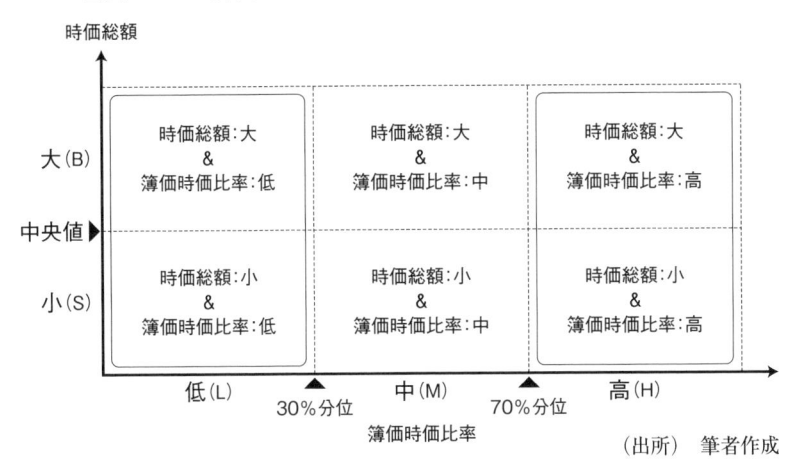

	低(L)	中(M)	高(H)
大(B)	時価総額:大 & 簿価時価比率:低	時価総額:大 & 簿価時価比率:中	時価総額:大 & 簿価時価比率:高
小(S)	時価総額:小 & 簿価時価比率:低	時価総額:小 & 簿価時価比率:中	時価総額:小 & 簿価時価比率:高

縦軸：時価総額（中央値で大小に分割）
横軸：簿価時価比率（30%分位、70%分位）

（出所）筆者作成

具体的な計算方法は以下のとおりとなる。

(a) 三つのリスクプレミアムの推定

三つのリスクプレミアムの推定値は、対象としている期間に対応したリスクプレミアムが必要となるが、ここでも過去データを使い、将来の推定値としている。

① 株式リスクプレミアム

市場ポートフォリオ（TOPIX配当込みを使用）のリターンと対象企業のリターンの無リスク金利に対する超過リターンを過去にさかのぼって求める。

② 規模（小型-大型）リスクプレミアム

図表2-11に示したように対象企業を時価総額（大小で2分割）と簿価時価比率（低、中、高で3分割）で六つ（2×3）にグルーピングし、時価総額の小さなグループ（簿価時価比率で三つのポートフォリオに分割）の平均リターンから時価総額の大きなグループ（簿価時価比率で三つのポートフォリオに分割）の平均リターンを引いた値を過去にさかのぼって求める。

③ 簿価時価比率（高簿価時価比率−低簿価時価比率）

同様に、図表2−11に示したようにグルーピングされた六つ（2×3）のグループに対して、簿価時価比率の小さなグループ（時価総額で二つのポートフォリオに分割）の平均リターンから簿価時価比率の大きなグループ（時価総額で二つのポートフォリオに分割）の平均リターンを引いた値を過去にさかのぼって求める。

(b) 重回帰分析による係数の推定

ここまでに求めた三つのデータ系列（株式リスクプレミアム、規模リスクプレミアム、簿価時価比率リスクプレミアム）を説明変数、対象企業の株式超過リターンを被説明変数として回帰分析を行うことで、対象企業の各リスクプレミアムに対する感応度が得られる。

（回帰式） $r_{i,t} - r_{f,t} = \alpha_i + \beta_i \times erp_t + s_i \times smbp_t + h_i \times hmlp_t + \varepsilon_t$

$$\cdots\cdots\cdots\cdots\cdots\cdots (2-19)$$

ここで問題となるのは、回帰分析を行う期間をどこまでさかのぼるのが適切かという点である。CAPMでベータ値を推定する際に問題となった点が、F&Fの3ファクターモデルでも同様、あるいはそれ以上に問題となる。株式リスクプレミアムだけではなく、規模リスクプレミアムと簿価時価比率リスクプレミアムについても、適切と考えられる期間を決定しなければならない。太田・斉藤・吉野・川井（2012）は、日本株式市場で過去5年間のデータを使い、各リスクプレミアムに対する感応度を推定している（期ずらしで検証を行っている）。また、Arzac（2005）は一例として、米国市場で過去3年間のデータを使い、各リスクプレミアムに対する感応度を推定している。

(c) 期待リターンの推定

重回帰分析の結果、得られた推定値を使い、各リスクプレミアムの期待値（過去の実績値の平均が使われることが多い）を求めて、次式に従って対象企業の期待リターンを推定することになる。

$$r_i - r_f = \beta_i \times E[erp] + s_i \times E[smbp] + h_i \times E[hmlp] \quad \cdots\cdots (2-20)$$

ただし、E[＊]は期待値を表す。ここでも、将来に向けた期待値の推定を過去データに頼ることになるが、どこまでさかのぼるか（可能な限り過去にさかのぼるか）が問題となる。太田・斉藤・吉野・川井（2012）は、日本株式市場で可能な限り過去にさかのぼって推定作業を行っている。また、Arzac（2005）も、米国市場で、可能な限り過去にさかのぼって（1926（昭和元）年～2002（平成14）年まで）推定作業を行っている。

b　日本株式市場におけるF&Fの3ファクターモデルの推定結果

図表2－12に、日本株式市場におけるF&Fの3ファクターモデルで採用している三つのファクターの値（ファクターリターン）の推移を示す。

これらの結果をみると、統計的に三つのファクターの係数（すなわち、リスクプレミアム）がゼロではないといえる結果は得られなかったことがわかる。すなわち、各ファクターが意味のあるファクターであるかどうかは、少なくとも今回の条件（期間のとり方、投資対象等の条件に加えて検定方法[2]）のもとでは確認できなかった。

米国株式市場を中心として、F&Fの3ファクターモデルは、実証面で強い支持（学術の世界ではデファクトスタンダード）が得られてはいるものの、日本株式市場では、実証面での有意性を明確に示す結果は得られなかった。しかし、今回の結果も分析期間のとり方によっては、有意なファクターとなることがある。特にhmlpは統計的にゼロではない場合も少なくない。したがって、推定結果は統計的に有意でないか、有意であっても安定性に欠けることになる。

また、実務的な問題として、米国ではKenneth R. Frenchのウェブサイトからファクターリターンのデータ系列が簡単に入手可能であるのに対して、日本ではファクターリターンのデータ系列の入手が簡単にできないという問

2　この種のモデルを回帰分析で評価する方法以外に、より改善された方法が示されている。より一般的なアセットプライシングモデルの評価については、第5章を参照されたい。

図表2−12 日本株式市場における主要ファクターのファクターリターンの基本統計量（月次）（1977年9月～2012年7月）

	erp	smbp	hmlp
平　均	0.40	0.10	0.58
標準誤差	0.25	0.17	0.15
標準偏差	5.20	3.44	3.02
分　散	27.05	11.84	9.11
尖　度	1.41	1.22	2.63
歪　度	−0.13	−0.40	−0.06
最　小	−20.37	−14.52	−11.35
最　大	18.37	10.60	13.35
標本数	419	419	419

図表2−13 三つのファクターの t 検定の結果（帰無仮説を"回帰係数が「0」"であるとした場合の検定）

	erp	smbp	hmlp
平　均	0.40	0.10	0.58
標準偏差	5.20	3.44	3.02
t 値	0.08	0.03	0.19

題がある。

　以上のことから、CAPMによるベータ値の説明力の低さ、安定性の欠如を、F&Fの3ファクターモデルで解決することは、今回の前提条件のもとではできないことが確認された。F&Fの3ファクターモデルを採用するか否かは、理論的根拠の弱さ、日本株式市場での実証面での不十分さに加えて、分析のためのデータ整備の負担（時間的にも、資金的にも）の大きさを考えると否定的にならざるをえないが、実証面に関しては過去のデータに基づく結果であり、将来に向けた期待リスクプレミアムの有無とは次元の異なる

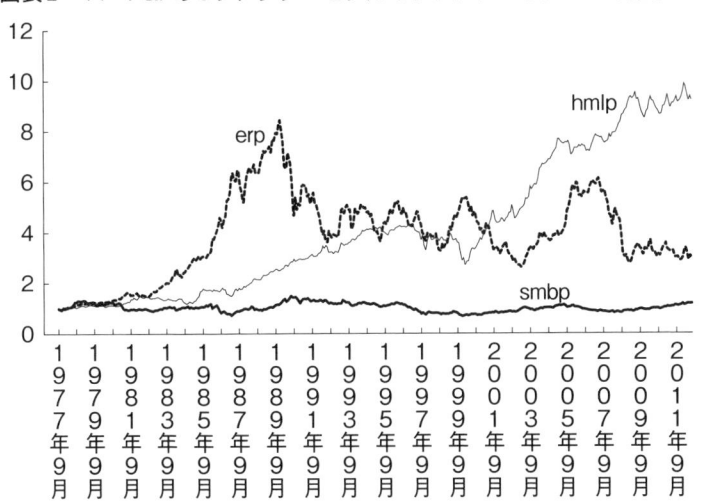

図表2−14　F&Fの3ファクターモデルのファクターリターンの推移

話であると考えるべきであろう。データ整備の負担を負うことが可能であれば、F&Fの3ファクターモデルのようなマルチファクターモデルで得られた結果も含めて、複数の手法から多面的に推定を行うことが、より信頼度の高い株式リスクプレミアムの推定につながると考えられる。

なお、CAPM、F&Fの3ファクターモデル、Carhart（1997）の4ファクターモデルによる日本株式市場における資本コストの具体的な算出方法を解説することを目的として書かれた太田・斉藤・吉野・川井（2012）の研究では、"わが国では、資本コスト推定モデルに用いる四つのプレミアムのうち、そもそもその存在自体が疑わしいものが三つもあるというのが実情である。このような状況のなかで、米国で一般的に用いられている資本コスト推定モデルを、そのままわが国で疑問なく受け入れることの妥当性については、今後議論していく必要があるであろう"としている。

なお、第5章では、F&Fの3ファクターモデルと同様にもしくはそれ以上に有効なモデルとして、二つの3ファクターモデルが存在することを示し

ている(ただし、新たに加わるファクターは個別銘柄変動性とリターンリバーサルファクターで、組合せが変わるだけである)。CAPMをはじめ、F&Fの3ファクターモデル等の比較、検討を行っているので参照されたい。

(3) 自己資本コストとレバレッジ

推定したベータ値の妥当性を確認するために、ビジネスリスクが同等な類似企業のベータ値や業種ベータ値との比較を行うことがある。また、企業価値評価を行う際に、負債がない場合の資本コストを推定することもある。企業のビジネスリスクが一定であるとして、企業がレバレッジ比率を変化させると、株主のリスクの負担の割合も変化し、株主の要求するリターンも変化する。すなわち、負債比率を高めれば、株主のリスクの負担割合が増加し、株主はより高いリターンを要求し、負債比率を低くすれば、株主のリスクの負担割合が減少し、株主はより低いリターンを要求する。このことは、加重平均資本コストの式からも簡単に確認することができる。すなわち、税金がないとした場合、企業の資本コストr_Aは、

$$r_A = \frac{D}{D+S}r_D + \frac{S}{D+S}r_E \quad \cdots\cdots (2-21)$$

ただし、D:ある企業の負債価値(時価)
S:ある企業の株式価値(時価)
r_D:ある企業の負債の要求収益率
r_E:ある企業の株主の要求収益率

となり、これを変形すると、

$$r_E = (1+\frac{D}{S})r_A - \frac{D}{S}r_D = r_A + (r_A - r_D)\frac{D}{S} \quad \cdots\cdots (2-22)$$

となる。事業全体のリスクは一定で資本コストr_Aは変わらず、負債コストr_Dも一定で変わらないとすると、自己資本コストは、レバレッジ比率$\frac{D}{S}$の大きさに比例して変化することがわかる。

図表２−15　株式期待リターンとレバレッジ比率の関係

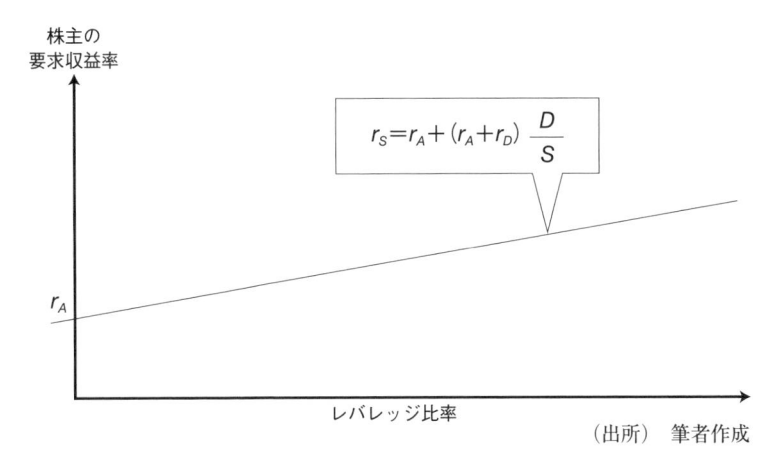

$$r_S = r_A + (r_A + r_D)\frac{D}{S}$$

（出所）筆者作成

　資本提供者の要求するリターンが（2-21）式のような資本構成割合の線形和で表せるので、投資家の要求する収益率がCAPMで表すことができるとすれば、ベータについても同様に、資本構成割合の線形和で表すことができる。このことは、複数の資産で構成されるポートフォリオのベータ値が、資産構成割合で重み付けられたものの総和で表されることと同じである。したがって、企業の全資産のベータ値β_Aは、

$$\beta_A = \frac{D}{D+S}\beta_D + \frac{S}{D+S}\beta_S \quad\cdots\cdots\cdots (2-23)$$

　　　ただし、β_D：ある企業の負債ベータ
　　　　　　　β_S：ある企業の株主ベータ

と表すことができる。このベータ値は、資産全体に対するベータ値で、資産ベータあるいはアンレバード・ベータと呼ばれている。この式を変形すると

$$\beta_S = (1+\frac{D}{S})\beta_A - \frac{D}{S}\beta_D = \beta_A + (\beta_A - \beta_D)\frac{D}{S} \quad\cdots\cdots (2-24)$$

となり、レバレッジ比率に対応した株式ベータを求めることができる。一般

第2章　資本コストの推定

に負債のベータ値は株式のベータ値に対して非常に小さく、特に高格付の企業の負債ベータはゼロに近い（逆に、格付の低い企業の負債ベータは無視できないほど大きいことが多く、上記の式を使う必要がある）ので、

$$\beta_S = (1+\frac{D}{S})\beta_A \quad \cdots\cdots (2-25)$$

として問題ない場合も少なくない。

　ここで、税金が存在する場合を考える。まず、企業の価値V_Aをアンレバードな価値V_Uと税金が存在することによる節税効果の価値V_{TS}の和で表すと、

$$V_A = D + E = V_V + V_{TS}$$

となる。したがって資産ベータβ_Aは、

$$\beta_A = \frac{V_A - V_{TS}}{V_A}\beta_U + \frac{V_{TS}}{V_A}\beta_{TS} = \frac{D+E-V_{TS}}{D+E}\beta_U + \frac{V_{TS}}{D+E}\beta_{TS} \quad \cdots (2-26)$$

　　　ただし、β_U：ある企業資産のアンレバード・ベータ

　　　　　　β_{TS}：ある企業節税価値のベータ

と表すことができる。ここで、毎年の節税効果の大きさは負債総額にほぼ比例すると考えると、節税価値に対するベータ値は負債のベータ値に等しくなる（$\beta_{TS} \approx \beta_D$）。

　ここで、さらに、負債総額が一定であると仮定できる場合には、節税価値は、

$$V_{TS} = t r_D \frac{D}{r_D} = tD \quad \cdots\cdots (2-27)$$

　　　ただし、t：ある企業の税率

と表すことができるので、資産ベータβ_Aは、

$$\beta_A = \frac{D+S-tD}{D+S}\beta_U + \frac{tD}{D+S}\beta_D \quad \cdots\cdots (2-28)$$

となり、（2-24）式を使ってβ_Sについて解くと、

$$\beta_S = (1+\frac{(1-t)D}{S})\beta_U - \frac{(1-t)D}{S}\beta_D = \beta_U + (1-t)(\beta_U - \beta_D)\frac{D}{S}$$

$$\cdots\cdots(2-29)$$

となる。さらに、企業のデフォルト確率が非常に小さければ、$\beta_D \approx 0$ と置くことができるため、

$$\beta_S = (1+\frac{(1-t)D}{S})\beta_U \cdots\cdots(2-30)$$

が使えることになる。

しかし、負債総額が一定ではなく、負債比率が一定と仮定したほうがより将来の資産構成割合を適切に表しているとした場合には使うことができない。企業が、負債総額を常に企業価値の一定割合に保とうとしている場合には、両者がほぼ同じ方向に比例して動くことになるので、節税価値のベータ値は企業価値のベータ値に近い値となる。すなわち、$\beta_{TS}=\beta_A$ と考えられれば、（2-25）式より $\beta_A=\beta_U$ となり、（2-24）式は、

$$\beta_U = \frac{D}{D+S}\beta_D + \frac{S}{D+S}\beta_S \cdots\cdots(2-31)$$

となり、株式ベータ、負債ベータが観測され、レバレッジ比率が将来にわたって一定であると仮定することができれば、資産ベータを求めることができる。さらに、これを変形すると、株主資本のベータ値は、

$$\beta_S = (1+\frac{D}{S})\beta_U - \frac{D}{S}\beta_D = \beta_U + (\beta_U - \beta_D)\frac{D}{S} \cdots\cdots(2-32)$$

と表すことができる。なお、企業のデフォルト確率が非常に低ければ、$\beta_D \approx 0$ と置くことができるので、株主資本のベータ値は、

$$\beta_E = (1+\frac{D}{S})\beta_U$$

と表され、資産ベータの値は、

第 2 章　資本コストの推定

$$\beta_U = \frac{S}{D+S}\beta_E \quad\cdots\cdots\cdots\cdots\cdots\cdots\cdots\cdots\cdots\cdots\cdots\cdots\cdots\cdots\cdots\cdots\cdots\cdots\cdots\cdots\cdots\cdots\cdots\cdots\cdots\cdots\cdots\cdots\cdots\cdots\cdots\cdots\cdots\cdots\cdots\cdots\cdots\cdots\cdots\cdots\cdots\cdots\cdots\cdots\cdots\cdots\cdots\cdots\cdots\cdots\cdots\cdots\cdots\cdots\cdots (2-33)$$

と、簡単に表すことができる。これらの式は、税金が存在しない場合と同じ式であるが、資本構成割合の仮定の置き方次第では同じ式を使うことができる。逆に、税金が存在するという理由だけで、(2-30) 式を使ってしまうと、ベータ値を過大評価してしまう可能性もある。

図表 2-16　節税効果を考慮した場合の自己資本コスト

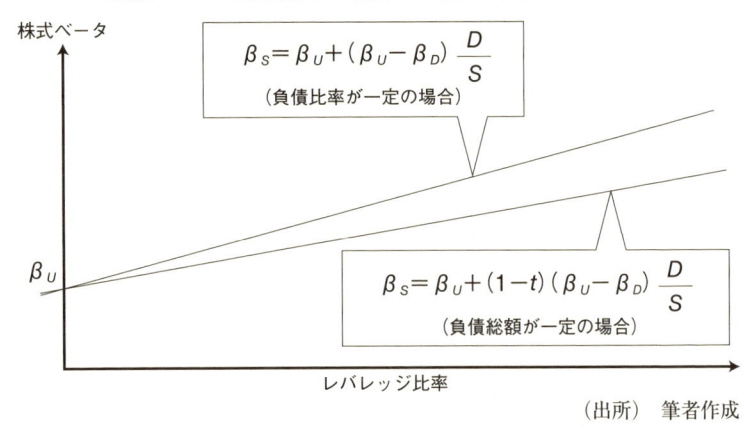

（縦軸：株式ベータ　横軸：レバレッジ比率）

$$\beta_S = \beta_U + (\beta_U - \beta_D)\frac{D}{S}$$
（負債比率が一定の場合）

$$\beta_S = \beta_U + (1-t)(\beta_U - \beta_D)\frac{D}{S}$$
（負債総額が一定の場合）

（出所）　筆者作成

4　負債コスト

　企業が事業活動に必要とする長期的資金（資本）のなかで、主要な構成要素となっている負債についてもコストを推定する必要がある。企業が負債として調達する資金には、いろいろなタイプの負債が考えられる。貸借対照表の流動性負債のうち、短期借入金、1 年以内返済長期借入金、1 年以内返済社債、また、固定負債のうち、社債、転換社債、長期借入金が資本コスト推定の際に対象とすべき負債となる。ここでは、流動負債の支払手形・買掛

金、その他流動負債（従業員預り金、前受金・仮受金等）やその他固定負債は、長期での固定資本ではなく、毎期の事業活動から得られるキャッシュフローに直接的に必要となる資金と考え、負債から除外して考えることが一般的である。

　ただし、負債といっても負債のタイプが異なれば負債提供者のリスク負担の度合いが異なり、負債コストも異なることになる。そのため、負債コストといっても、負債のタイプごとにコストを推定する必要がある。自己資本コストと同様に、負債コストは想定されている将来の期間に対してのコストとなる。

　ここでも、必要とする負債コストは将来に向けてのものであるが、さまざまなタイプの将来の負債コストの推定作業は簡単ではない。最も実践的な方法の一つは、実績の財務諸表を過去にさかのぼり、実際に支払っている負債コストを算出し、想定している将来の期間での負債構成を加味して修正したものを負債コストとする方法である。この方法は、過去の財務諸表のデータと将来の負債の調達計画があれば、比較的簡単に算出することができる。なお、この方法の留意すべき点としては、資本が長期を想定しているにもかかわらず、短期を前提とした資金の利息が含まれているため、負債コストを過小評価してしまうことであろう。負債は長期安定資金であることが前提である。したがって、形式的には短期の負債と分類されていても乗り換えをしながら長期での資金の安定確保が必要となり、実質的には長期での負債と同じであると考えるべきである。

　また、負債のタイプにはいろいろあるものの、負担するリスクが同じ、あるいは非常に近ければ、ほぼ同等のリターンを投資家は要求し、負債コストもほぼ同じとして推定することができる。現実的な対応としては、その企業の負債全体を長期の社債を発行していると仮定して、社債の期待リターンを推定して負債コストとする考え方もある。社債コストの推定の方法については、いくつかの方法が考えられるため、以下では代表的な二つの社債コスト

第2章　資本コストの推定

推定方法を確認する（社債の期待リターン推定の方法については第3章を参照）。

なお、この方法の留意すべき点としては、負債はすべて社債として発行していると仮定し、全負債提供者が社債と同じリスク負担をしていることになるため、負債コストを過大評価してしまうことが考えられる。過去の実績の負債コストと社債の期待リターンの両者を比較して、定性的な判断（将来の負債構成等）を加味して最終的な数値を分析者が決定することになる。

まず、社債投資を考える際、最終利回りはデフォルトリスクを考慮していないため、投資家が期待するリターンは、デフォルトリスクが非常に低い場合を除いて、該当社債の最終利回りとはならない。投資家が期待する社債の期待リターン推定の代表的な方法としては、対象企業のデフォルト確率を考慮して期待リターンを求める方法とCAPMを応用する方法が考えられる。

前者の考え方は、デフォルト確率 p と期待損失率 l を考慮して、社債に対する期待リターン r を次式で表すものである。

$$r = (1-p)y + p(y-l) = y - pl \quad\quad (2-34)$$

ただし、y：該当企業が発行する社債の最終利回り

後者の考え方は、社債について市場ポートフォリオに対する感応度を推定すること、すなわちCAPMの考え方からベータ値を求め、このベータ値と無リスクの金利から社債の期待リターンを算出するものである。CAPMでは、証券に投資することのリスクの大きさは、市場ポートフォリオとの感応度である β 値で測ることができ、このベータ値と市場リスクプレミアムの積と無リスク金利の和で証券の期待リターンを表すことができる。この期待リターンは、投資家が β_i というリスクを負担することにより得られる期待リターンであり、この証券を社債と考えれば、社債の期待リターン、すなわち、社債コスト（負債の大半が社債であれば負債コスト）となる。なお、これらを含めたいろいろな社債の期待リターン推定方法については、第3章「負債コスト算出のための社債の期待リターン推定方法に関する考察」を参照されたい。

(1) デフォルト確率からの方法

デフォルト確率の推定方法も複数の方法が考えられるが、過去の倒産事例から格付ごとの平均累積デフォルト確率と期待損失率を推定して社債の期待収益率を求める方法を確認する。

第3章3節の(2)で詳しく解説しているが、Moody'sでは、日本および世界の10年間の「格付推移マトリクス」と「累積デフォルト率」を公表している(図表3-4、3-5参照)。また、世界での5年間の「累積回収率」を公表している(図表3-2参照)。回収率自体は、格付や期間の長さ、経済環境に大きく影響されること、日本企業に関しては回収率に関するデータが十分ではないこともあり、これらのデータを使って回収率を3段階(30%、40%、50%)に置いた場合のMoody'sが格付を行っている企業の一部について、期待リターンを推定した結果を図表3-6に示している。

この結果をみると格付別のデフォルト確率と回収率から推定した社債(無担保)の期待収益率は、格付が高く、残存が短ければ最終利回りに近い値となるが、格付が低く、残存が長くなればなるほど無視できない大きさになることがわかる。

(2) ベータ値から推定する方法

社債の期待収益率を推定する方法として、社債の収益率データと市場ポートフォリオの収益率データの感応度の大きさ、すなわちベータ値から推定する方法がある。しかし、社債の場合は、取引が頻繁に行われていないため、信頼できるベータ値を推定することはむずかしい。代案として、格付ごとのリターンデータと市場ポートフォリオのリターンデータから回帰分析によりベータ値を算出する方法が考えられる。第3章4節では、格付ごとの指数(短期、中期、長期と全体)のリターンデータ系列を市場ポートフォリオ(本分析では、TOPIXの配当込み)のリターンデータ系列で回帰分析することに

より、係数の推定を行った結果を示している（図表3-10参照）。

なお、これらの方法はあくまでも大まかな推定であり、個別企業のデフォルト確率や期待損失率が得られることが望ましいことはあらためて指摘するまでもない。企業のデフォルト確率が高い（BB格以下）のであれば、WACCによる方法ではなく、修正現在価値法（APV法：Adjusted Present Value Method）等、別の方法を採用することがより適切であろう。

5 法人税率推定の方法

加重平均資本コストを算出する際には、節税効果（図表2-17参照）を考慮する必要がある。納税額は、その企業（もしくはプロジェクト）が債権者に対して将来、支払うことになる利息分に対して、利益からこの分が控除され、残った利益に対して課される。したがって、課税対象となる利益がゼロ以下であったり、繰越欠損金により課税対象となる利益が減る場合やゼロとなってしまうこともある。また、逆に、損金算入が認められない費用がある

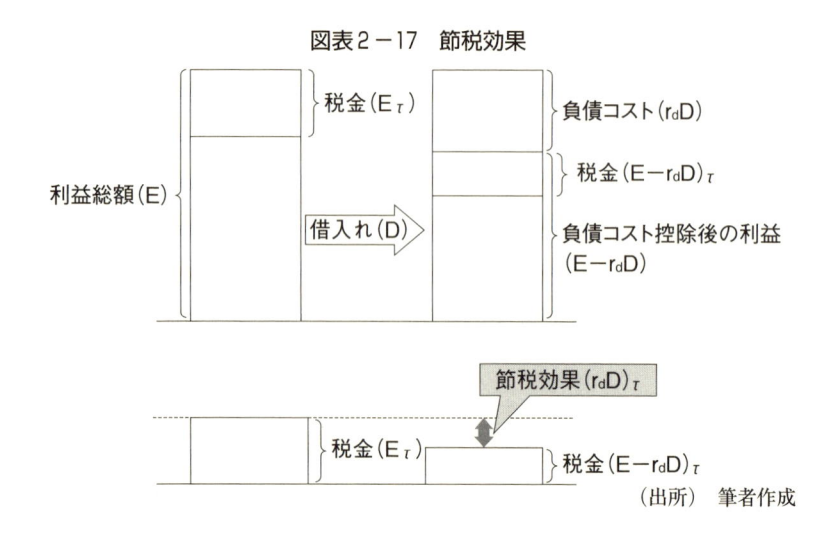

図表2-17　節税効果

利益総額(E)
税金(E_τ)
借入れ(D)
負債コスト($r_d D$)
税金$(E-r_d D)_\tau$
負債コスト控除後の利益 $(E-r_d D)$

節税効果$(r_d D)_\tau$
税金(E_τ)
税金$(E-r_d D)_\tau$

（出所）筆者作成

場合は課税対象となり、課税対象となる利益がふえる場合もある。ここで問題となる利益は、企業が想定している将来の期間で、実際に支払うことになる法人としての税金の大きさの割合であり、法定の法人税率（40.87％）ではない。負債総額や負債の種類や割合が変化しても、負債に対する支払額が変わり、実質の税率が変化することになる。

　想定している期間で、なんらかの理由（想定期間での繰延欠損金の発生等）により、納税がなされないのであれば、節税効果の大きさは限定されることになる。したがって、資本コストを計算する際に適用されるべき税率は、期間構造を考える必要がなければ、想定している将来の期間における平均的な想定税率（納税額と利益の割合）を推定することになる。

　久保田・竹原（2008）は、WACCを推定する際に用いられる法人税率として限界税率[3]を用いることが原則とされているとして、モンテカルロシミュレーションから個別企業ごとに限界税率の測定[4]を行うとともに、過去5年平均税率との比較（2004（平成16）年12月末時点）を行っている。その結果として、

① 過去5年の平均税率が24.98％であったのに対して、モンテカルロシミュレーションから推定した限界税率が33.08％であった（法定税率の40.87％を採用するとWACCの推定値は過小評価される）。

② 限界税率は業種間でも大きく分布が異なっており、特に鉱業、ガラス・土石、石油・石炭、鉄鋼等の業種では低い値になっている。また、平均税率と限界税率間でも大きな差がある。

ことを示し、法定税率を含む固定比率の使用、平均税率の使用ともに、適切な方法とは言いがたいとしている。久保田・竹原（2008）の結果をみると、

---

[3] 久保田・竹原（2008）では、限界税率の定義を、Scholes, Wolfson, Erickson, Maydew and Shevlin（2002）の定義に従い「現時点で追加的に1単位の課税所得が発生したときに、現在、あるいは将来において発生する租税債務の現在価値」としている。

[4] Graham（1996）, Kubota and Takehara（2007）を参照されたい。

第2章　資本コストの推定

モンテカルロシミュレーションによる限界税率の推定を想定される将来の期間に対して行うことが適切ということになる。しかし、この方法から税率を推定することは簡単ではない。

　一部の実務書では30％前後の税率を推奨しているものもあるが、実質的な税率は、企業固有の事情、業種などにより異なり、また、時間の経過とともに変化するはずである。想定している将来の期間でのフリーキャッシュフローを予測する詳細な作業を行っている場合には、各時点での節税効果の大きさや税率も同時に推定可能であろう。ただし、想定している将来の期間でのフリーキャッシュフローを予測する詳細な作業を行っていない場合には、該当企業の過去数年の実際の納税額から税率を算出し、過去の特殊事情がある場合や将来の計画を加味して修正を加えることが適切であろう。その際に、業界の平均的な税率や競合他社の税率は、有益な情報となる。これらの数値を合わせて確認することが望ましい。

　以上の点と実務面を加味して、節税効果の大きさを計算するための前提となる該当企業の現実的な法人税率を推定する現実的な手順の一例を以下に示す。

（現実的な法人税率推定手順の一例）
① 該当企業の過去の納税額およびその前提となった税引前利益の大きさを過去5年程度までさかのぼり確認し、実質的な税率を算出する。その際、納税額に影響を与えた特殊事情（繰延欠損金の発生、資本構成割合の大きな変更等）の有無、あればその大きさを確認する。さらに、将来の納税額に影響を与える特殊事情の有無、ある場合にはその大きさと時期を確認する。
② ①で確認した事項を考慮して、想定している将来の期間での税率を推定する。過去、および将来にわたって特殊な事情がないのであれば、過去の資本構成の計画値を算出し、この値を将来の法人税率とする。特殊事情がある場合はこれを考慮して将来の法人税率を推定する。

③　該当企業の業種の平均的な法人税率を同様に確認し、②で推定した結果の違いを確認する。違いが大きい場合には、違いが生じた原因を確認し、必要に応じて修正を行う。同様に、競合他社の法人税率を同様に確認し、②で推定した結果の違いを確認する。違いが大きい場合には、違いが生じた原因を確認し、必要に応じて修正を行う。
④　③までの作業で算出された税率を使用する法人税率とする。

6　資本構成割合推定の方法

　WACCを計算するためには、資本構成割合が必要になる。ここでも、将来に向けた資本コストを推定する必要があるため、資本構成割合も将来の値を推定しなければならない。資本構成割合は、一般的な企業であれば、目的とする割合が決定されていることも少なくない。あるいは、将来的に増資等が計画されていることもある。もちろん、目標となる資本構成割合をもっていない企業やもっていても実際には目標比率と実際の比率が乖離したままの企業も存在するが、なんらかの前提を置いて資本構成割合を想定する必要がある。この時、現在および過去において、この資本構成割合がどの程度の水準であったのかということが将来の資本構成割合を推定する際に有益な情報となるが、現在および過去の資本構成割合を計算する際に、いくつかの留意点が存在する。その代表的なものは、以下のとおりである。

(a)　過去および現在の資本構成割合を計算する際には、株式、負債とも時価で割合を計算する必要がある

　WACCの式を導出する過程で株式と負債は時価を前提としていた。したがって、資本構成割合を計算する際にも、株式と負債を時価で評価する必要がある。株式の場合は、その企業が上場されていれば、これに発行済み株式を掛けたものが株式時価総額となり、この値を使えばよいことになる。上場されていなければ、上場されている類似企業を探して推定する等

第2章　資本コストの推定

の工夫が必要になる。また、負債の場合は、時価を評価することが困難であり、一般には時価と簿価が近いという仮定のもとで、時価の代わりに簿価で代用することが多い。

(b) 時価評価する株式の株数は、発行済み株式数ではない

株式の時価評価は上場されている企業であれば株価は簡単に入手可能であるが、貸借対照表の資産の時価総額を計算するために使う株数については、発行済み株式数ではなく市場に流通している株式数をもとに計算したものを使う必要がある（持合株[5]、金庫株等は含めるべきではない）。

(c) 時価評価する負債の対象は、貸借対照表にある流動負債と固定負債の全項目の合計（負債合計）ではない

負債の割合を計算するうえで対象となる貸借対照表の項目は負債合計ではなく、その企業が長期的、安定的に提供される負債のみ（短期借入れをしてローリングしている資産も該当）が対象となる。したがって、貸借対照表等の有利子負債を合計したものとなり、単純な負債合計とは異なった数値となる。この負債合計に占める有利子負債の割合は、業種によっても水準が大きく異なり、同じ業種内でも企業の事情によりバラツキがある。個別企業の貸借対照表を分析する必要がある。

いずれにしても、必要とする資産構成割合は現在や過去ではなく、将来のものである。将来、目標としている資産構成割合があり、この割合が将来実現できる可能性が高いのであれば、この値を使うべきである。なお、将来の資産構成割合が安定せずに、変化することが想定されるのであれば、将来にわたって一定の仮定を置いたWACCから企業価値を評価する代わりに、別の期間構造を考慮した資本コストの推定を時点ごとに行い評価するなどの方法で評価すべきであろう。

---

[5] 企業の持合いは、双方が自社の株券を相手方の株券と交換して、相互に配当を交換している（厳密には配当額が異なったり、保有している時価が異なっているので調整が必要）にすぎないので、ここでの資産構成割合の計算には含めるべきではない。

以上の点と実務面を考慮して、該当企業の資本構成の割合を推定する手順の一例を以下に示す。

(現実的な資本構成割合推定手順の一例)
① 対象企業の想定している将来期間での株式と負債の資本構成割合の計画値を確認する（資本構成割合が途中で大きく変化することの有無については特に注意をして確認する）。計画値がない場合には、現在および過去の資本構成割合を②に従って計算し、適切な将来の資本構成割合を決定する。なお、負債に関して、時価評価がむずかしい場合には、簿価と時価の乖離が小さいと想定して、簿価を使用する。
② 対象企業の現在および過去の資本構成割合を前述の留意点を参考に算出する（企業が計画している割合が対象企業で実現可能なものかを確認する）。
③ 同様なビジネスリスクをもつ企業（できれば複数）に対して、①、②の作業を行い、差異の大きさとその要因を確認する。
④ 計画値が実現可能な資産構成割合で、この割合が安定して大きく変化しそうもなければ、この値を採用してWACC計算を行う。
⑤ 計画値が実現不可の可能性が高かった場合には、現在および過去の資産構成割合が続くとした場合を含めたWACCを計算し、その後の作業を行う（複数の可能性を検討）。想定している将来期間で資本構成割合が変化する場合には、全期間で一定とするWACC算出を諦めて、別の方法で検討を行う。

7　資本コスト推定の実際

(1)　具体的な資本コストの推定例

　これまでに、資本コスト算出に必要な構成要素の各々について、推定方法

第2章　資本コストの推定

を確認してきた。以下では、順番を追って、加重平均資本コストを前提とした具体的な資本コスト算出の方法を説明する。

まず、全体の流れとしては、以下の7段階で推定作業を行うことになる。

ステップ1：前提条件の確認
ステップ2：自己資本コストの推定
ステップ3：負債コストの推定
ステップ4：法人税率の推定
ステップ5：資本構成割合の推定
ステップ6：加重平均資本コストの計算
ステップ7：推定結果の妥当性の確認

以下では、個々のステップについて、具体的な計算例を示す。

ステップ1：前提条件の確認

ここでは、資本コスト推定の目的、想定している期間（起点と終点）を確認する。目的としては、自社のハードルレートの確認、企業買収や株式投資を最終目的とした企業価値評価や株式価値評価、買収、売却を最終目的とした事業部門評価、個別プロジェクト評価などがあげられる。想定する期間は推定目的と関係してくるが、企業価値評価であれば、現時点を基準として10年を超える長期での資本コストを推定することになる（個別プロジェクトの評価であれば、あらかじめ決められた3年、5年等の期間を想定した資本コストを推定することになる）。また、該当企業の今後の資本構成割合や資金調達手段についても、具体的な計画が策定されている場合は、これらについても確認をしておく。

ステップ2：自己資本コストの推定

自己資本コストの推定結果は最終的な資本コスト推定結果に最も影響を与える要因である。推定誤差も大きく、細心の注意が必要となる作業である。以下に推定手順の一例を示す。

自己資本コスト推定のためには、まず、推定方法を選択する必要がある。

どの推定方法を選択するかにより、その後の作業が変わってくる。最も広く利用されている方法はCAPMから自己資本コストを推定する方法であり、この方法が代表的なコーポレートファイナンスのテキストで推奨[6]されている。この方法を採用する場合、市場ポートフォリオ、無リスク金利、ベータ値、株式リスクプレミアムを推定する必要がある。前提条件で確認した想定期間をもとに、これらの値を推定することになる。具体的には、本章3節の(1)「CAPMによる自己資本コスト算出に必要となる変数の推定」に従って、作業を行うことになる。また、さらに進んだ方法として、F&Fの3ファクターモデルから自己資本コストを推定する方法がある。この方法を採用する場合も、いくつかの変数を推定する必要がある。具体的には、本章3節の(2)「F&Fの3ファクターモデルによる自己資本コスト算出に必要となる変数の推定」に従って作業を行うことになる。

ステップ3：負債コストの推定

この作業は、まず負債の現在および将来の構成要素を確認する必要がある。負債の種類ごとに負担するリスクの大きさが異なり、要求収益率であるコストも異なってくる。そして、負担するリスクの違う負債ごとに将来のコストを推定することになる。しかし、市場で売買がされていない負債のコスト推定は非常にむずかしいため、該当企業の負債全体もしくは評価がむずかしい負債部分を市場から借入れした社債と想定して、社債のコストを推定するという考え方もある。ここで、該当企業が社債を発行していて、格付がされていれば、その格付からデフォルト確率もしくはCAPMの考え方に従い、投資家の要求収益率、すなわち負債のコストを推定することができる。多少おおまかな近似で理論的には問題があるものの、与えられた制約のなかで、なんらかの数値を置かなければならないので、現実的な対応であろう。な

---

[6] たとえば、Berk and DeMarzo（2011）では、12.7節の「CAPM利用についての最終的な熟考」でCAMPによる推定は、欠点はあるものの、実務で用いられる支配的なモデルであると指摘している。

第2章　資本コストの推定

お、ここでも、想定している負債が長期で必要なものであれば、短期で満期がくるものでも、長期を前提とした負債と考えてコストを推定する必要がある。

ステップ4：法人税率の推定

資本コスト推定の際に必要となる法人税率は、想定している将来期間での節税効果の大きさを評価するためのものであり、法定税率ではない。したがって、該当企業の将来の納税額が、特殊事情により法定税率と比較して、低くなることも高くなることも考えられる。これらのことも考慮したうえで、本業の事業活動で使用する将来の有利子負債による節税効果の大きさから資本コスト推定に使用するWACCの税率を決定することになる。想定している将来期間での節税効果の大きさがわからなければ、現時点から過去にさかのぼった5年間程度の期間で、各年の値を算出して（繰延欠損金の発生等の特殊事情があればこれを修正して）、将来の推定税率とすることも考えられる。具体的な手順としては、本章5節の「法人税率推定の方法」（現実的な法人税率推定手順の一例）を参照されたい。

ステップ5：資本構成割合の推定

資本構成割合も、想定している将来期間での平均的な構成割合が必要となる。したがって、該当企業の将来計画で、資本構成を大きく変更することが確実であれば、将来計画から推定すべきものである。一方、資本の構成割合を計算する際には、簿価ではなく時価を使うこととされている。ただし、ここでいう時価とは、将来得られるフリーキャッシュフローから計算される理論価格のことである。合理的な価格形成がされていれば、この理論価格は時価と等しくなり、株主資本も他人資本も時価を使って比率を計算すればよいことになる。想定している期間が将来で、計画されている資本構成割合があれば、その割合を基本と考えるべきであろう。計画がなければ、現時点での時価を基本として構成割合を推定することになる。株主価値は時間の経過とともに変動するので、一定期間（たとえば、5年）の平均をとることもある

が、原則として、現時点（最新）の時価を使うべきである。負債に関しては、時価評価がむずかしい場合が多く、簿価と時価の乖離が小さいと想定して簿価が使うことも現実的な対応である。具体的な手順としては、本章6節の「資本構成割合推定の方法」（現実的な資本構成割合推定手順の一例）を参照されたい。

ステップ6：加重平均資本コストの計算

加重平均資本コストは、これまでのステップ1からステップ5で推定した値をWACCの式に代入することで算出することができる。株主や投資家であれば（2-2）式、企業内部者であれば（2-3）式に従って、算出すればよい。推定方法が複数存在するものや不確実性が高い要素については、各々のケースについてWACCを計算し、違いが最終的なWACCの値にどの程度、影響するかも確認する必要がある。

ステップ7：推定結果の妥当性の確認

算出された値は、推定方法が複数存在するものや不確実性が高い要素の各ケースについて確認することに加えて、計算業界の平均的な値や競合企業との乖離の大きさを確認し、乖離が生じている原因の妥当性などは確認しておく必要がある。

WACCの推定は、これまでに解説したとおり、労力を要する主観的要素が多い作業であるが、それ以上に自社および競合他社や業界に関する深い知識を必要とする作業である。WACC算出式自体は単純な式であるが、WACCを構成する個々の要素の推定作業は定型的な方法がない難易度の高い作業である。

---

(2) 資本コスト利用上の留意点

資本コストを推定し、利用する際の留意点として、

① 資本コスト推定の目的が何か、その目的が将来に向けたものであれば、将来の値を推定しなければならない。

第2章　資本コストの推定

② 過去の事実は将来を予測するうえで重要な情報源の一つであることは確かであるが、だからといって過去データをそのまま将来の予測値に使用してはならない。使用してよいのは、過去の状況が想定している将来の期間でも変わらない場合である。

③ 該当企業の資本コストを企業内の新規プロジェクト案件の評価やM&Aの際に用いてはいけない。

④ 加重平均資本コストを算出する際の資本構成割合は、将来の構成割合が必要であり、その前提は簿価ではなく理論価格もしくは時価で計算しなければならない。

⑤ 加重平均資本コストを算出する際の法人税率は、節税効果を算出するためであり、法定税率ではない。将来どの程度の節税効果が得られるかという視点で実現すると想定される税率を使う必要がある。

⑥ 自己資本コスト推定の際にCAPMを利用する際、ベータ値も株式リスクプレミアムも将来の値を推定する必要があり、過去の関係ではない。

⑦ 負債コスト推定の際、短期での借入れであっても、資本として必要としているのは長期的、安定的資本である。現状が短期での調達であっても、負債コストは長期での借入れを前提とする必要がある。

これらの点は、利用者が陥りやすい誤りであり、注意が必要である。なお、Pratt and Grabowski（2010）は、20を超える項目について留意点を詳細に解説しているので参考にされたい。

(3) まとめ

本章では、資本市場で非常に重要な役割を果たしている資本コストとは何か、資本市場の期待役割は何かについて確認し、資本コストの推定方法について加重平均資本コストを中心に解説した。具体的には、加重平均資本コストを推定する際に必要となる主要要素（自己資本コスト、負債コスト、法人税

率、資本構成割合）の推定方法を確認し、資本コスト推定方法の手順と留意点について解説した。繰り返しになるが、資本コストは、「同等のリスクを負担することに対して」投資家が期待する要求収益率であり、機会費用である。決して、資金を必要としている側の都合で決定されるものではない。

　したがって、資本コストの推定作業は、市場から得られる情報を十分に生かしたものとなる。一方、実務の世界では、（株主）資本コストの大きさを配当利回りと考えるようなことはなくなってきたものの、資本コストを正しく理解されないままに、値が決定され、使用されている例も少なくない。もちろん、これまでの説明で明らかになったように、資本コストの推定作業は難度の高い作業であり、推定精度は高くないかもしれない。しかし、現時点で可能な限りより適切と考えられる最善の方法を使い、少しでも正確な推定を行うことが重要である。こういった努力の積重ねにより、推定のノウハウが蓄積され、さらに高い精度の推定が可能となる。

　資本コストは企業の価値創造を考えるうえで最も重要な概念の一つであり、企業経営者のみならず株主（投資家）の双方が概念と算出の基本的な考え方を正しく理解しておかなければならない必須事項である。これらを適切な方法でより正確に推定することで、経営資源を有効に活用することができることになり、企業価値を高めることになる。現在の日本企業をみると、もっている豊富な経営資源をさらに有効に活用する余地は十分に残されており、日本全体で考えれば、日本経済再生の一助となりうるだけの影響力をもっているはずである。これまで以上に、（自己）資本コストを意識した企業経営と投資対象の選定が求められている。

第2章　資本コストの推定

〈補論Ⅲ〉　加重平均資本コスト算出式（WACC：Weighted Average cost of capital）の導出

　加重平均資本コストは、いくつかの強い仮定を置くことで導出することができる。以下では、まず税金が存在しない（もしくは税金がゼロ）場合についての加重平均資本コスト算出式を導出し、次に税金が存在する場合についての加重平均資本コスト算出式を導出する。

(1)　税金が存在しない（もしくは税金がゼロ）場合

　ある企業が、時点 $t-1$ から時点 t までの1期間（1年間）で生んだ全資本提供者に帰属する期待フリーキャッシュフローを $E[FCF_t]$ として、N種類のリスク負担度合いが異なる投資家が資本を提供（したがって、投資家ごとに割引率が異なる）し、各々の資本提供者に帰属する期待フリーキャッシュフローを $E[FCF_{ti}]$ とし（ただし、i=1,・・・Nで $E[FCF_t]=\sum_{i=1}^{N} E[FCF_{ti}]$）、資本構成割合が将来にわたって変わらないという前提のもとで、全資本提供者に帰属するフリーキャッシュフローを毎期同じ額だけ生むとする。この場合、この企業の価値を V_{t-1} とすると、

$$V_{t-1}=\frac{E[FCF_t]}{r_t}=\frac{\sum_{i=1}^{N} E[FCF_{ti}]}{r_t} \quad \cdots\cdots（補Ⅲ-1）$$

となり、この企業の資本コスト r_t は次式で表すことができる。

$$r_t=\frac{E[FCF_t]}{V_{t-1}}=\frac{\sum_{i=1}^{N} E[FCF_{ti}]}{V_{t-1}} \quad \cdots\cdots（補Ⅲ-2）$$

　ここで、リスク負担度合いが異なる資本提供者 i の要求収益率 r_{ti} は、資本提供者 i の資本の価値を V_{t-1}^{i} とすると、次式で表すことができる。

$$r_{ti}=\frac{E[FCF_{ti}]}{V_{t-1}^{i}}$$

したがって、資本コストr_tは、

$$r_t = \frac{\sum_{i=1}^{N} E[FCF_{ti}]}{V_{t-1}} = \frac{\sum_{i=1}^{N} V_{t-1i} r_{ti}}{V_{t-1}} = \sum_{i=1}^{N} \frac{V_{t-1i}}{V_{t-1}} r_{ti} \quad \cdots\cdots（補Ⅲ－3）$$

となり、加重平均された形の式が導出される。資本を株式と負債の二つに限定すると、一般に知られている次のような加重平均資本コストの式となる。

$$r_t = \frac{V_{t-1S}}{V_{t-1}} r_{tS}^i + \frac{V_{t-1D}}{V_{t-1}} r_{tD} \quad \cdots\cdots（補Ⅲ－4）$$

ただし、r_{tS}：株式の資本提供者が要求するリターン（自己資本コスト）

r_{tD}：負債の資本提供者が要求するリターン（負債コスト）

V_{t-1S}：株式価値

V_{t-1D}：負債価値

ここまでの前提では、企業価値、株式価値、負債価値はすべて期待フリーキャッシュフローの現在価値の総和であり、簿価ではなく時価を使う必要があることがわかる。

(2) 税金が存在する場合

次に、資本を株式と負債の二つに限定し、税金が存在する場合についての加重平均資本コストを算出する式を導出する。t時点以降での税率をτとすると、節税効果の分（$\tau r_{tD} V_{t-1D}$）だけ、負債コストは低下することになる。したがって、

$$r_t = \frac{V_{t-1S}}{V_{t-1}} r_{tS}^i + \frac{V_{t-1D}}{V_{t-1}} r_{tD} (1-\tau) \quad \cdots\cdots（補Ⅲ－5）$$

の関係が導出できる。

以上の導出過程を考えると、いくつかの強い前提条件のもとで、加重

第2章　資本コストの推定

平均資本コストの式は導出されていることがわかる。すなわち、

① 該当企業の資本提供者に帰属する期待フリーキャッシュフローは一定で不変である（デフォルトしない）
② 該当企業の資本構成割合は一定で将来も変わらない
③ 自己資本コスト、負債コスト、税率は将来にわたって一定である

などの強い前提条件のもとで成り立つ関係式であることがわかる。なお、この議論は企業の評価だけではなく、プロジェクトの評価にも適用可能である。

したがって、この式を使用する場合には、

① 重み付けの係数の割合は将来キャッシュフローの現在価値の総和で計算された価格から資本構成割合を計算する必要がある。市場価格が合理的に決定されているとすれば時価[7]を使い資本構成割合を計算すればよい
② 税率は、実際に支払う税金から率を使う
③ FCFを名目とした場合にはすべて名目の値を使う
④ 資金調達の手段が本章で説明した株式、負債以外にもある場合は、それらを含めたWACCの式から資本コストを計算する必要がある

等に注意する必要がある。

---

[7] 投資家は株式であろうと負債（たとえば社債）であろうと、その時点の時価で購入、売却を行う。したがって、投資家が要求するリターン（自己資本コストや負債コスト）は時価を基準としたものであり、簿価ではない。こう考えると、資本構成割合も時価を基準に考えることが適切である。

第3章
負債コスト算出のための社債の期待リターン推定方法に関する考察

第3章　負債コスト算出のための社債の期待リターン推定方法に関する考察

概　　要

　企業やプロジェクト評価を行うための資本コストの推定や社債の魅力度の評価をするうえで、社債の期待リターンの推定作業は重要な役割を果たしている。本章では、企業経営や投資判断を行ううえで重要な社債投資の期待リターンの推定方法について、代表的な手法を概観するとともに、「財務データからデフォルト確率を推定して社債の期待リターンを求める方法」「格付情報からデフォルト確率を推定して社債の期待リターンを求める方法」「資本資産評価モデル（CAPM）が示したベータ値を含む2ファクターモデルとファーマ・フレンチ（Fama and French、以下「F&F」という）が示した3ファクターを含むマルチファクターモデル等から社債の期待リターンを求める方法」について、具体的な推定方法と特徴を確認し、実務への応用の際の留意点や適用範囲について言及する（本章は、みずほ年金レポート2013年新年号No.105に掲載された「社債の期待リターン推定方法に関する検討」を加筆、修正したものである）。

1 はじめに

　企業の負債を構成する重要な要素の一つに社債があり、この社債投資に対する投資家の期待リターン推定[1]は企業、事業部門およびプロジェクトの評価を行うための資本コスト推定上、必要不可欠な作業となる。また、社債投資戦略を考えるうえでも、社債の期待リターンは投資対象の魅力度の評価をするうえで重要な投資判断の材料となる。本章では、企業経営や投資判断を行ううえで重要な社債投資の期待リターンの推定方法について、代表的な手法を紹介するとともに、各々の手法の具体的な推定方法と特徴を確認し、実務への応用の際の留意点や適用範囲について言及する。

　本章の構成は、以下のとおりである。まず、2節で社債投資の期待リターン推定の代表的な方法と特徴を概観する。続く3節では財務データからデフォルト確率を推定して社債の期待リターンを求める方法、格付情報からデフォルト確率を推定して社債の期待リターンを求める方法について、4節では、資本資産評価モデル（CAPM）が示したベータ値を含む2ファクターモデルとFama-French（1993）が示した3ファクターを含むマルチファクターモデル等から社債の期待リターンを求める方法について解説するとともに実際の推定作業を行い、各々の特徴を確認する。そして最後の5節では各々の手法を採用する際の留意点を確認するとともに、今後の課題について述べることとする。

---

[1] 資本コストを考える際の社債（負債）コストは、社債に投資することで負担するリスクに対する見返りであり、社債投資に対する投資家の期待リターンである。

第3章 負債コスト算出のための社債の期待リターン推定方法に関する考察

2 社債の期待リターン推定の代表的な方法と特徴

　社債投資を考える際、投資家が期待するリターンは、該当社債の最終利回りではない。最終利回りにはリスクの大きさが考慮されていないため、本来はこのリスクの大きさを考慮した期待リターンを推定する必要がある。一方、日本のこれまでの社債市場をみると、社債がデフォルトしてしまう確率は、少なくとも過去においては非常に低かったこと、格付機関の発表する格付をもとにリスクの管理をすることでデフォルトリスクをある程度管理できたこともあり、議論されることは少なかった。しかし、今後、デフォルトする企業が増加することが想定されること、企業の資本コストの重要性が認識され、資本コスト推定には社債コスト（社債の期待リターン）が重要な構成要素となることもあり、社債の期待リターンを推定することの重要性が高まってきている。

(1) 社債の期待リターン推定の方法

　社債の期待リターン推定の最も基本的な方法は、以下のとおりである。まず、期待リターン推定の期間を1期間と考えることができれば、該当企業が発行する社債の最終利回りをy、デフォルト確率をp、デフォルト時の期待損失率をlとすると、この社債に対する期待リターンrは、

$$r = (1-p)y + p(y-l) = y - pl \quad \cdots\cdots (3-1)$$

と表すことができる。したがって、最終利回り、デフォルト確率、デフォルト時の期待損失率（または期待回収率）という三つの変数を推定することができれば、この社債の期待リターンを算出することができる。

　一方、企業の株主資本コストを推定する際に、CAPMの考え方が一般的に用いられており、社債の資本コストを推定する際にも同様の考え方で推定することが考えられる（Beninga（2000））。すなわち、市場ポートフォリオに

対する感応度を推定することで、社債の期待リターンを算出することができる。CAPMでは、証券に投資することに対するリスクの大きさは、市場ポートフォリオとの感応度であるβ値で測ることができ、このベータ値と市場リスクプレミアムの積と無リスク金利の和で証券の期待リターンを表すことができる。すなわち、個別証券 i の期待リターンr_iは、

$$r_i = r_f + \beta_i(r_m - r_f) \quad \cdots\cdots(3-2)$$

ただし、β_i：市場ポートフォリオとの（期待）感応度
r_m：市場ポートフォリオの期待リターン
r_f：無リスク金利

と表すことができる。この期待リターンは、投資家がβ_iというリスクを負担することにより得られる期待リターンであり、この証券を社債と考えれば、社債の期待リターン、すなわち、社債コスト（負債の大半が社債であれば負債コスト）となる。しかし、本節の分析では、無リスク資産として10年国債の金利を前提としている。一方、期間が1～3年、3～7年といった満期までの期間が短い社債を分析対象とする必要性があることから、無リスク資産と位置づけた10年国債の金利も変数として、（3－3）式に従った2ファクターモデルを使って分析を行う。

$$r_i = g_i \times r_{f.10} + \beta_i \times erp \quad \cdots\cdots(3-3)$$

ただし、r_i：企業 i の期待リターン
$r_{f.10}$：10年国債金利
erp：市場ポートフォリオのリスクプレミアム：$r_m - r_f$

また、日本の社債市場の場合は、株式と異なり売買の頻度が低いため、個々の社債のリターンデータを利用して、CAPMの式から直接的に社債の期待リターンを推定することは推定結果の信頼性という意味で疑問が残る。この問題を解消する方法として、格付ごとにベータ値を推定する方法がある。また、F&Fの3ファクターモデル等のマルチファクターモデルを応用する方法もある（Berk and DeMarzo (2010)）。前者は信頼性に不安のある個

第3章 負債コスト算出のための社債の期待リターン推定方法に関する考察

別の推定を諦めて、格付ごとにベータ値の推定を行い、これを個別企業のベータ値として利用するという考え方である。後者は、CAPMの代わりに説明力が高いマルチファクターモデルで採用されているファクターを使い、証券の期待リターンを求めようとする考え方である。たとえば、F&Fの3ファクターモデルの三つのファクターを使い、10年国債を加えた（3－4）式で表される4ファクターモデル（モデル①）から社債の期待リターンを算出する方法が考えられる。さらに、新たなファクターとして注目されている個別銘柄変動性（たとえば、山田・永渡（2010）を参照）をファクターとして加えた（3－5）式で表される4ファクターモデル（モデル②）や（3－6）式で表される4ファクターモデル（モデル③）を使い、社債の期待リターンを説明する方法も考えられる。

（4ファクターモデル①）

$$r_i = g_i \times r_{f.10} + \beta_i \times erp + s_i \times smbp + h_i \times hmlp \quad \cdots\cdots (3-4)$$

ただし、$smbp$：Small Minus Bigファクター・ポートフォリオ・リターン

$hmlp$：High Minus Lowファクター・ポートフォリオ・リターン

（g_i、β_i、s_i、h_iは各ファクターの回帰係数である）

（4ファクターモデル②）

$$r_i = g_i \times r_{f.10} + \beta_i \times erp + h_i \times hml + k_i \times idvolp \quad \cdots\cdots (3-5)$$

$idvolp$：個別銘柄変動性に関するリスクプレミアム

（k_i、g_i、β_i、s_i、h_iは各ファクターの回帰係数である）

（4ファクターモデル③）

$$r_i = g_i \times r_{f.10} + \beta_i \times erp + s_i \times smb + k_i \times idvolp \quad \cdots\cdots (3-6)$$

(2) 具体的な社債投資の期待リターン推定方法とその特徴

a デフォルト確率から推定する方法

社債のデフォルト確率を推定するにはさまざまな方法がある。代表的な方法として、平均累積デフォルト率による方法、財務データに基づく方法、オプションアプローチによる方法、格付推移行列による方法などがある。

(a) 平均累積デフォルト率による方法

この方法は、過去に倒産した件数に基づきデフォルト率を計算して将来のデフォルト確率とするものである。森平（2011）は、この方法の利点として、計算が簡単で、計算に必要なデータ数が少なくてすむ、実績値であるので客観性がある、モデルリスク（推定モデルを使っていない）が少ない等をあげており、欠点として、同じ属性の企業のデフォルト率がすべて同じになってしまうことをあげている。

(b) 財務データに基づく方法

この方法は、過去にデフォルトを起こした企業とデフォルトしていない企業の財務諸表のデータを比較して、デフォルト確率を推定しようとする考え方である。財務諸表のデータを基本としているため、短期でのデフォルト推定には向いていないが、個別企業のデフォルト確率の推定が可能で、1年程度の推定には比較的使いやすいという利点がある。

(c) オプションアプローチによる方法

この方法は、企業資産を原資産とする株式コールオプションを考え、将来時点での債務超過となる可能性を推定しようとする方法である。オプション理論は、ブラック・ショールズモデルが前提とする多くの強い前提条件のもとで成立することになる。短期間であれば実務的には有益な情報が得られるが、長期での推定には適切ではないことになる。

(d) 格付推移行列による方法

第3章 負債コスト算出のための社債の期待リターン推定方法に関する考察

　この方法は、実績デフォルト率による方法を基準として、企業の信用リスクの大きさの程度をいくつかの段階に分けて評価(レーティング)し、年数の経過とともにこの状態がどのように推移していくかを示したものである。同じ属性の企業のデフォルト率がすべて同じになってしまうという欠点はあるが、長期でみたデフォルト確率を客観的に示したものであり、期間を長期と想定した場合に利用できることが大きな利点となっている。

　本章3節では、財務データからデフォルト確率を推定する方法と格付情報からデフォルト確率を推定する方法の二つにより、社債の期待リターンを求めることとする。

b　CAPMおよび拡張モデルから推定する方法

　CAPMから社債の期待リターンを推定しようとする際、将来のベータ値を推定する必要がある。ベータ値の推定方法として、対象企業のベータ値を直接推定する方法に加えて、個別の推定を諦め、属性(ここでは格付ごと)でグルーピングしたポートフォリオと市場ポートフォリオのリターンからベータ値を推定する方法、CAPMを拡張した説明力の高いマルチファクターモデルを用いる方法、オプションのデルタ(Δ)を使いベータ値を求める方法などがある。

(a)　CAPMから対象企業のベータ値を直接推定する方法

　この方法は、対象企業のベータ値を直接推定しようとするものであるが、前述のとおり、日本の社債市場の場合は、株式と異なり、売買の頻度が低く、回帰分析に必要となる個々の社債のリターンデータの入手がむずかしい。CAPMから直接的に社債の期待リターンを推定することは推定結果の信頼性に欠けると考えられる。

(b)　格付等の属性でグルーピングしたポートフォリオでベータ値を推定する方

法

　CAPMから対象企業のベータ値を直接推定する方法の問題点を解決するために考えられたものであり、たとえば、格付という属性であれば、格付ごとのインデックスが公表され、リターンデータ系列も入手可能である。この格付等の属性でグルーピングしたポートフォリオのリターン系列と市場ポートフォリオのリターンデータ系列からベータ値の推定が簡単にできる。グルーピングしたポートフォリオのリターン系列が入手できれば簡単にベータ値が推定できるという利点はあるが、同じ属性の企業のデフォルト率が、個別企業の固有の事情を考慮できずに同じになってしまうという欠点がある（残存等の違いは考慮可能）。

(c)　CAPMのベータ値を含むマルチファクターモデルから推定する方法

　この方法は、CAPMのモデルとしての説明力の弱さを解消するための方法であり、マルチファクターモデルを使う方法である。格付などの属性でグルーピングしたポートフォリオからベータ値を推定することになり、個別企業の固有の事情を考慮できないという欠点がある。また、マルチファクターモデル自体の推定も複雑になるという欠点もある。代表的なマルチファクターモデルとして、F&Fの3ファクターモデルがある。

(d)　オプションのΔを使いベータ値を求める方法

　この方法は、株価データ、行使価格、ボラティリティ等からデルタ（Δ）を計算し、以下の式からベータ値を推定するという考え方である（Berk and DeMarzo（2010））。

$$\beta_D = (1-\Delta) \times (1+\frac{E}{D})\beta_U \quad \cdots\cdots（3-7）$$

第3章 負債コスト算出のための社債の期待リターン推定方法に関する考察

ただし、β_D：社債ベータ
Δ：オプションのデルタ（$N(d_1)$）
E：株式価値
D：社債（負債）価値
β_U：アンレバード・ベータ

　この方法はデルタの値が入手できれば比較的簡単にベータ値を計算でき、社債コストを推定できるものの、デルタの入手は簡単ではなく、想定される期間も短いといった欠点がある。

　本章4節では、CAPMの拡張モデルから推定する方法を確認する。具体的には、格付でグルーピングしたポートフォリオを使いCAPMを拡張した2ファクターモデルと4ファクターで構成される三つのマルチファクターモデルから社債の期待リターンを推定する方法を確認する。

▶3 デフォルト確率による社債の期待リターンの推定

(1) 財務データからの方法

　財務データを利用してロジットモデル[2]等からデフォルト確率を推定することが可能である。東証一部上場企業（金融およびデフォルト確率推定に必要となる財務データが一部でも欠落している企業は除外）を対象として、2008（平成20）年7月末から2012（平成24）年7月末までの1年ごとの4年間（5時点）の推定結果を図表3－1に示す。ここでのデフォルト確率が想定している期間の長さは、1年（厳密には1年以下）である。この結果をみると、時

---

[2] 財務データを利用した方法には、ほかにも線形判別関数によるZスコアなどがある。

期によりデフォルト確率が変動していることが推測される。景気動向などの変化に対応して、企業のデフォルト確率も変化していると考えられる。

ここで、社債の期待回収率を40％（期待損失率を60％）と仮定し、ある社

図表3－1　財務データを利用したロジットモデルで推定したデフォルト確率ごとの企業数

推定倒産確率	2008年7月末	2009年7月末	2010年7月末	2011年7月末	2012年7月末
50％以上	4	2	2	0	0
40％以上	0	3	1	0	0
30％以上	2	2	0	1	0
20％以上	7	3	1	1	0
10％以上	2	5	6	1	1
5％以上	8	5	2	5	6
1％以上	38	37	39	29	37

（出所）　みずほ信託銀行作成

債の最終利回りを10％とする（期待損失率については、日本債券市場でのデータが十分に蓄積されていないこともあり、Moody's社が2012（平成24）年4月に公表した世界の格付ごとの回収率の値（図表3－2の「平均累積回収率（1990～2011年）：世界」）を参考とした）と、デフォルト確率と期待リターンの関係は、図表3－3のようになる。

　一般に、日本での社債発行の条件は厳しく、社債発行段階でのデフォルト確率は非常に小さいため、格付は相対的に高い。このため、デフォルト確率を考慮しても、期待リターンと最終利回りとの差はわずかである場合が一般的である。しかし、社債発行後に時間の経過とともに経済環境が大きく変化したり、想定外のイベントが発生すると、デフォルト確率が急上昇することもある。図表3－3にあるように、デフォルト確率の大きさに比例して期待リターンが低下することがある。期待損失率の大きさにもよるが、デフォル

第3章 負債コスト算出のための社債の期待リターン推定方法に関する考察

ト確率が高まれば、これを無視できなくなるほど大きくなることも考えられる。

また、資本コストの推定では、負債コストを推定する際に社債を発行して

図表3-2 平均累積回収率（1990～2011年）＊：世界

(単位：%)

年	Aaa**	Aa	A	Baa	Ba	B	Caa-C	投資適格等級	投機的等級	全格付
1	n.a.	37.24	31.77	41.39	47.11	37.88	35.72	38.94	37.35	37.43
2	3.33	39.02	42.68	42.25	45.53	36.84	35.55	42.02	37.13	37.49
3	3.33	38.08	44.28	42.41	44.38	36.83	35.29	42.73	37.14	37.65
4	61.88	43.95	42.72	42.96	43.35	37.16	35.34	43.04	37.37	37.98
5	75.58	42.27	42.29	42.90	42.89	37.76	35.31	42.99	37.73	38.37

＊発行体ベース、デフォルト後の取引価格に基づく。
＊＊Aaaの回収率は5件の事例に基づく。うち3件はアイルランドの銀行で平均回収率は3.33%であった。
（出所）Moody's「年次デフォルトスタディ：社債・ローンのデフォルト率と回収率1920-2011」2012年4月17日

図表3-3 デフォルト確率と期待リターンの関係（最終利回りを10%、期待損失率を50、60、70%と変化させた場合）

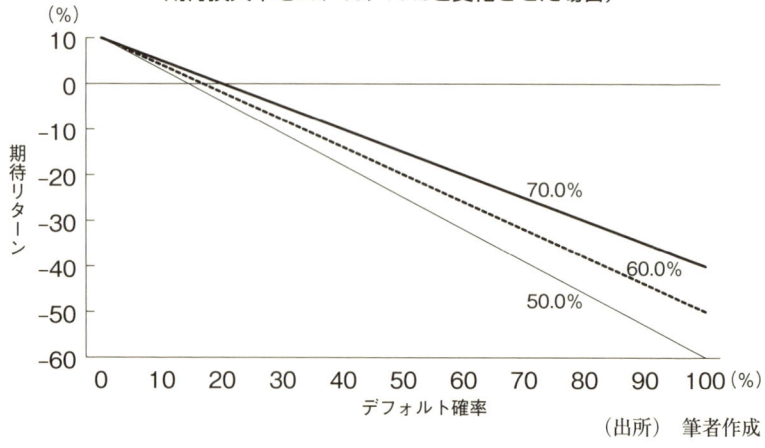

（出所）筆者作成

いない場合でも、社債を発行したと想定した場合のコスト推定を行うこともあり、デフォルト確率が比較的高い企業の負債（社債）の期待リターンを推計する必要性が生じる。しかし、通常想定される負債コスト推定の期間は、プロジェクト評価のような比較的短期なものでも、1年以上のプロジェクトが中心であり、この方法を資本コスト推定のために利用する機会は限定される。

以上から、財務データに基づきデフォルト確率を推定する方法は、1年もしくは1年未満の期間を考えた場合には利用できるが、資本コストのような想定される期間が比較的長い対象に対しては、適用がむずかしいことになる。

(2) 格付情報からの方法

主要な格付機関では、過去データから推定した格付ごとのデフォルト確率を公表している。Moody'sでは、日本および世界の10年間の「格付推移マトリクス」と「累積デフォルト率」を公表している（図表3-4、図表3-5参照）。また前述のとおり、世界での5年間の「累積回収率」を公表している（図表3-2参照）。回収率自体は、格付や期間の長さ、経済環境に大きく影響されること、日本企業に関しては回収率に関するデータが十分ではないこともあり、以下ではデフォルト時の回収率をMoody'sが算出した世界平均の回収率をもとに、日本の事情や経済環境の変化を考慮[3]して回収率を3段階（30%、40%、50%）に置いて、Moody'sが格付を行っている企業の一部を選んで期待リターンを推定した結果を図表3-6に示す。

Aに格付された4社、Baaに格付された3社、Baに格付された1社の残存、

---

[3] 起債自由化後のデフォルト社債の回収実績はきわめて少ないため、日本の回収率に関する報告例は非常に少ない。

第3章 負債コスト算出のための社債の期待リターン推定方法に関する考察

図表3−4 平均累積デフォルト率（1990〜2010年）：日本
(単位：%)

年	Aaa	Aa	A	Baa	Ba	B	Caa–C	投資適格等級	投機的等級	全格付
1	0.00	0.00	0.04	0.07	0.54	0.60	95.24	0.04	0.87	0.15
2	0.00	0.00	0.09	0.24	1.25	2.16	99.77	0.12	1.74	0.33
3	0.00	0.00	0.16	0.38	2.01	4.10	99.99	0.21	2.68	0.52
4	0.00	0.00	0.22	0.53	2.85	6.61	100.00	0.29	3.76	0.73
5	0.00	0.00	0.29	0.69	3.91	8.64	100.00	0.38	4.93	0.96
6	0.00	0.00	0.37	0.87	4.99	11.19	100.00	0.48	6.14	1.19
7	0.00	0.00	0.55	0.98	5.94	14.83	100.00	0.60	7.31	1.43
8	0.00	0.00	0.76	1.18	6.35	19.86	100.00	0.76	8.06	1.65
9	0.00	0.00	1.00	1.50	6.35	19.86	100.00	0.96	8.06	1.84
10	0.00	0.00	1.17	1.89	6.35	19.86	100.00	1.16	8.06	2.02

（出所）Moody's「日本の発行体におけるデフォルト率と格付遷移 1990-2010」2011年8月16日

図表3−5 平均累積デフォルト率（1990〜2010年）：世界
(単位：%)

年	Aaa	Aa	A	Baa	Ba	B	Caa–C	投資適格等級	投機的等級	全格付
1	0.00	0.02	0.07	0.20	0.93	4.05	17.84	0.10	4.95	1.84
2	0.02	0.04	0.19	0.52	2.54	9.72	29.85	0.26	10.03	3.68
3	0.02	0.07	0.34	0.89	4.50	15.47	39.51	0.45	14.85	5.37
4	0.02	0.11	0.50	1.31	6.70	20.52	47.31	0.65	19.07	6.77
5	0.02	0.16	0.70	1.80	8.60	25.16	53.92	0.90	22.73	7.97
6	0.02	0.21	0.93	2.34	10.58	29.63	58.23	1.17	26.03	9.01
7	0.02	0.23	1.19	2.86	12.37	34.04	61.28	1.44	29.04	9.93
8	0.02	0.25	1.51	3.41	14.18	37.98	64.63	1.74	31.78	10.76
9	0.02	0.26	1.85	4.03	16.28	41.53	68.43	2.07	34.42	11.55
10	0.02	0.31	2.18	4.78	18.47	44.64	73.42	2.42	36.88	12.30

（出所）Moody's「日本の発行体におけるデフォルト率と格付遷移 1990-2010」2011年8月16日

図表3-6 Moody'sの格付別のデフォルト確率と回収率から推定した社債（無担保）の期待収益率

No	社債	残存	YTM	格付	格付ごとの残存年数調整ずみデフォルト確率（％）	期待リターン 回収率30%	期待リターン 回収率40%	期待リターン 回収率50%
1	A	4.78	0.53	A	0.65	0.523	0.524	0.525
2	B	5.64	0.63	A	0.80	0.619	0.620	0.621
3	C	9.64	1.19	A	1.74	1.175	1.177	1.178
4	D	9.80	1.24	A	1.81	1.227	1.229	1.231
5	E	4.75	1.13	Baa	0.65	1.127	1.128	1.129
6	F	9.83	1.40	Baa	1.82	1.388	1.390	1.392
7	G	12.29	1.62	Baa	3.20	1.598	1.601	1.604
8	H	4.84	1.51	Ba	3.74	1.487	1.491	1.494

（出所）筆者作成

最終利回り（YTM）、格付、格付ごとの残存期間調整ずみのデフォルト確率、回収率が30％、40％、50％の場合における社債の期待リターンを示す（（3－1）式より計算）。格付の高低、残存の長さ、回収率の大きさにより期待リターンが異なってくることが確認できる。格付ごとのデフォルト確率と回収率から推定した社債（無担保）の期待収益率は、格付が高く、残存が短ければ最終利回りに近い値となるが、格付が低く、残存が長くなればなるほど無視できない大きさになる。東京証券取引所一部に上場されている優良企業を対象とした期待リターンの推定には無視できるほど小さい値となることが一般的であるが、経済環境の大きな変化や想定外の事故等により、デフォルト確率が急上昇する場合には期待リターンが大きく低下することになる。

また、社債を発行していないものの、仮想的に社債を発行した場合の負債コストを推定する必要がある場合にも、同様に推定可能である。なお、Moody'sが格付を行っている企業の多くは優良な大企業であり、今回分析の論点となるような格付の低い債券は非常に少なく、2012（平成24）年7月末

第3章 負債コスト算出のための社債の期待リターン推定方法に関する考察

時点でみた場合に分析対象のユニバースには、Ba格未満の社債はなかった。

4 マルチファクターモデルによる社債の期待リターンの推定

社債の期待収益率を推定する方法として、社債の収益率データと市場ポートフォリオの収益率データの感応度の大きさ、すなわちベータ値から推定する方法がある。Beninga（2000）は、CAPMの式を使って社債（負債）のコストを算出する方法と税金を考慮して社債（負債）のコストを算出する方法を紹介している。

（CAPMの式を使って社債（負債）のコストを算出する式）

$$r_d = r_f + \beta_d(r_m - r_f) \quad\quad (3-8)$$

（税金を考慮して社債（負債）のコストを算出する式）

$$r_d = r_f + \beta_d\left[r_m - r_f(1-t_C)\right] \quad\quad (3-9)$$

ただし、r_d：社債の期待リターン
β_d：社債ベータ
r_m：株式市場の期待リターン
r_f：無リスク金利
t_c：税率

また、彼らは「非常にラフな推定値であるが」と前置きして、経験則による期間の長さに対応した社債のベータ値を示している（図表3-7参照）。

彼らが述べているとおり、この値はあくまでも目安であり、取扱いには注意が必要であろう（Benninga（2008）の3rd editionでは、この表は掲載されていない）。

社債の場合、取引が頻繁に行われていないため、信頼できるベータ値を推定することはむずかしい。そこで、代案として、格付ごとのリターンデータと市場ポートフォリオのリターンデータから回帰分析によりベータ値を算出する方法やその他のファクターを含めた複数のファクターで重回帰分析によ

図表3-7　社債のベータと投資期間

期　　間	危険度	債券ベータ
超短期	低	0
短期（1〜3年）	低	0.1
中期（3〜10年）	中	0.35
長期（10以上）	高	0.6
超長期（15以上）	高	0.8

（出所）　Benninga（2000）

り係数を推定して、該当する社債のベータ値とする方法などが考えられる。以下では、格付ごとの指数（短期、中期、長期と全体）のリターンデータ系列を市場ポートフォリオ（本分析では、TOPIXの配当込み）のリターンデータ系列を含む複数のファクターリターンで重回帰分析することにより、係数の推定を行うことで社債の期待リターンを求める方法を検討する。

a　使用モデル、データおよび分析方法

分析に使用したモデル、データおよび分析方法は以下のとおりである。まず、回帰分析に使用したモデルであるが、以下に示す四つのモデルを使い、市場ポートフォリオに対するベータ値の推定等を行った。

- タイプⅠ：2ファクターモデル（国債ファクター、市場ポートフォリオ）
- タイプⅡ：4ファクターモデル①（国債ファクター、市場ポートフォリオ、HMLファクター、SMBファクター）
- タイプⅢ：4ファクターモデル②（国債ファクター、市場ポートフォリオ、HMLファクター、Idvolファクター）
- タイプⅣ：4ファクターモデル③（国債ファクター、市場ポートフォリオ、SMBファクター、Idvolファクター）

ただし、国債は残存9〜10年国債のリターン、市場ポートフォリオはTOPIX配当込みのリターン、HML、SMBはF&Fの3ファクターモデルで採

第3章 負債コスト算出のための社債の期待リターン推定方法に関する考察

用されたファクターであり、F&Fの3ファクターモデルで採用されたHMLとSMBの計算方法と同じ方法でファクターリターンを計算している。個別銘柄変動性（Idvol）についても、同じ方法で計算されている。

なお、分析期間は、2002（平成14）年1月～2012（平成24）年7月までの127カ月間とし、月次データを使用して分析した。分析に用いた格付別の社

図表3－8 格付別データの基本統計量（全期間：2002年1月～2012年7月）

	AAA格 全体	AA格 全体	A格 全体	BBB格 全体	AAA格 長期 (7～)	AA格 長期 (7～)	A格 長期 (7～)	BBB格 長期 (7～)
平均（%）	0.14	0.13	0.17	0.18	0.23	0.23	0.27	0.21
標準偏差（%）	0.71	0.59	0.58	0.70	1.19	1.10	1.27	1.88
最小値（%）	−2.78	−2.68	−2.16	−2.42	−4.45	−4.58	−4.36	−10.31
最大値（%）	1.78	1.71	2.43	2.79	3.09	3.06	3.60	5.52
2012年7月時点								
銘柄数	129	1549	755	116	43	550	138	2
平均残存年数（年）	5.36	6.48	4.70	3.11	13.64	13.22	10.09	7.99
デュレーション（年）	4.97	5.84	4.37	3.03	11.53	11.22	8.91	7.52
複利利回り（%）	0.47	0.69	1.51	1.51	1.23	1.28	2.03	1.10

	AAA格 中期 (3～7)	AA格 中期 (3～7)	A格 中期 (3～7)	BBB格 中期 (3～7)	AAA格 短期 (1～3)	AA格 短期 (1～3)	A格 短期 (1～3)	BBB格 短期 (1～3)
平均（%）	0.11	0.11	0.17	0.23	0.05	0.05	0.12	0.16
標準偏差（%）	0.53	0.48	0.70	0.91	0.18	0.15	0.34	0.60
最小値（%）	−2.70	−1.91	−2.42	−2.86	−1.15	−0.72	−1.12	−2.03
最大値（%）	1.63	1.58	3.18	3.65	0.58	0.56	1.51	2.70
2012年7月時点								
銘柄数	50	584	346	59	36	415	271	55
平均残存年数（年）	4.75	4.87	4.79	4.17	1.95	2.08	2.04	2.01
デュレーション（年）	4.59	4.69	4.59	4.07	1.94	2.06	2.00	1.98
複利利回り（%）	0.33	0.52	1.49	1.76	0.23	0.33	1.30	1.29

（出所）　BPI-PLUSよりみずほ信託銀行作成

債のリターンデータ系列は、NRI-BPIが提供している事業債のリターンデータ系列で代用している。なお、ここでの格付は、格付会社4社（S&P、ムーディーズ、JCR、R&I）の最高格付のデータを使用している。これらの基本統計量を図表3-8に、ファクターモデルで使用するファクターの基本統計量を図表3-9に示す。

これらの基本統計量のうち、社債に関する基本統計量をみると、全体、長期（7～）、中期（3～7）、短期（1～3）のすべてで、AAA格の事業債の

図表3-9　各ファクターの基本統計量（全期間：2002年1月～2012年7月）

	10年国債 -LIBOR1M	TOPIX -LIBOR1M	HML	SMB	Idvol
平均／年率	2.532	0.258	7.371	4.019	0.527
標準偏差／年率	3.522	17.773	7.965	8.588	13.118
歪　度	－0.967	－0.453	0.073	－0.096	－0.121
尖　度	3.059	1.036	1.240	－0.023	－0.133

（出所）　みずほ信託銀行作成

標準偏差の値がAA格の事業債の標準偏差の値よりも大きいことが確認できる。本来であれば、AA格の事業債と比較してリスクの低いはずのAAA格の事業債の標準偏差はAA格の事業債の標準偏差よりも低いはずである。これは、格付ごとに社債をプールしてつくられる格付ごとのポートフォリオの銘柄数、残存年数、デュレーション等が一定でないということに起因していると考えられるが、両者の差はわずかであり、今回の分析結果に大きな影響は与えないと考えた。

b　分析結果

タイプⅠの2ファクター（国債ファクター、市場ポートフォリオ）で回帰した結果を図表3-10に、タイプⅡの4ファクター（国債ファクター、市場ポートフォリオ、HMLファクター、SMBファクター）で回帰した結果を図表3-11

第3章 負債コスト算出のための社債の期待リターン推定方法に関する考察

に、タイプⅢの4ファクター（国債ファクター、市場ポートフォリオ、HMLファクター、Idvolファクター）で回帰した結果を表3-12に、タイプⅣの4ファクター（国債ファクター、市場ポートフォリオ、SMBファクター、Idvolファクター）で回帰した結果を図表3-13に示す。まず、タイプⅠの2ファクターの結果（図表3-10）をみると、以下の5点が確認できる。

① 国債-LIBORの係数は、期間、格付の高低にかかわらず、すべての係数が統計的に有意であった。また、TOPIX-LIBORの係数は、AAA格短期、AAA格中期、AA格中期で有意でないもののその他の係数は統計的に有意であった。

② 格付が低下するとベータ値（TOPIX-LIBORの係数）は加速度的に上昇する傾向がある。

③ 期間が長くなるとベータ値（TOPIX-LIBORの係数）が上昇する傾向がある。

④ 全体の説明力は、期間が長いほど、格付が高いほど高くなる。

⑤ 定数項の大半は統計的に有意ではなく、「0でないとはいえない」。

次に、タイプⅡの4ファクターの結果（図表3-11）をみると、2ファクターの結果とほぼ同様の結果が得られたが、HMLファクター、SMBファクターの係数は、どの場合も統計的に有意でなかった。また、2ファクターモデルと4ファクターモデルの分析結果を比較すると、両モデルの説明力に大きな差はなく、ベータ値の推定値も非常に近い値となった。米国での分析結果（たとえば、Schaefer and Strebulaev (2009)）と異なり、日本の社債市場では、HML、SMBの説明力がほとんどないことが確認された。また、タイプⅢ、タイプⅣの分析結果（図表3-12、3-13）をみると、タイプⅡの結果と大きな違いがないことが確認できる（係数や説明力の大きさはほぼ同じであることが確認できる）。

以上の分析から、少なくとも今回の条件のもとでは、日本社債市場の期待リターンの推定には、ファクター数が少ない2ファクターモデルで十分であ

ると判断できる。この方法では、たとえば、BBB格の残存10年の社債の期待リターンは、今後10年間の国債超過リターン（国債−LIBOR）とTOPIXリターンの推定値を与えることで算出できる[4]ことになる。

　なお、回帰分析の結果をみると、統計的に有意でないファクターがいくつか存在していることがわかる。したがって、本来であれば、この推定値は意味がない可能性もあるが、有意でないものはすべて使えないというわけではない。その用途により、統計的に有意でない場合（たとえば、90％水準で棄却されたとしても）でも、実務的には有益な場合も存在する。

---

[4] BBB格未満の低格付の社債については、データ数や説明力の問題があり、今回の検討対象から除外した。BB格以下の格付の社債については、たとえば、今回の分析結果からベータ値を推定する方法も考えられるが、企業価値評価の際にはこのような方法で推定したWACCを使って評価をするのではなく、別の方法を採用すべきである。

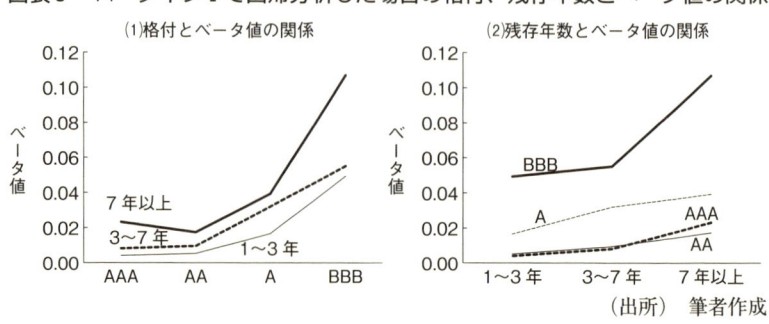

第3章 負債コスト算出のための社債の期待リターン推定方法に関する考察

図表3-10 回帰分析の結果（2ファクターモデル：タイプⅠ）

期間	格付		定数項	国債-LIBOR	TOPIX-LIBOR	修正決定係数	DW
全体	AAA格	推定値 t値	-0.013 -0.464	0.646 21.945	0.014 2.355	0.803	2.196
	AA格	推定値 t値	-0.005 -0.226	0.546 23.993	0.011 2.357	0.831	2.077
	A格	推定値 t値	0.074 1.644	0.338 7.256	0.025 2.676	0.287	1.742
	BBB格	推定値 t値	0.102 1.763	0.289 4.827	0.054 4.566	0.195	1.039
短期 (1〜3)	AAA格	推定値 t値	0.010 0.711	0.085 5.876	0.004 1.370	0.208	2.235
	AA格	推定値 t値	0.017 1.442	0.074 5.954	0.005 2.043	0.210	1.903
	A格	推定値 t値	0.077 2.560	0.096 3.101	0.016 2.609	0.075	1.882
	BBB格	推定値 t値	0.110 2.125	0.134 2.511	0.048 4.526	0.133	1.041
中期 (3〜7)	AAA格	推定値 t値	0.002 0.073	0.418 13.529	0.008 1.288	0.608	1.981
	AA格	推定値 t値	0.009 0.340	0.392 14.813	0.009 1.709	0.648	1.918
	A格	推定値 t値	0.072 1.307	0.374 6.584	0.030 2.650	0.247	1.723
	BBB格	推定値 t値	0.120 1.603	0.414 5.342	0.054 3.529	0.190	1.239
長期 (7〜)	AAA格	推定値 t値	-0.021 -0.462	1.099 23.492	0.024 2.548	0.824	2.246
	AA格	推定値 t値	-0.015 -0.455	1.044 30.166	0.017 2.521	0.887	2.342
	A格	推定値 t値	0.037 0.500	1.008 13.141	0.035 2.327	0.585	1.683
	BBB格	推定値 t値	0.007 0.045	0.880 5.517	0.103 3.259	0.194	1.415

（出所）筆者作成

図表3-14 タイプⅠで回帰分析した場合の格付、残存年数とベータ値の関係

(1)格付とベータ値の関係

(2)残存年数とベータ値の関係

（出所）筆者作成

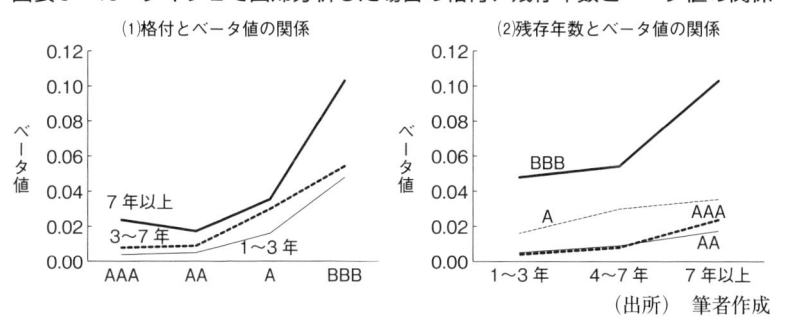

図表3-11　回帰分析の結果（4ファクターモデル：タイプⅡ）

期間	格付		4ファクター					修正決定係数	DW
			定数項	国債-LIBOR	TOPIX-LIBOR	HML	SMB		
全体	AAA格	推定値	-0.002	0.644	0.014	-0.017	-0.002	0.803	2.145
		t値	-0.053	21.880	2.309	-1.423	-0.204		
	AA格	推定値	-0.004	0.545	0.011	-0.002	0.003	0.828	2.078
		t値	-0.184	23.755	2.356	-0.254	0.282		
	A格	推定値	0.077	0.335	0.027	-0.013	0.018	0.283	1.748
		t値	1.623	7.160	2.818	-0.651	0.960		
	BBB格	推定値	0.107	0.286	0.056	-0.014	0.014	0.186	1.049
		t値	1.753	4.748	4.582	-0.558	0.588		
短期(1〜3)	AAA格	推定値	0.015	0.085	0.004	-0.009	0.001	0.210	2.186
		t値	1.045	5.816	1.421	-1.498	0.196		
	AA格	推定値	0.018	0.074	0.005	-0.002	0.003	0.200	1.891
		t値	1.435	5.870	2.102	-0.477	0.507		
	A格	推定値	0.081	0.095	0.017	-0.009	0.005	0.065	1.885
		t値	2.578	3.037	2.644	-0.724	0.415		
	BBB格	推定値	0.111	0.132	0.049	-0.009	0.014	0.123	1.044
		t値	2.054	2.450	4.552	-0.419	0.653		
中期(3〜7)	AAA格	推定値	0.012	0.417	0.008	-0.016	0.001	0.607	1.931
		t値	0.384	13.441	1.313	-1.261	0.097		
	AA格	推定値	0.006	0.391	0.010	0.001	0.006	0.644	1.920
		t値	0.225	14.668	1.782	0.092	0.620		
	A格	推定値	0.074	0.371	0.032	-0.013	0.020	0.242	1.720
		t値	1.281	6.491	2.776	-0.548	0.896		
	BBB格	推定値	0.136	0.411	0.055	-0.027	0.006	0.181	1.253
		t値	1.725	5.271	3.501	-0.846	0.181		
長期(7〜)	AAA格	推定値	-0.003	1.098	0.023	-0.025	-0.007	0.824	2.209
		t値	-0.063	23.414	2.456	-1.286	-0.393		
	AA格	推定値	-0.009	1.043	0.017	-0.010	-0.000	0.885	2.330
		t値	-0.247	29.915	2.474	-0.714	-0.016		
	A格	推定値	0.034	1.002	0.039	-0.014	0.038	0.584	1.717
		t値	0.437	13.039	2.536	-0.441	1.277		
	BBB格	推定値	0.007	0.874	0.107	-0.019	0.038	0.184	1.410
		t値	0.044	5.437	3.299	-0.284	0.598		

（出所）　筆者作成

図表3-15　タイプⅡで回帰分析した場合の格付、残存年数とベータ値の関係

(1)格付とベータ値の関係

(2)残存年数とベータ値の関係

（出所）　筆者作成

第3章 負債コスト算出のための社債の期待リターン推定方法に関する考察

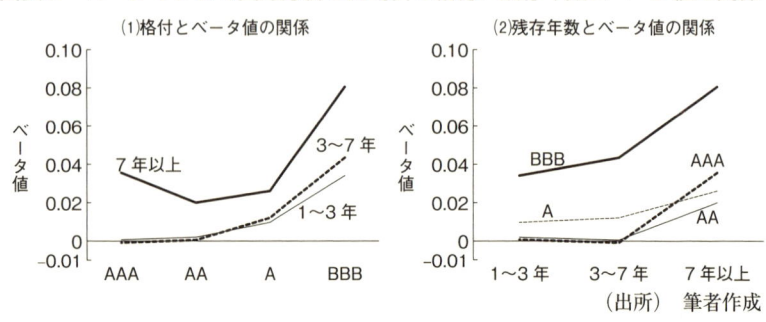

図表３−12　回帰分析の結果（4ファクターモデル：タイプⅢ）

期間	格付		定数項	国債−LIBOR	TOPIX−LIBOR	HML	Idvol	修正決定係数	DW
全体	AAA格	推定値	−0.002	0.644	0.016	−0.018	0.004	0.804	2.144
		t値	−0.073	21.862	1.917	−1.452	0.338		
	AA格	推定値	−0.004	0.546	0.008	−0.002	−0.005	0.829	2.066
		t値	−0.161	23.823	1.215	−0.188	−0.602		
	A格	推定値	0.081	0.339	0.012	−0.010	−0.023	0.288	1.744
		t値	1.736	7.287	0.948	−0.505	−1.315		
	BBB格	推定値	0.110	0.291	0.040	−0.011	−0.027	0.193	1.036
		t値	1.826	4.851	2.346	−0.426	−1.203		
短期(1〜3)	AAA格	推定値	0.015	0.085	0.001	−0.008	−0.006	0.218	2.234
		t値	1.063	5.908	0.171	−1.373	−1.151		
	AA格	推定値	0.019	0.075	0.002	−0.002	−0.006	0.208	1.923
		t値	1.495	5.978	0.567	−0.343	−1.220		
	A格	推定値	0.082	0.097	0.010	−0.008	−0.012	0.071	1.899
		t値	2.640	3.113	1.109	−0.612	−1.019		
	BBB格	推定値	0.114	0.136	0.034	−0.006	−0.026	0.132	1.045
		t値	2.138	2.550	2.257	−0.278	−1.286		
中期(3〜7)	AAA格	推定値	0.012	0.419	−0.001	−0.014	−0.017	0.614	1.967
		t値	0.378	13.624	−0.098	−1.109	−1.443		
	AA格	推定値	0.007	0.394	0.001	0.003	−0.016	0.650	1.937
		t値	0.279	14.895	0.068	0.264	−1.582		
	A格	推定値	0.079	0.377	0.012	−0.009	−0.033	0.252	1.722
		t値	1.384	6.646	0.755	−0.378	−1.564		
	BBB格	推定値	0.137	0.414	0.043	−0.025	−0.021	0.185	1.249
		t値	1.752	5.321	1.975	−0.766	−0.705		
長期(7〜)	AAA格	推定値	−0.004	1.095	0.036	−0.027	0.022	0.826	2.218
		t値	−0.092	23.472	2.697	−1.420	1.233		
	AA格	推定値	−0.009	1.042	0.020	−0.011	0.005	0.886	2.340
		t値	−0.245	29.915	2.029	−0.750	0.366		
	A格	推定値	0.045	1.009	0.026	−0.012	−0.018	0.580	1.674
		t値	0.583	13.057	1.195	−0.367	−0.606		
	BBB格	推定値	0.017	0.883	0.081	−0.014	−0.042	0.184	1.399
		t値	0.106	5.499	1.775	−0.206	−0.700		

（出所）　筆者作成

図表３−16　タイプⅢで回帰分析した場合の格付、残存年数とベータ値の関係

(1)格付とベータ値の関係

(2)残存年数とベータ値の関係

（出所）　筆者作成

図表3-13　回帰分析の結果（4ファクターモデル：タイプⅣ）

期間	格付		4ファクター					修正決定係数	DW
			定数項	国債－LIBOR	TOPIX－LIBOR	SMB	Idvol		
全体	AAA格	推定値	－0.013	0.646	0.014	－0.002	0.001	0.800	2.192
		t値	－0.437	21.704	1.535	－0.143	0.104		
	AA格	推定値	－0.005	0.546	0.008	0.000	－0.005	0.829	2.072
		t値	－0.217	23.784	1.091	0.019	－0.560		
	A格	推定値	0.072	0.339	0.015	0.008	－0.020	0.287	1.753
		t値	1.583	7.262	0.997	0.419	－1.071		
	BBB格	推定値	0.103	0.292	0.040	0.002	－0.027	0.192	1.036
		t値	1.748	4.850	2.113	0.065	－1.111		
短期 (1〜3)	AAA格	推定値	0.011	0.087	－0.001	－0.002	－0.008	0.207	2.286
		t値	0.775	5.934	－0.134	－0.393	－1.343		
	AA格	推定値	0.018	0.075	0.002	－0.000	－0.006	0.207	1.930
		t値	1.444	5.979	0.471	－0.028	－1.158		
	A格	推定値	0.077	0.098	0.009	－0.001	－0.013	0.069	1.901
		t値	2.546	3.129	0.928	－0.051	－1.010		
	BBB格	推定値	0.110	0.136	0.034	0.002	－0.025	0.132	1.043
		t値	2.101	2.548	2.065	0.107	－1.155		
中期 (3〜7)	AAA格	推定値	0.005	0.421	－0.004	－0.008	－0.021	0.611	2.014
		t値	0.182	13.639	－0.455	－0.626	－1.684		
	AA格	推定値	0.009	0.394	0.001	－0.000	－0.016	0.650	1.929
		t値	0.362	14.858	0.068	－0.038	－1.432		
	A格	推定値	0.071	0.377	0.013	0.006	－0.032	0.251	1.728
		t値	1.282	6.629	0.756	0.242	－1.361		
	BBB格	推定値	0.123	0.417	0.040	－0.006	－0.025	0.181	1.234
		t値	1.612	5.340	1.644	－0.172	－0.789		
長期 (7〜)	AAA格	推定値	－0.022	1.097	0.034	0.001	0.019	0.823	2.251
		t値	－0.478	23.288	2.328	0.065	1.005		
	AA格	推定値	－0.016	1.043	0.020	0.002	0.004	0.885	2.356
		t値	－0.467	29.817	1.817	0.113	0.307		
	A格	推定値	0.026	1.004	0.037	0.037	－0.004	0.583	1.716
		t値	0.343	13.030	1.534	1.103	－0.125		
	BBB格	推定値	0.001	0.881	0.087	0.022	－0.034	0.185	1.416
		t値	0.007	5.476	1.729	0.321	－0.523		

（出所）　筆者作成

図表3-17　タイプⅣで回帰分析した場合の格付、残存年数とベータ値の関係

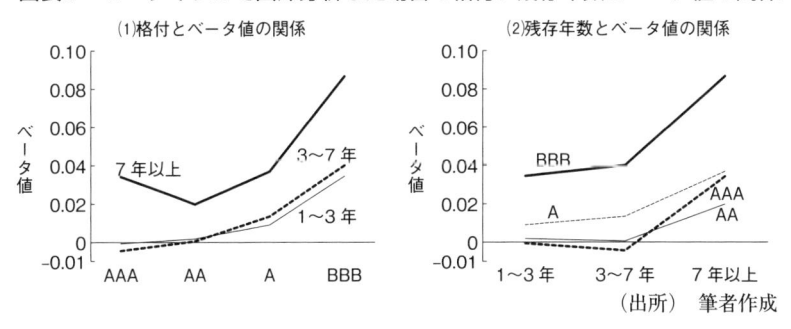

(1)格付とベータ値の関係

(2)残存年数とベータ値の関係

（出所）　筆者作成

第3章 負債コスト算出のための社債の期待リターン推定方法に関する考察

5 おわりに

　これまでの作業で、社債の期待リターン推定方法として、「財務データからデフォルト確率を推定して社債の期待リターンを求める方法」「格付情報からデフォルト確率を推定して社債の期待リターンを求める方法」「資本資産価格モデル（CAPM）が示したベータ値を含む2ファクターモデルとF&Fが示した3ファクターを含むマルチファクターモデル等から社債の期待リターンを求める方法」について確認した。財務データからデフォルト確率を推定する場合は、財務データさえそろえば個別企業のデフォルト確率が推定できるという利点があるものの、対象期間が1年もしくは1年未満となり、資本コストの推定には想定される期間が短すぎるという問題があった。

　一方、格付ごとの平均累積デフォルト率からデフォルト確率を推定する方法は、比較的入手が可能な格付ごと、残存ごとの平均累積デフォルト率があれば、想定している期間の長さに対応して、残存等を調整した社債の期待リターンが推定できる。しかし、同じ格付の企業は、デフォルト確率が同じになってしまうという問題点が存在する。格付ごとにベータ値を推定して社債の期待リターンを推定する方法は、格付ごとのリターン系列データが入手できれば、簡単な回帰分析からベータ値を推定でき、対象としている期間の国債の期待リターンとTOPIXの期待リターンを仮定することで、社債の期待リターンが推定できるが、格付ごとに平均累積デフォルト率からデフォルト確率を推定する方法と同様に、同じ格付の企業は、デフォルト確率が同じになってしまうという問題点が残る。

　今回検討した代表的な三つの方法は、各々一長一短あり、一概にどの方法が適切であるとは言いがたい。また、株式の期待リターンの推定値の推定誤差が大きいように、社債の場合にも個別企業の社債の期待リターンの推定値の推定誤差も大きいことが考えられる。推定精度の問題を考えると、今回の

方法を個別社債の投資判断に直接的に適用することはむずかしいものの、資本コスト推定作業に必要となる負債コスト推定には、実務への直接的な適用の可能性があると考えられる。

　本章では、社債の期待リターン推定の代表的な考え方を確認し、そのなかでも実務的で比較的容易に推定作業ができる三つの社債の期待リターン推定方法を具体的に確認してきた。個別企業の社債の期待リターン推定作業は、株式の期待リターンの推定作業と同様に定型的な方法がなく、分析者のスキルに依存した部分が多いことがわかる。したがって、社債の期待リターン推定作業には課題も多い。主な今後の検討課題として、つぎのようなものが考えられる。まず、今回確認した社債の期待リターン推定方法はどれも過去データに強く依存した方法である。

　一方、社債の期待リターンが必要とされる場合の大半は将来に向けてのものであり、想定されている期間は長い。過去データの依存度を低下させ、足元および将来の投資環境を推定作業のなかに取り込む工夫が必要である。また、社債の期待リターンも期間構造をもっており、この期間構造をどう社債の期待リターンに組み込むかも大きな課題である（負債コストは、本来期間構造を考慮した時点ごとの資本コストを推定する必要がある）。

　最後に、今回確認した利用可能な方法は、格付を基準としたグループをもとに推定されたものであり、このグループ内でも企業ごとにデフォルトリスクの大きさや市場ポートフォリオに対する感応度が異なることも少なくない。本来は個別企業単位での検討が望ましい。また、格付がされていない中小企業に対する負債の期待リターン推計に対するニーズも高い。これらの点はどれも重要な課題であり、今後の検討課題としたい。

第4章
ハードルレートとしての自己資本コストと投資戦略への応用

第4章 ハードルレートとしての自己資本コストと投資戦略への応用

概　要

　自己資本コストは企業が最低限確保しなければならない収益の水準、すなわち、企業経営者にとってのハードルレートとなる。また、株主（投資家）にとっても、投資対象企業の評価の基準値となる。本章では、ハードルレートとしての自己資本コストに着目し、自己資本コストを上回る利益をあげた企業の株主は、投資成果としてリターンを獲得できていたか、自己資本コストを考慮した指標が株式投資戦略を考えるうえでも有効なファクターになりうるかについて、他の代表的な利益関連指標とともに検討した。その結果、投資成果としてのリターン獲得には、自己資本コストをハードルレートとする残余利益に関する指標が重要であることを確認するとともに、株式投資戦略としても有効なファクターとなりうることを確認した（本章は、みずほ年金レポート2012年7／8月号 No.103に掲載された「日本株式市場における価格形成と株式集中投資」（菅原周一、青山祥一朗）を加筆、修正したものである）。

1 はじめに

　資産価値決定の基本的な考え方に従えば、株式価値は企業活動をするうえで必要となる費用をすべて差し引いた後に残された株主に帰属する利益であるフリーキャッシュフローを将来にわたって予測し、これらを割引率である自己資本コストにより現在価値に割り引いて総和をとったものとなる。したがって、株式（企業）に投資することにより得られるリターンは、このように計算される株価の変化により生まれることになり、将来のキャッシュフローに変化が生じるか、自己資本コストに変化が生じる場合にのみリターンが生まれることになる。また、損益計算書で計算される純利益と貸借対照表上の純資産の増減が一致する（クリーンサープラスの関係が成立）との仮定が置ければ、株式価値は純利益から自己資本に対して支払う費用（自己資本額と自己資本コストの積）を引いた残余利益を将来にわたって予測し、これらを割引率である自己資本コストにより現在価値に割り引いて総和をとり、これにその時点の自己資本を加えたものになる。したがって、自己資本コストは企業が最低限確保しなければならない収益の水準、すなわち、企業経営者にとってのハードルレートとなる。また、株主（投資家）にとっても、投資対象企業の評価の基準値となる。

　本章では、このハードルレートとしての自己資本コストに着目し、自己資本コストを上回る利益をあげた企業の株主は投資成果としてリターンを獲得できていたか、株主は自己資本コストを上回る利益をあげた企業への投資によりリターンの獲得ができていたかを目的として、過去データを使い確認する。もちろん、株価は短期的には投資家心理を含めたさまざまな要因によって変化するが、長期的には自己資本コストを上回る利益（残余利益）とリターンの間にはなんらかの関係がみられるはずである[1]。なお、日本株式市場に上場されている全銘柄に対して、過去にさかのぼって将来得られること

第4章 ハードルレートとしての自己資本コストと投資戦略への応用

が期待される株主に帰属するフリーキャッシュフローのデータをそろえることが事実上困難であったため、以下ではこれに代わるいくつかの利益関連指標の成長率を使い、リターンとの関係を検討した。

本章では、以下の内容について検討を行った。まず、次節では、過去の日本株式市場において長期的にみて市場全体が低迷していたにもかかわらず、プラスのリターンをあげていた企業が存在することを確認し、実績リターンと利益に関連するいくつかの代表的な指標の成長率との関係を確認する。3節では、これらの利益関連指標の成長率に加えて、(自己)資本コストを上回る利益に関する指標の成長率が高かった銘柄群から構築したポートフォリオのパフォーマンスを確認する。さらに、4節では、利益関連指標の投資戦略(特に少数銘柄による集中投資戦略)への応用可能性についても検討を行う。具体的には、ランキングだけではなくスクリーニング条件を加えてポートフォリオを安定化させた場合のパフォーマンス、このポートフォリオの下方リスクの大きさ、典型的なリスクモデルによるリスク特性等について検討を行うとともに、実務に適用した場合の頑健性についても確認する。そして、最後の5節では、自己資本コストを考慮した意思決定が企業経営者および株主にとって重要であることを確認するとともに今後の課題について整理する。なお、以下の分析では、データソースとして、日経メディアマーケティング株式会社の投資分析データベースサービスを使用している。

2 過去にパフォーマンスがよかった銘柄群の特徴

1989(平成元)年をピークとして、その後、日本株式市場は低迷を続け、

---

1 株式のリターンは投資家の期待の変化から生まれるが、期待の変化を過去にさかのぼって確認することができないため、代わりに実績リターンと利益に関する指標の成長率の長期的な関係をみることで確認した。厳密性には欠けるものの、全体の傾向は確認できると考えた。

同年12月末～2012（平成24）年の過去22年間で、TOPIXの年率の実績リターンの算術平均は－2.06％とマイナスのリターンとなり、1999（平成11）年12月末～2012（平成24）年の過去12年間でみても、－2.25％となっている。このような長期にわたる低迷は、日本株式市場に投資した投資家の期待を大きく裏切るものであり、日本株式市場への不信感を増大させた。TOPIXのような時価加重型の指標は、日本企業の平均的な株価の動きを示していることは確かであるが、これはあくまでも規模（時価総額）で重み付けした平均値であり、TOPIXのリターンよりも高いリターンをあげた銘柄もあれば、低いリターンしかあげられなかった銘柄も存在する。さらに、1989（平成元）年12月末以降の厳しい22年間でプラスのリターンが得られた銘柄も数は多くないものの存在する。

(1) リターンの大きさと銘柄分布の関係

図表4－1上段左に1989（平成元）年12月末～2012（平成24）年8月末の過去22年8カ月間で分析対象企業[2]があげたリターンの大きさと銘柄の分布を、図表4－1上段右に1999（平成11）年末～2012（平成24）年8月末の過去12年8カ月間で分析対象企業があげたリターンの大きさと銘柄の分布を、図表4－1下段に2004（平成16）年12月末～2012（平成24）年8月末の過去7年8カ月間で上場企業があげたリターンの大きさと銘柄の分布を示す。これらの分析結果から、プラスのリターンをあげていた銘柄は1989（平成元）年12月末～2012（平成24）年8月末の過去22年8カ月間では104銘柄（全体の約8.0％）、1999（平成11）年末～2012（平成24）年8月末の過去12年8カ月間では432銘柄（全体の約20.7％）、2004（平成16）年12月末～2012（平成24）年8月末の過去7年8カ月間からでは665銘柄（全体の約26.0％）であったことが確認された。

---

2 分析対象期間に上場されていた金融を除く全企業を対象としている。

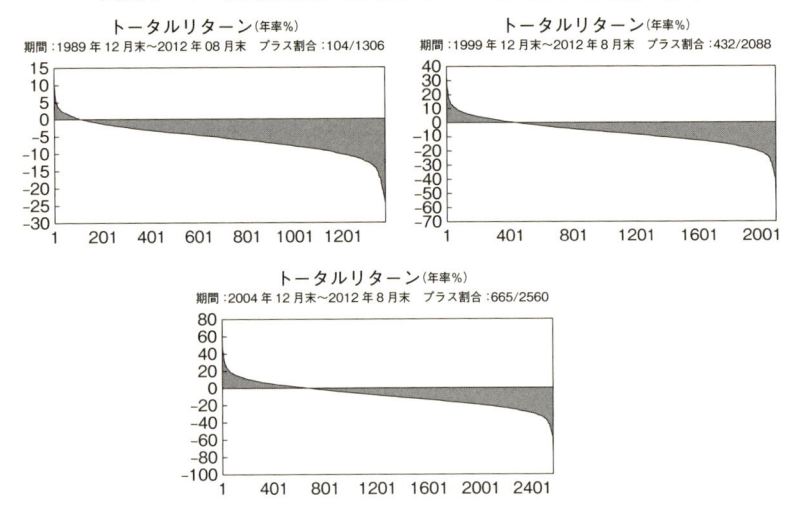

第4章 ハードルレートとしての自己資本コストと投資戦略への応用

図表4-1　上場企業があげたリターンの大きさと銘柄の分布

トータルリターン(年率%)
期間：1989年12月末〜2012年08月末　プラス割合：104/1306

トータルリターン(年率%)
期間：1999年12月末〜2012年8月末　プラス割合：432/2088

トータルリターン(年率%)
期間：2004年12月末〜2012年8月末　プラス割合：665/2560

（出所）　2010年11月あすかバリューアップファンド投資家総会資料を参考に、みずほ信託銀行にて更新して作成。

　一方、本来、基準とすべきリターンは自己資本コストであるため、対自己資本コストでの超過リターンと銘柄の関係を分析した結果を図表4-2、4-3に示す。自己資本コストについては、いくつかの推定方法が考えられるが、以下ではCAPMから推定した方法とF&Fの3ファクターモデルから推定した方法（FF3F）の二つの方法から自己資本コストに対する超過リターンを計算した結果を示す。

　まず、CAPMから自己資本コストを推定した場合の結果を図表4-2に示す。図表4-2上段左は1989（平成元）年12月末〜2012（平成24）年8月末の過去22年8カ月間で分析対象企業があげた自己資本コストに対する超過リターンの大きさと銘柄の分布、図表4-2上段右は1999（平成11）年末〜2012（平成24）年8月末の過去12年8カ月間で分析対象企業があげた自己資本コストに対する超過リターンの大きさと銘柄の分布、図表4-2下段は

図表4-2　上場企業があげた自己資本コストに対する超過リターンの大きさと銘柄の分布（CAPMで自己資本コストを算出した場合）

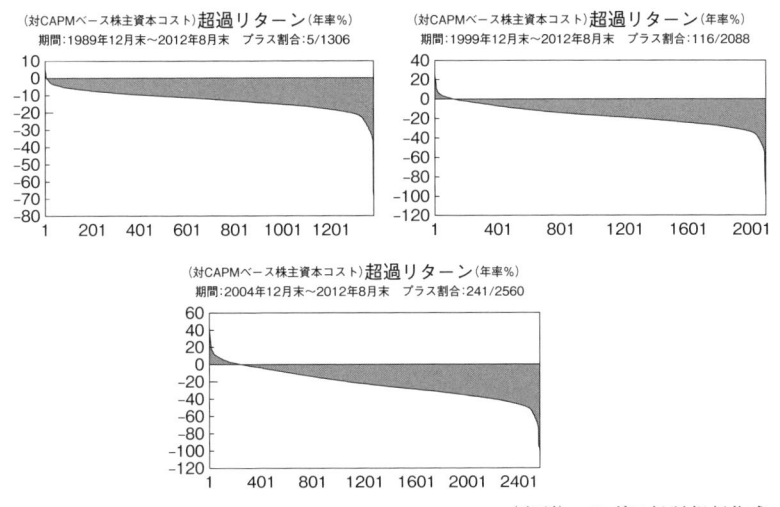

（対CAPMベース株主資本コスト）超過リターン（年率%）
期間：1989年12月末〜2012年8月末　プラス割合：5/1306

（対CAPMベース株主資本コスト）超過リターン（年率%）
期間：1999年12月末〜2012年8月末　プラス割合：116/2088

（対CAPMベース株主資本コスト）超過リターン（年率%）
期間：2004年12月末〜2012年8月末　プラス割合：241/2560

（出所）　みずほ信託銀行作成

2004（平成16）年12月末〜2012（平成24）年8月末の過去7年8カ月間で上場企業があげた自己資本コストに対する超過リターンの大きさと銘柄の分布である。これらの分析結果から、プラスのリターンをあげていた銘柄は1989（平成元）年12月末〜2012年8月末の過去22年8カ月間では5銘柄（全体の約0.4%）、1999（平成11）年末〜2012（平成24）年8月末の過去12年8カ月間では116銘柄（全体の約5.6%）、2004（平成16）年12月末〜2012（平成24）年8月末の過去7年8カ月間からでは241銘柄（全体の約9.4%）であったことが確認された。

次に、FF3Fから自己資本コストを推定した場合の結果を図表4-3に示す。図表4-3上段左は1989（平成元）年12月末〜2012（平成24）年8月末の過去22年8カ月間で分析対象企業があげた自己資本コストに対する超過リターンの大きさと銘柄の分布、図表4-3上段右は1999（平成11）年末〜

第4章 ハードルレートとしての自己資本コストと投資戦略への応用

図表4－3 上場企業があげた自己資本コストに対する超過リターンの大きさと銘柄の分布（FF3Fで自己資本コストを算出した場合）

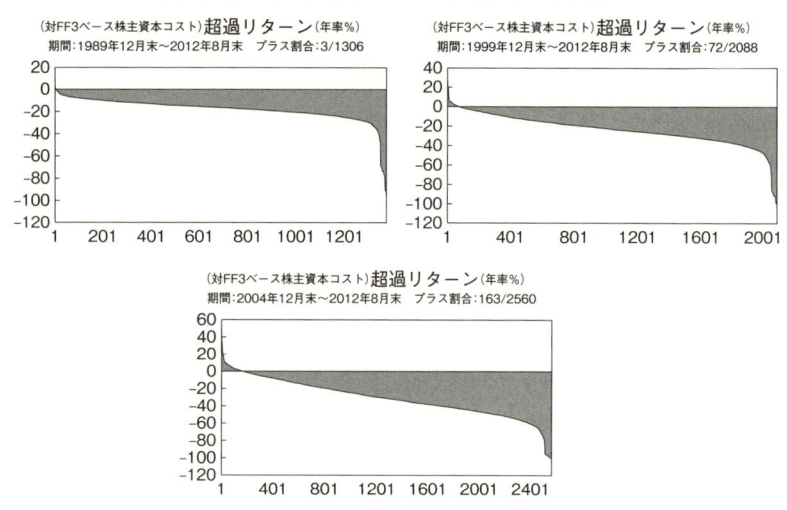

（対FF3ベース株主資本コスト）超過リターン（年率%）
期間：1989年12月末～2012年8月末　プラス割合：3/1306

（対FF3ベース株主資本コスト）超過リターン（年率%）
期間：1999年12月末～2012年8月末　プラス割合：72/2088

（対FF3ベース株主資本コスト）超過リターン（年率%）
期間：2004年12月末～2012年8月末　プラス割合：163/2560

（出所）　みずほ信託銀行作成

2012（平成24）年8月末の過去12年8カ月間で分析対象企業があげた自己資本コストに対する超過リターンの大きさと銘柄の分布、図表4－3下段は2004（平成16）年12月末～2012（平成24）年8月末の過去7年8カ月間で上場企業があげた自己資本コストに対する超過リターンの大きさと銘柄の分布である。これらの分析結果から、プラスのリターンをあげていた銘柄は1989（平成元）年12月末～2012（平成24）年8月末の過去22年8カ月間では3銘柄（全体の約0.2%）、1999（平成11）年末～2012（平成24）年8月末の過去12年8カ月間では72銘柄（全体の約5.6%）、2004（平成16）年12月末～2012（平成24）年8月末の過去7年8カ月間からでは163銘柄（全体の約9.4%）であったことが確認された。自己資本コストを超えるリターンをあげることができた銘柄は存在するものの、全体としての割合は非常に低いことがわかる（なお、自己資本コスト推定方法の違いは、プラスの超過リターンをあげた銘柄数という

意味ではそれほど大きくなかった)。企業は、自己資本コストを上回るリターンを獲得することが期待されており、一部を除いた大多数の銘柄群は投資家の期待に応えられていないことがわかる。

(2) リターンの大きさと銘柄利益の関係

次に、リターンの大きさと銘柄の利益に関する特徴（配当に関する特徴も含む）を確認するために、株式リターンの大きい順にランキングを行い、10分割した各分位の売上高成長率、営業利益成長率、経常利益成長率、当期利益成長率、総資産営業利益率、配当利回りの該当期間の平均値（単純平均）との関係を示した結果を図表4－4～4－9に示す。これらの結果をみると、売上高成長率、営業利益成長率、経常利益成長率、当期利益成長率、総資産営業利益率は、リターンでランキングして10分位に分けたポートフォリオとほぼ正の比例関係にあることがわかる。これらの結果は長期的、平均的な事後の関係であるが、これらの利益等に関連する成長率や利益率で表された変数がある程度予測できれば、相対的に高いリターンを期待できる銘柄群を特定できることがわかる。また、配当利回りに関しては、他のファクターほど明確な線形関係はないものの、傾向として配当利回りが低い銘柄群のリターンが低いことがわかる。分母の株価に対して、配当額の低い銘柄、もしくは無配の銘柄のリターンが低いことになる[3]。

(3) リターンの大きさと自己資本コスト・資本コストの関係

最後に、リターンの大きさと自己資本コスト、資本コストに関する特徴を確認するために、株式リターンの大きい順にランキングを行い、10分割した各分位の自己資本コスト（CAPMとFF3Fの各々をベース）、資本コスト（CAPM

---

[3] 成長機会を多くもつ企業は、配当を抑えて新たな成長機会への新規投資を積極的に行うことで、さらに投資家の利益が高まるはずであるが、内部留保された資金が効率的に活用されるとは限らないという指摘もある。

第4章 ハードルレートとしての自己資本コストと投資戦略への応用

図表4-4 リターンで10分位にランキングしたポートフォリオと売上高成長率の関係

(出所) みずほ信託銀行作成

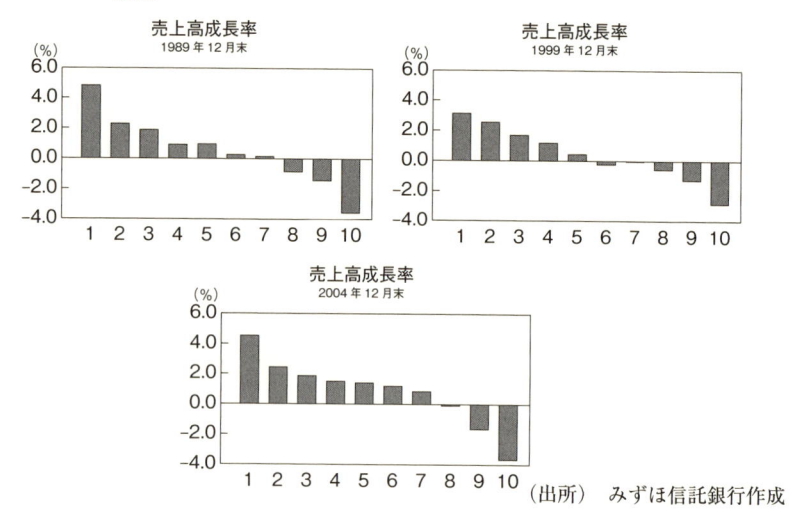

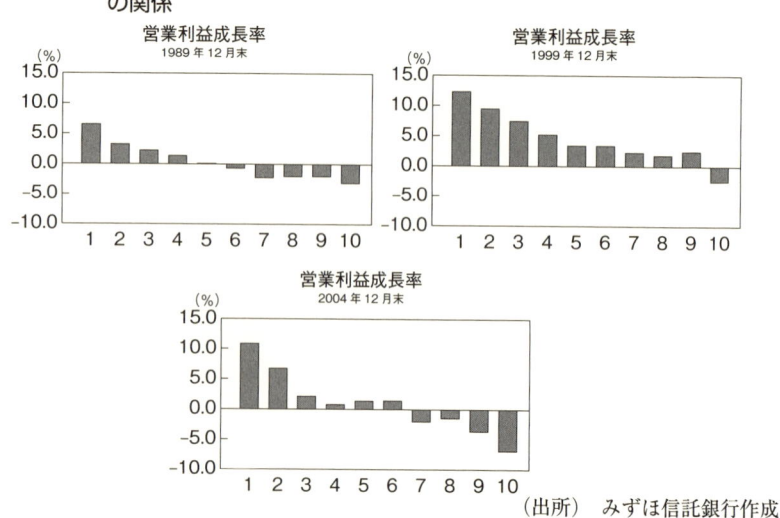

図表4-5 リターンで10分位にランキングしたポートフォリオと営業利益成長率の関係

(出所) みずほ信託銀行作成

図表4－6　リターンで10分位にランキングしたポートフォリオと経常利益成長率の関係

経常利益成長率 1989年12月末

経常利益成長率 1999年12月末

経常利益成長率 2004年12月末

（出所）みずほ信託銀行作成

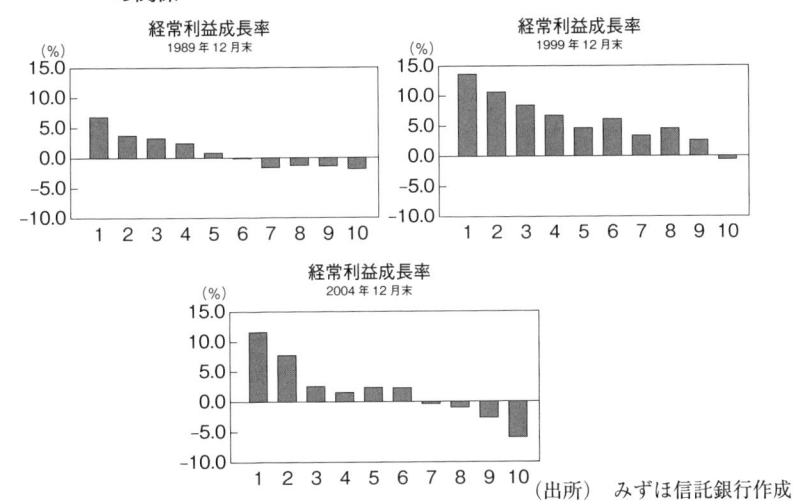

図表4－7　リターンで10分位にランキングしたポートフォリオと当期利益成長率の関係

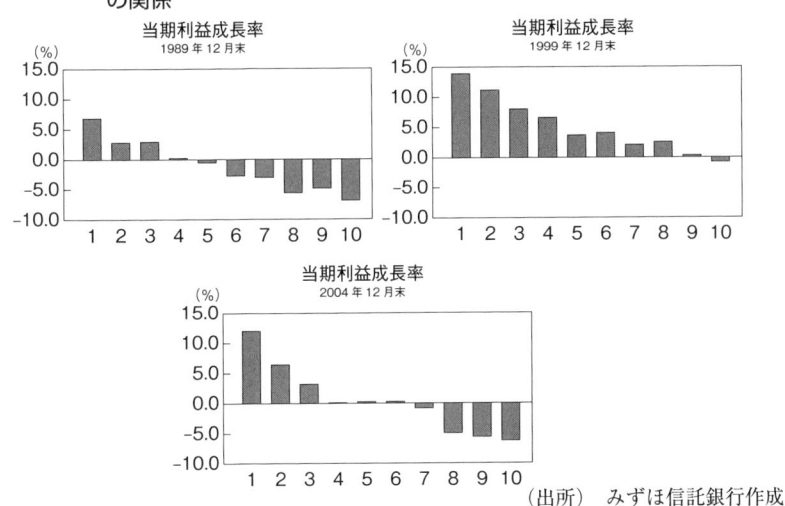

当期利益成長率 1989年12月末

当期利益成長率 1999年12月末

当期利益成長率 2004年12月末

（出所）みずほ信託銀行作成

第4章 ハードルレートとしての自己資本コストと投資戦略への応用

図表4-8 リターンで10分位にランキングしたポートフォリオと総資産営業利益率の関係

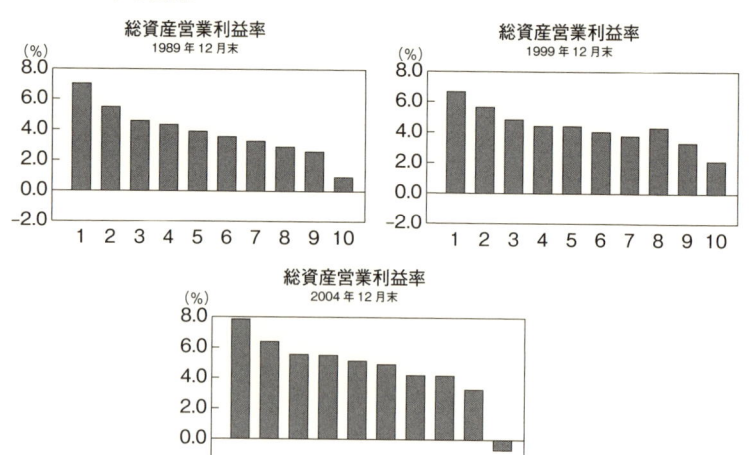

総資産営業利益率 1989年12月末

総資産営業利益率 1999年12月末

総資産営業利益率 2004年12月末

(出所) みずほ信託銀行作成

図表4-9 リターンで10分位にランキングしたポートフォリオと配当利回りの関係

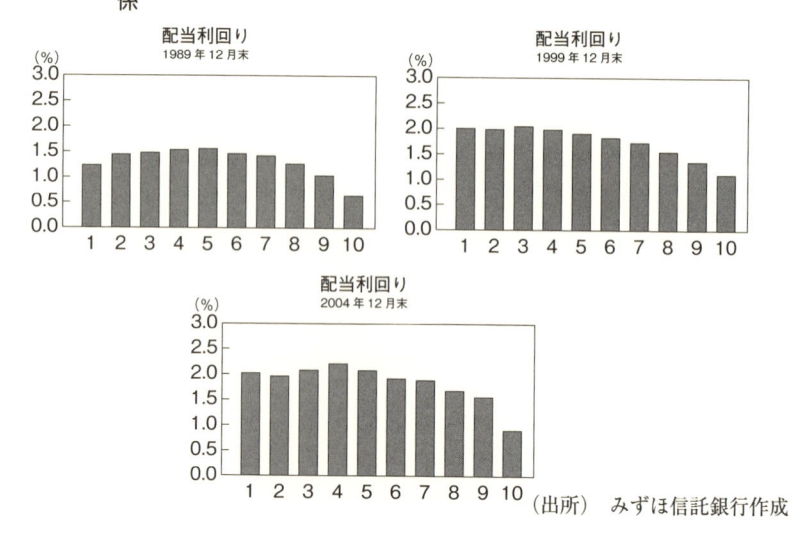

配当利回り 1989年12月末

配当利回り 1999年12月末

配当利回り 2004年12月末

(出所) みずほ信託銀行作成

とFF3Fの各々をベース)の該当期間の平均値(単純平均)との関係を示した結果を図表4-10～4-13に示す。これらの結果をみると、自己資本コストに関しては、1999(平成11)年12月末～2012(平成24)年8月末の過去12年8カ月間の結果では、特にF&Fの3ファクターモデル(FF3F)で推定した場合に、リターンの高低に関係なく自己資本コストは、ほぼ一定という関係がみられた。しかし、1989(平成元)年12月末～2012(平成24)年8月末の過去22年8カ月間と2004(平成16)年12月末～2012(平成24)年8月末の過去7年8カ月間の結果では、明確ではないものの、リターンの高かった銘柄群の自己資本コストは低く、リターンの低かった銘柄群の自己資本コストは高かったことが確認できた。

資本コストに関しても傾向は自己資本コストとほぼ同じであるが、1989(平成元)年12月末～2012(平成24)年8月末の過去22年8カ月間と1999(平成11)年12月末～2012(平成24)年8月末の過去12年8カ月間の結果では、

図表4-10　リターンで10分位にランキングしたポートフォリオと自己資本コスト(CAPMベース)の関係

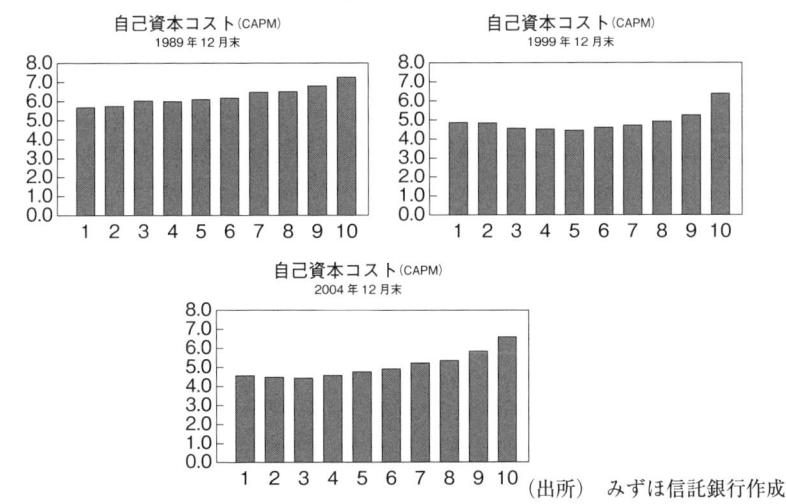

(出所) みずほ信託銀行作成

第4章 ハードルレートとしての自己資本コストと投資戦略への応用

リターンの大きさと資本コストの間には明確な関係がみられなかった。なお、2004（平成16）年12月末～2012（平成24）年8月末の過去7年8カ月間の結果では、明確ではないものの、リターンの高かった銘柄群の資本コストは低く、リターンの低かった銘柄群の資本コストは高かったことが確認できた。

株主は、自己資本コストを上回るリターンを要求し、企業経営者はこの要求を最低限のハードルレートとして企業経営を行うことになるが、直近の2004（平成16）年12月末～2012（平成24）年8月末の過去7年8カ月間の結果に着目すると、実現リターンが相対的に低かった銘柄群の自己資本コスト（あるいは、資本コスト）は高い傾向がみられ、自己資本コスト（あるいは、資本コスト）が高い企業ほど、投資家の期待に応えられていない可能性が高いことが確認された。

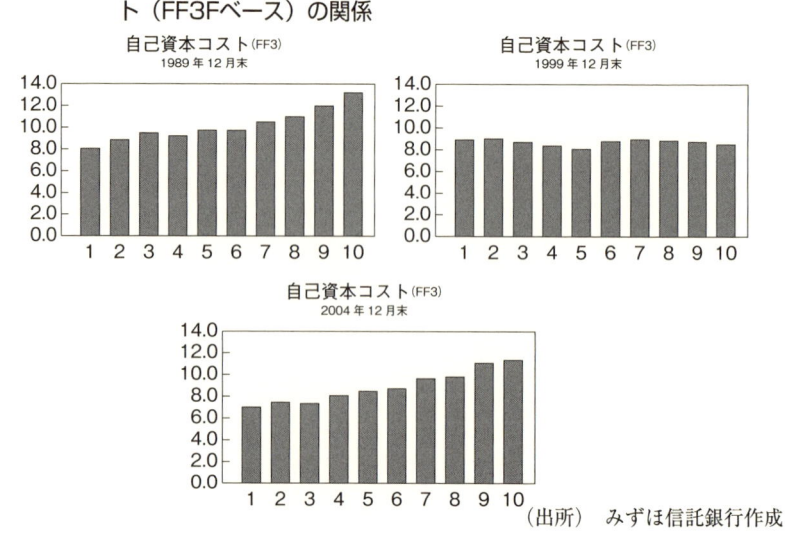

図表4-11 リターンで10分位にランキングしたポートフォリオと自己資本コスト（FF3Fベース）の関係

（出所）みずほ信託銀行作成

図表4−12　リターンで10分位にランキングしたポートフォリオと資本コスト
　　　　　（CAPMベース）の関係

資本コスト(CAPM) 1989年12月末

資本コスト(CAPM) 1999年12月末

資本コスト(CAPM) 2004年12月末

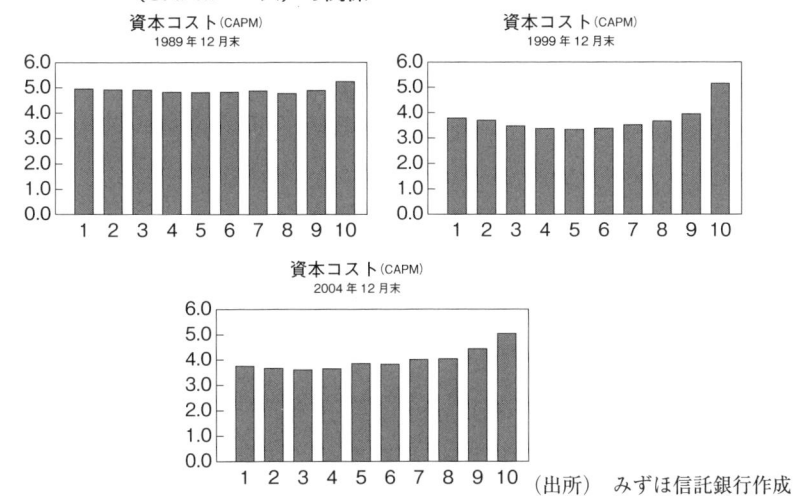

（出所）　みずほ信託銀行作成

図表4−13　リターンで10分位にランキングしたポートフォリオと資本コスト
　　　　　（FF3Fベース）の関係

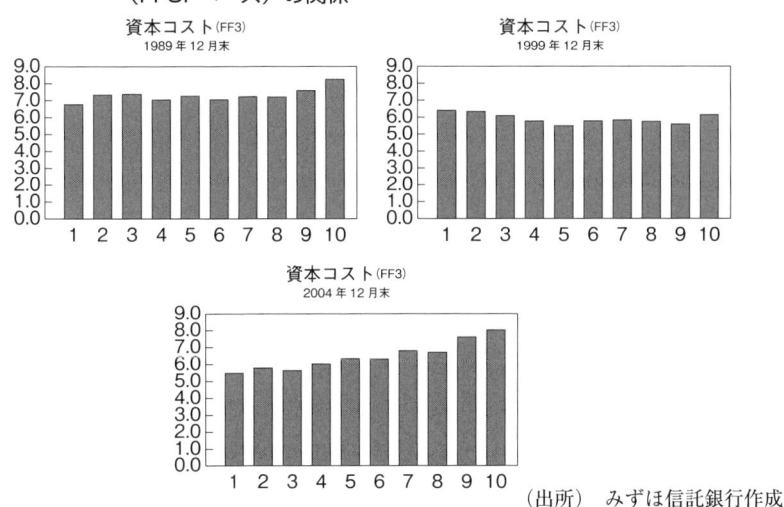

資本コスト(FF3) 1989年12月末

資本コスト(FF3) 1999年12月末

資本コスト(FF3) 2004年12月末

（出所）　みずほ信託銀行作成

第4章 ハードルレートとしての自己資本コストと投資戦略への応用

▶3 自己資本コストを上回る残余利益を含む利益関連指標とポートフォリオのパフォーマンス

これまでの分析で、株式のその後のリターンは、利益に関する成長率や利益率、配当利回りと関係があることが確認できた。以下では、実際にこれらの指標をもとに複数の銘柄を選択してポートフォリオを構築した場合のその後のパフォーマンスを確認するとともに、企業経営のハードルレートである自己資本コストを上回る株主に帰属する利益をあげることができていたか、資本コストを上回る全資本提供者に帰属する利益をあげることができていたかについても確認を行う。なお、株主に帰属する利益としてはフリーキャッシュフローを計算する必要があるが、データ面の制約のため、当期利益で代用している。

自己資本コストと資本コストは、CAPMから推定する方法とF&Fの3ファクターモデルから推定する方法の2種類を使用している。したがって、銘柄選択の尺度としては、①配当成長率、②当期利益成長率、③経常利益成長率、④営業利益成長率、⑤フリーキャッシュフロー（FCF）成長率に、⑥当期利益−自己資本コスト（CAPM）、⑦当期利益−自己資本コスト（FF3F）、⑧FCF−WACC（CAPM）、⑨FCF−WACC（FF3F）を加えた九つの指標を使い銘柄選択の尺度とした。

フリーキャッシュフロー（FCF）はデータ面の制約から2001（平成13）年から計算し、FCFの成長率は5年分のデータから算出したため2005（平成17）年からとなった（9種類の指標がすべてそろうのは2005（平成17）年〜2012（平成24）年まで）。ポートフォリオの銘柄数は30銘柄、50銘柄、100銘柄の三つのケースについて行った。分析期間は、

① 1990（平成2）年6月〜2012（平成24）年5月末までの22年間（264カ月）

② 2000（平成12）年6月〜2012（平成24）年5月末までの12年間（144カ月）

③ 2005（平成17）年6月～2012（平成24）年5月末までの7年間（84カ月）

の三つの期間で行っているが、九つの指標がすべてそろうのが2005（平成17）年6月からの7年間であるため、この期間に特に着目して以降の検討は行った。上位30銘柄（上段）、50銘柄（中段）、100銘柄（下段）でポートフォリオを構築した場合の分析結果を図表4－14、九つのデータがすべてそろった2005（平成17）年～2011（平成23）年の分析結果を図表4－15に示す。

図表4－14上段と図表4－15上段左上の30銘柄でポートフォリオを構築した場合の結果（2005（平成17）年6月～2012（平成24）年5月末）をみると、
① 配当成長率
② 当期利益成長率
③ 経常利益成長率
④ 営業利益成長率

の四つの指標から構築したポートフォリオのリターンは、この間マイナスでリスク水準も20％台と高い。結果として、シャープレシオ（SR）はマイナスの値となっている。一方、
⑤ FCF成長率
⑥ 当期利益－自己資本コスト（CAPM）
⑦ 当期利益－自己資本コスト（FF3F）
⑧ FCF－WACC（CAPM）
⑨ FCF－WACC（FF3F）

の五つの指標から構築したポートフォリオのリターンはこの間プラスであり、リスク水準も10％台後半から20％台前半と①から④のリスクと比較して低い。結果として、シャープレシオ（SR）はプラスの値となっている。特に、⑦当期利益－自己資本コスト（FF3F）のリターンが高いこともあり、九つの指標のなかでは、シャープレシオが0.31と最も高い値となった。また、⑧FCF－WACC（CAPM）、⑨FCF－WACC（FF3F）はリスク水準が18％程

第4章 ハードルレートとしての自己資本コストと投資戦略への応用

図表4−14 利益関連指標の成長率が高い上位30/50/100銘柄のパフォーマンス

30銘柄		配当成長率	当期利益成長率	経常利益成長率	営業利益成長率	FCF成長率	当期利益−自己資本コスト（CAPM）	当期利益−自己資本コスト（FF3）	FCF−WACC（CAPM）	FCF−WACC（FF3）
1990〜2012	平均	0.15	−0.41	1.47	0.76					
	標準偏差	26.65	28.67	30.35	29.21					
	SR	0.01	−0.01	0.05	0.03					
2000〜2012	平均	2.76	7.00	7.95	5.82		6.56	13.51		
	標準偏差	21.65	25.90	29.30	29.26		17.59	21.21		
	SR	0.13	0.27	0.27	0.20		0.37	0.64		
2005〜2012	平均	−1.78	−2.04	−1.46	−4.21	2.46	0.34	7.25	3.65	3.69
	標準偏差	22.93	25.12	27.94	28.75	19.61	20.19	23.31	17.97	17.78
	SR	−0.08	−0.08	−0.05	−0.15	0.13	0.02	0.31	0.20	0.21

50銘柄		配当成長率	当期利益成長率	経常利益成長率	営業利益成長率	FCF成長率	当期利益−自己資本コスト（CAPM）	当期利益−自己資本コスト（FF3）	FCF−WACC（CAPM）	FCF−WACC（FF3）
1990〜2012	平均	2.34	0.22	1.23	1.62					
	標準偏差	27.10	28.37	28.96	28.53					
	SR	0.09	0.01	0.04	0.06					
2000〜2012	平均	6.14	7.29	7.57	7.02		6.21	11.68		
	標準偏差	22.80	25.91	26.97	27.54		17.13	19.96		
	SR	0.27	0.28	0.28	0.25		0.36	0.59		
2005〜2012	平均	−0.07	1.34	−1.84	−3.76	0.52	0.03	5.92	3.97	4.04
	標準偏差	23.33	25.26	26.36	27.04	18.98	19.75	21.93	17.62	18.01
	SR	−0.00	0.05	−0.07	−0.14	0.03	0.00	0.27	0.23	0.22

100銘柄		配当成長率	当期利益成長率	経常利益成長率	営業利益成長率	FCF成長率	当期利益−自己資本コスト（CAPM）	当期利益−自己資本コスト（FF3）	FCF−WACC（CAPM）	FCF−WACC（FF3）
1990〜2012	平均	2.05	0.61	−0.03	0.71					
	標準偏差	25.83	27.34	28.21	27.51					
	SR	0.08	0.02	−0.00	0.03					
2000〜2012	平均	7.23	5.97	5.04	6.34		7.04	10.95		
	標準偏差	22.20	24.44	25.38	25.53		16.67	20.53		
	SR	0.33	0.24	0.20	0.25		0.42	0.53		
2005〜2012	平均	1.38	0.28	−3.51	−3.02	1.60	1.80	5.65	2.98	3.38
	標準偏差	22.37	24.46	25.54	25.11	18.49	18.89	22.45	17.64	17.22
	SR	0.06	0.01	−0.14	−0.12	0.09	0.10	0.25	0.17	0.20

（出所） みずほ信託銀行作成

図表4－15　利益関連指標の成長率が高い上位30/50/100銘柄のパフォーマンス（2005年6月～2012年5月末）

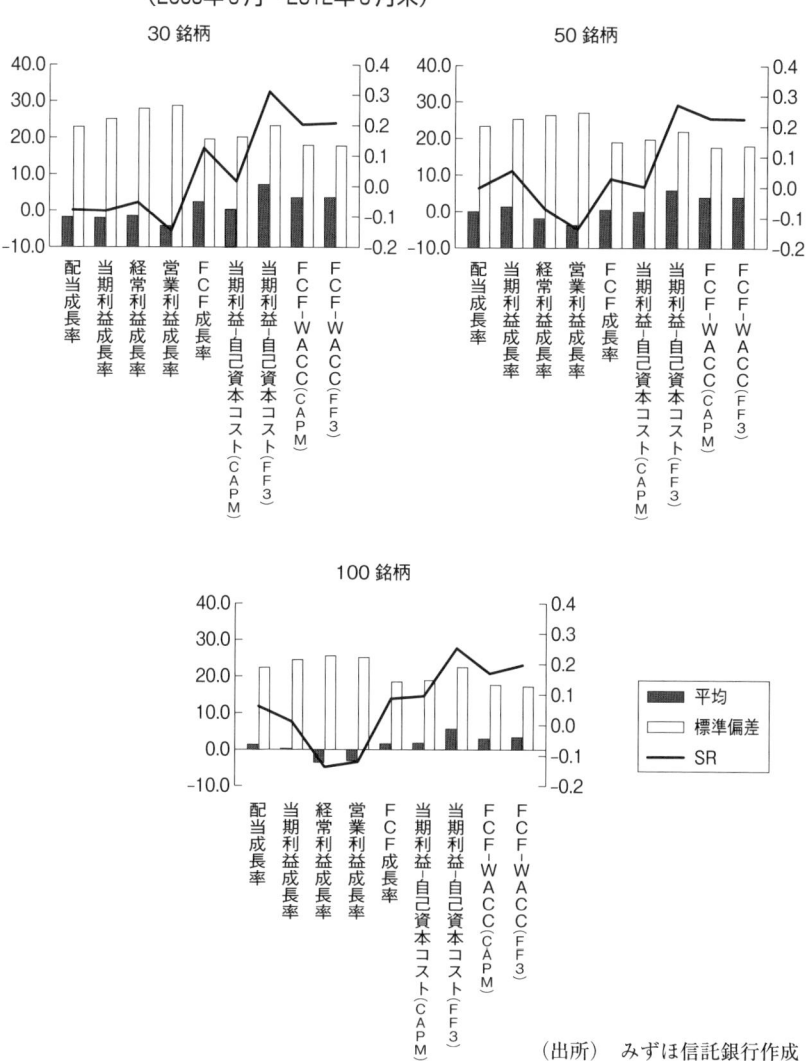

30銘柄／50銘柄／100銘柄それぞれについて、配当成長率、当期利益成長率、経常利益成長率、営業利益成長率、FCF成長率、当期利益－自己資本コスト(CAPM)、当期利益－自己資本コスト(FF3)、FCF-WACC(CAPM)、FCF-WACC(FF3)の平均・標準偏差・SR。

凡例：■ 平均　□ 標準偏差　― SR

（出所）みずほ信託銀行作成

第4章 ハードルレートとしての自己資本コストと投資戦略への応用

度と変動性が小さい安定したポートフォリオとなっている。この特徴は、銘柄数がふえて、50銘柄、100銘柄となっても大きく変わらないことが確認できる（標準偏差は平均的には低下しているがそれほど大きな変化はみられない）。他の50銘柄（図表4-14中段および図表4-15上段右上）、100銘柄（図表4-14の下段および図表4-15の下段）も同様の傾向があることが確認できる。例外として⑥当期利益－自己資本コスト（CAPM）を指標とした30、50銘柄の場合があるが、2000（平成12）年6月〜2012（平成24）年5月末の分析結果では、30、50、100銘柄のすべてのシャープレシオが指標①から⑤と比較して高い値となっていることから、「株主に帰属する超過利益」と「全資本提供者に帰属する超過利益」に着目することの有効性は、少なくとも今回の前提条件のもとでは実証面でも確認されたといえる。

以上のことから、単純な利益成長率よりも（自己）資本コストを考慮した超過利益の成長率と株式の実績リターンの間にはなんらかの関連があることが確認できた。ハードルレートを上回る高い利益を生み出した企業ほど、株式リターンは高くなり、投資家の期待に応えたことになる。

4 自己資本コストを上回る残余利益を含む利益関連指標の投資戦略への応用の可能性

以下では、ここまでに検討してきた九つの指標を使い、少数銘柄による株式ポートフォリオ戦略への応用を検討する。具体的には、本章3節で行った簡単なランキングポートフォリオの安定性を高めたスクリーニングとランキングによる少数銘柄ポートフォリオのパフォーマンスを確認する。また、下方リスクの大きさやリスク特性についても確認を行い、特徴の有無をリスクモデルから確認する。

(1) スクリーニングとランキングによる少数銘柄ポートフォリオのパフォーマンス

単一指標でのランキング上位の銘柄では、安定性に欠ける可能性があるため、予備分析の結果、単一指標のランキングに加えて、

① 総資産営業利益率の変動性≦1％
② 総資産営業利益率の変動性≦1％ and 総資産営業利益率≧5％

の二つをスクリーニング条件としてポートフォリオを構築した。

まず、ポートフォリオの安定性を高めるために、ランキング前にスクリーニング条件を一つ加えた場合について検討した。スクリーニング条件として、「総資産営業利益率の変動性≦1％」を加えた場合の上位30/50/100銘柄のパフォーマンスを前述の三つの期間に対して算出した結果を図表4-16に示す。期間は短いものの、すべてのデータがそろっている2005（平成17）年6月～2012（平成24）年5月末の結果をみると、⑦当期利益－自己資本コスト（FF3F）、⑧FCF－WACC（CAPM）、⑨FCF－WACC（FF3F）の三つの指標を使ったポートフォリオのリターンが高く、リスクが相対的に低いことが確認できる。

したがって、これら三つのポートフォリオのシャープレシオも高い結果となった。これら三つの指標は、資本に対応したコストを引いた後の利益である超過利益（株主に帰属する超過利益と全資本提供者に帰属する超過利益の両方）に着目したものである。一方、例外として⑥当期利益－自己資本コスト（CAPM）を指標としたポートフォリオのパフォーマンスが30、50銘柄の場合、低い値となった。しかし、100銘柄のポートフォリオではSRが高い値になっていること（リターンの値が上昇）、2000（平成12）年6月～2012（平成24）年5月末の分析結果では、30、50、100銘柄のすべてのシャープレシオが高い値となっていることから、「株主に帰属する超過利益」と「全資本提供者に帰属する超過利益」に着目することの有効性は、少なくとも今回の前

第4章 ハードルレートとしての自己資本コストと投資戦略への応用

図表4－16 スクリーニング条件を加えた場合の上位30/50/100銘柄のその後のパフォーマンス（スクリーニング条件：総資産営業利益率の変動性 ≦ 1％）

30銘柄		配当成長率	当期利益成長率	経常利益成長率	営業利益成長率	FCF成長率	当期利益－自己資本コスト（CAPM）	当期利益－自己資本コスト（FF3）	FCF－WACC（CAPM）	FCF－WACC（FF3）
1990～2012	平均	2.30	0.73	1.15	0.26					
	標準偏差	24.29	24.05	24.95	21.96					
	SR	0.09	0.03	0.05	0.01					
2000～2012	平均	6.60	7.64	8.97	8.04		7.08	6.48		
	標準偏差	20.11	19.10	20.83	18.22		15.19	17.73		
	SR	0.33	0.40	0.43	0.44		0.47	0.37		
2005～2012	平均	－0.70	0.05	3.66	1.58	0.85	1.25	2.09	1.90	2.67
	標準偏差	20.27	18.35	20.05	17.16	15.33	16.60	19.74	14.08	13.24
	SR	－0.03	0.00	0.18	0.09	0.06	0.08	0.11	0.14	0.20

50銘柄		配当成長率	当期利益成長率	経常利益成長率	営業利益成長率	FCF成長率	当期利益－自己資本コスト（CAPM）	当期利益－自己資本コスト（FF3）	FCF－WACC（CAPM）	FCF－WACC（FF3）
1990～2012	平均	2.46	1.06	1.40	1.03					
	標準偏差	23.22	23.26	24.27	21.83					
	SR	0.11	0.05	0.06	0.05					
2000～2012	平均	6.82	7.00	8.04	7.72		6.50	6.95		
	標準偏差	18.98	18.07	19.80	18.30		14.72	16.32		
	SR	0.36	0.39	0.41	0.42		0.44	0.43		
2005～2012	平均	0.23	0.82	0.68	1.05	1.38	1.25	2.80	2.64	2.97
	標準偏差	19.67	17.34	18.87	17.95	14.58	15.80	17.35	13.07	14.17
	SR	0.01	0.05	0.04	0.06	0.09	0.08	0.16	0.20	0.21

100銘柄		配当成長率	当期利益成長率	経常利益成長率	営業利益成長率	FCF成長率	当期利益－自己資本コスト（CAPM）	当期利益－自己資本コスト（FF3）	FCF－WACC（CAPM）	FCF－WACC（FF3）
1990～2012	平均	1.95	0.73	1.34	1.69					
	標準偏差	21.50	21.73	23.10	21.71					
	SR	0.09	0.03	0.06	0.08					
2000～2012	平均	6.19	6.62	7.32	7.56		6.80	8.02		
	標準偏差	17.04	16.99	18.83	17.75		14.26	16.17		
	SR	0.36	0.39	0.39	0.43		0.48	0.50		
2005～2012	平均	1.66	0.92	0.77	2.06	0.89	2.21	2.49	2.17	2.07
	標準偏差	18.13	16.38	18.29	17.51	15.00	15.32	16.19	14.61	14.43
	SR	0.09	0.06	0.04	0.12	0.06	0.14	0.15	0.15	0.14

（出所） みずほ信託銀行作成

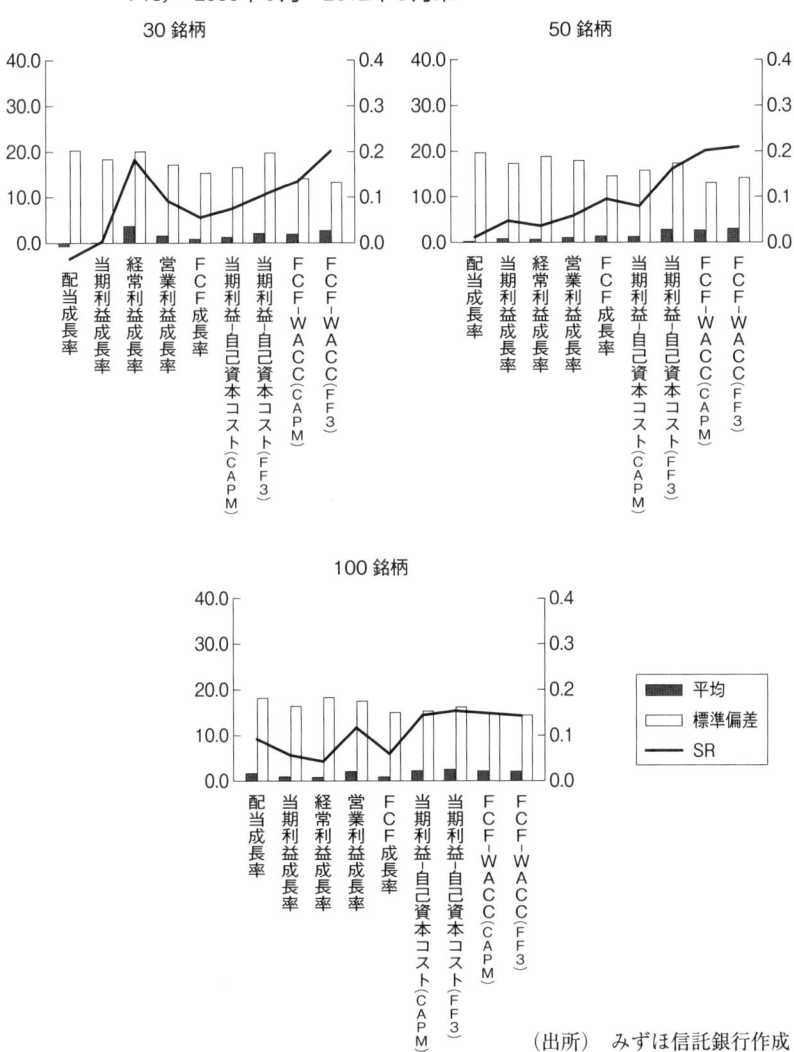

図表4-17 スクリーニング条件を加えた場合の上位30/50/100銘柄のその後のパフォーマンス（スクリーニング条件：総資産営業利益率の変動性≦1％）：2005年6月～2012年5月末

30銘柄

50銘柄

100銘柄

凡例：
- 平均
- 標準偏差
- SR

横軸項目（各グラフ共通）：配当成長率／当期利益成長率／経常利益成長率／営業利益成長率／FCF成長率／当期利益－自己資本コスト（CAPM）／当期利益－自己資本コスト（FF3）／FCF-WACC（CAPM）／FCF-WACC（FF3）

（出所）みずほ信託銀行作成

第4章 ハードルレートとしての自己資本コストと投資戦略への応用

図表4－18 スクリーニング条件を加えた場合の上位30/50/100銘柄のパフォーマンス（スクリーニング条件：「総資産営業利益率の変動性≦1％」AND「総資産営業利益率≧5％」）

30銘柄		配当成長率	当期利益成長率	経常利益成長率	営業利益成長率	FCF成長率	当期利益－自己資本コスト（CAPM）	当期利益－自己資本コスト（FF3）	FCF－WACC（CAPM）	FCF－WACC（FF3）
1990～2012	平均	1.20	2.09	1.80	2.68					
	標準偏差	21.44	21.81	22.03	22.69					
	SR	0.06	0.10	0.08	0.12					
2000～2012	平均	3.55	5.64	6.25	6.22		5.69	7.93		
	標準偏差	16.33	17.07	18.29	18.34		13.91	14.42		
	SR	0.22	0.33	0.34	0.34		0.41	0.55		
2005～2012	平均	－0.29	2.83	1.69	1.07	3.29	3.01	3.97	3.32	3.44
	標準偏差	17.27	17.87	19.09	19.07	14.33	15.55	15.19	14.46	14.16
	SR	－0.02	0.16	0.09	0.06	0.23	0.19	0.26	0.23	0.24

50銘柄		配当成長率	当期利益成長率	経常利益成長率	営業利益成長率	FCF成長率	当期利益－自己資本コスト（CAPM）	当期利益－自己資本コスト（FF3）	FCF－WACC（CAPM）	FCF－WACC（FF3）
1990～2012	平均	1.38	1.38	1.28	1.84					
	標準偏差	20.53	20.51	20.67	21.04					
	SR	0.07	0.07	0.06	0.09					
2000～2012	平均	3.92	5.50	5.23	5.15		6.05	6.74		
	標準偏差	15.16	16.39	16.73	17.09		13.90	13.56		
	SR	0.26	0.34	0.31	0.30		0.44	0.50		
2005～2012	平均	0.78	2.66	1.98	1.78	2.26	2.17	2.35	2.78	3.34
	標準偏差	16.12	17.73	17.76	18.51	14.21	15.75	14.81	13.93	14.86
	SR	0.05	0.15	0.11	0.10	0.16	0.14	0.16	0.20	0.22

100銘柄		配当成長率	当期利益成長率	経常利益成長率	営業利益成長率	FCF成長率	当期利益－自己資本コスト（CAPM）	当期利益－自己資本コスト（FF3）	FCF－WACC（CAPM）	FCF－WACC（FF3）
1990～2012	平均	1.68	1.38	1.12	1.41					
	標準偏差	19.07	19.22	19.36	19.42					
	SR	0.09	0.07	0.06	0.07					
2000～2012	平均	4.85	5.30	4.55	4.50		5.39	5.51		
	標準偏差	13.98	14.74	15.18	15.52		13.32	13.02		
	SR	0.35	0.36	0.30	0.29		0.40	0.42		
2005～2012	平均	1.47	2.97	1.74	2.30	1.44	1.76	1.96	1.48	1.85
	標準偏差	15.34	16.43	16.86	17.28	14.28	14.70	14.30	13.84	14.22
	SR	0.10	0.18	0.10	0.13	0.10	0.12	0.14	0.11	0.13

（出所）　みずほ信託銀行作成

図表4-19 スクリーニング条件を加えた場合の上位30/50/100銘柄のパフォーマンス（スクリーニング条件：「総資産営業利益率の変動性≦1％」AND「総資産営業利益率≧5％」）：2005年6月～2012年5月末

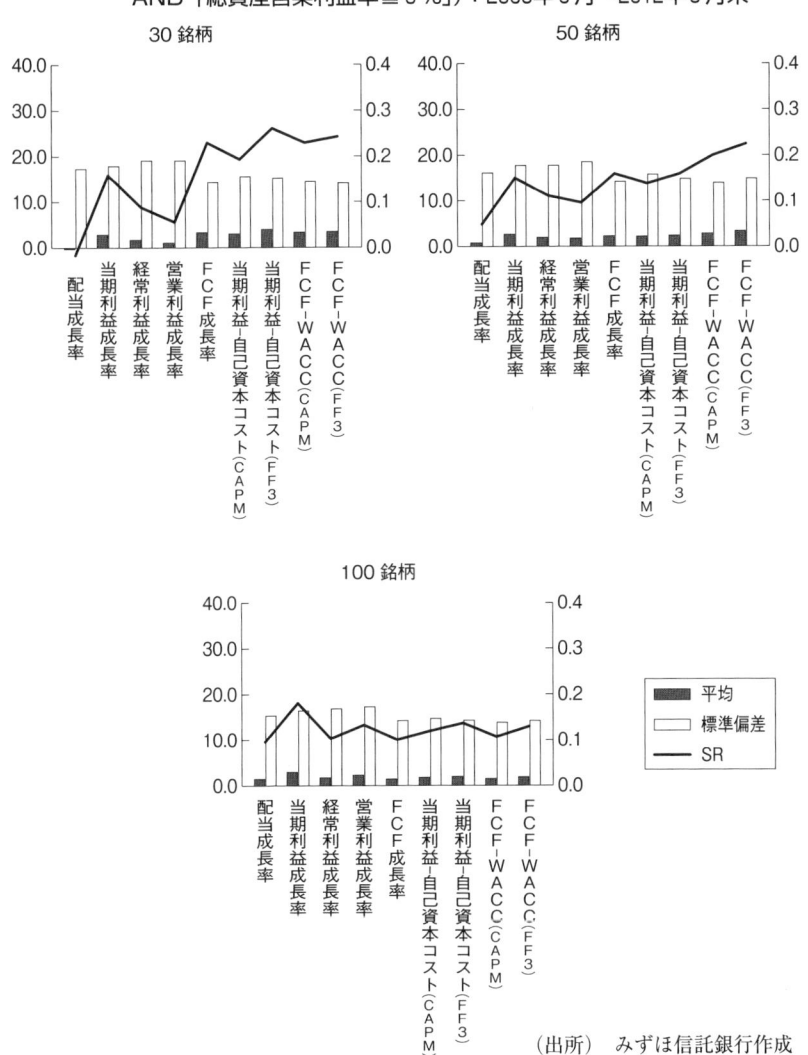

30銘柄

50銘柄

100銘柄

平均
標準偏差
SR

（出所）みずほ信託銀行作成

第4章 ハードルレートとしての自己資本コストと投資戦略への応用

提条件のもとでは実証面でも確認されたと考えられる。

さらに、ポートフォリオの安定性を高めるために、ランキング前にスクリーニング条件を二つ加えた場合の結果を確認する。スクリーニング条件として、「総資産営業利益率の変動性≦1％」に「総資産営業利益率≧5％」を加えた場合の上位30/50/100銘柄のパフォーマンスを前述の三つの期間に対して算出した結果を図表4－18に示す。期間は短いものの、すべてのデータがそろっている2005（平成17）年6月～2012（平成24）年5月末の結果（図表4－18の最下段）をみると、スクリーニング条件が一つの場合と同様に、⑦当期利益－自己資本コスト（FF3F）、⑧FCF－WACC（CAPM）、⑨FCF－WACC（FF3F）の三つの指標を使ったポートフォリオのリターンが高く、リスクが相対的に低いことが確認できる。したがって、これら三つのポートフォリオのシャープレシオも高い結果となった。これら三つの指標は、資本のコストを引いた後の利益である超過利益（株主に帰属する超過利益と全資本提供者に帰属する超過利益の両方）に着目したものである。一方、⑥当期利益－自己資本コスト（CAPM）を指標としたポートフォリオのパフォーマンスが低い値となった。

この結果は、2000（平成12）年6月～2012（平成24）年5月末の分析結果では、30、50銘柄のすべてのシャープレシオが高い値となっているという点ではスクリーニング条件が一つの場合と同様の結果であるが、100銘柄の場合は、他の①から⑤の値と同水準にまでSRが低下している。これはリターンの水準が低下したことによるSRの低下で、リスクにはそれほど大きな差はない。スクリーニング条件の追加と100銘柄という銘柄数の増加による平均リターンの低下が結果としてポートフォリオのSRを低下させたと考えられる。期待された安定性（リスクの低下）も、指標により増したものもあれば、期待したとおり低下したものもあり、明確な効果は確認できなかった。今回の結果をみる限りでは、銘柄数も決して多ければよいということではないことになる。

(2) ポートフォリオの下方リスク

図表4-20に30銘柄、50銘柄、100銘柄の三つのケースを対象とした場合の、2005(平成17)年6月〜2012(平成24)年5月末の間の前述の九つの指標の標準偏差、最少値(リターンが最も小さかった年のリターン)、年間最大ドローダウンを示す。これらの結果をみると、配当利回り成長率、当期利益成長率、経常利益成長率、営業利益成長率の四つの指標から計算されたポートフォリオの標準偏差、最小値は大きく、年間最大ドローダウンも負の大きな値になっているが、FCF成長率、当期利益-自己資本コスト(CAPM)、当期利益-自己資本コスト(FF3F)、FCF-資本コスト(CAPM)、FCF-資本コスト(FF3F)の五つの指標から計算されたポートフォリオの標準偏差、最小値は小さく、年間最大ドローダウンは負ではあるが小さい値となっていることが確認できる。この傾向は、銘柄数やスクリーニング条件とは関係なく、共通した特徴になっている。このことは、単純な利益に関する指標の成長率を基準に銘柄選択するよりも、フリーキャッシュフロー成長率や(自己)資本コストを上回る利益をあげたかどうかに着目した指標を利用することにより、市場下落時に下落幅が小さいことが期待できる銘柄群を選別できることを示している。フリーキャッシュフロー成長率や(自己)資本コストを上回る利益をあげたかどうかに着目した指標を利用することにより下方硬直性の高い銘柄群を選ぶことができるということになる。

(3) ポートフォリオのリスク特性

自己資本コストもしくは資本コストからの超過利益に着目した少数銘柄で構成されるポートフォリオの分散効果を確認するために、以下では二つの仮想ポートフォリオA、Bを構築し、各ポートフォリオのリスク特性を確認した。ポートフォリオAは、「純利益-自己資本コスト」の高い順に銘柄を選択し等ウェイトで保有したもの、ポートフォリオBは、「FCF-資本コスト」

第4章 ハードルレートとしての自己資本コストと投資戦略への応用

図表4-20 ポートフォリオの下方リスク

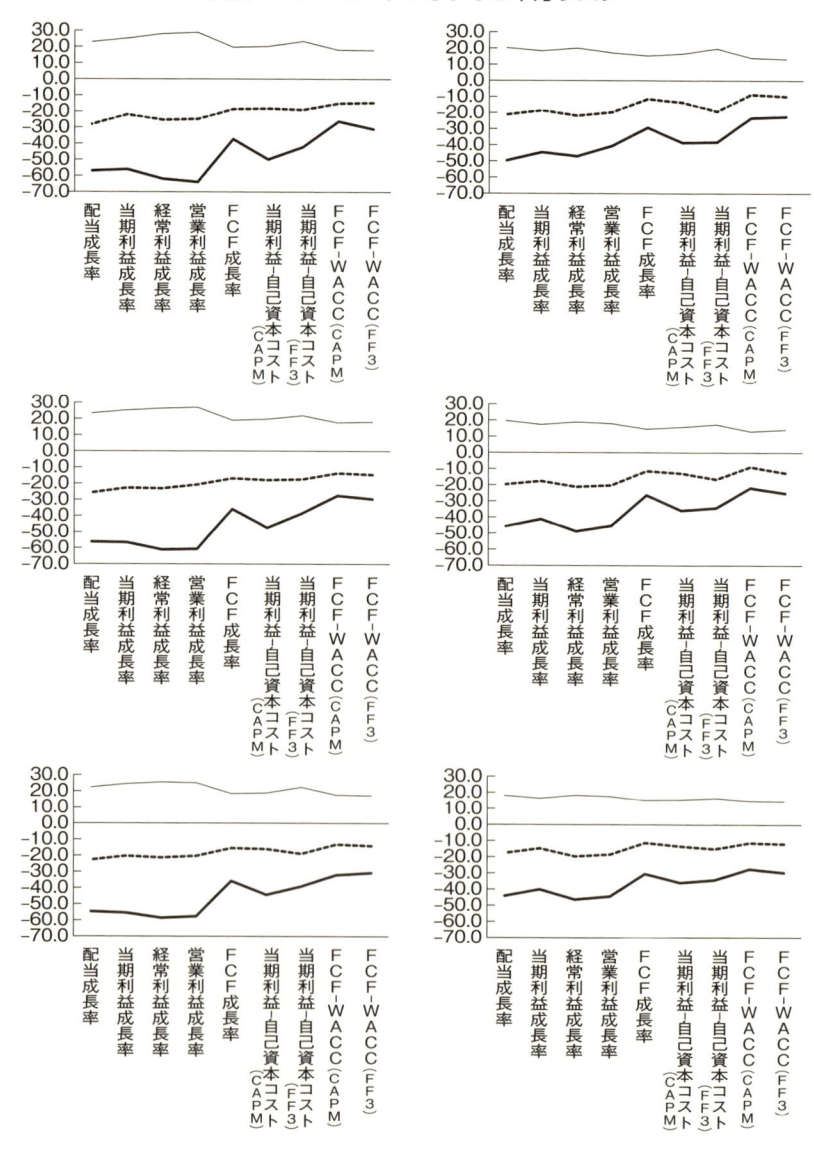

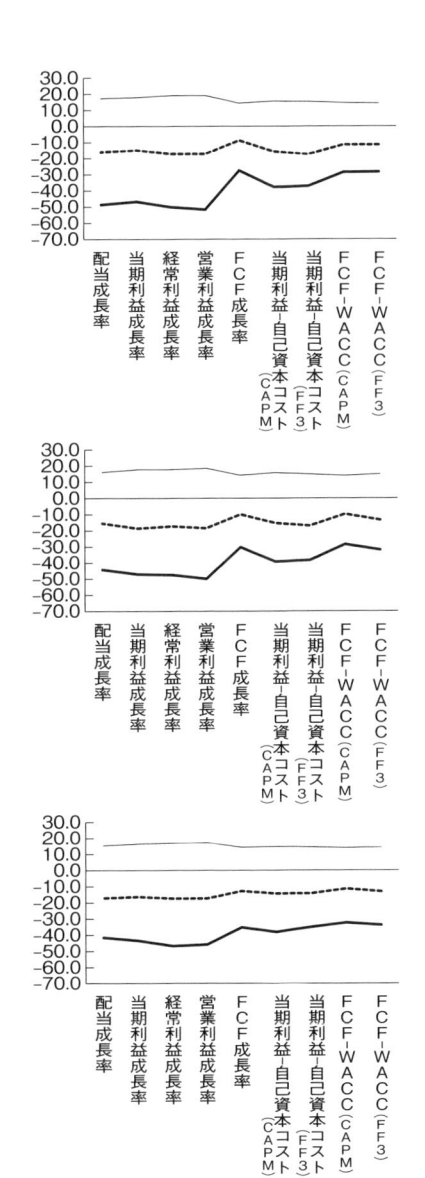

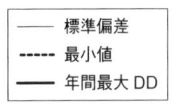

凡例:
- 標準偏差
- ---- 最小値
- ── 年間最大DD

(注) 上段が30銘柄、中段が50銘柄、下段が100銘柄で、各々左がランキングのみ、中央がスクリーニング条件を一つにしたもの。右がスクリーニング条件を二つにしたもの。

(出所) みずほ信託銀行作成

第4章 ハードルレートとしての自己資本コストと投資戦略への応用

の高い順に銘柄を選択し等ウェイトで保有したものとした。図表4-21に、ファンドAとBの銘柄数を30、50、100と変化させた場合のポートフォリオとしてのリスク分解した結果を示す。分析は2005（平成17）年5月末、2011（平成23）年5月末の二つの時点で分析を行った。なお、この分析では、日経ポートフォリオ・マスターのリスク分析ツールを使い、リスク分解を行った（ベンチマークはリスクフリー金利として分析）。

この結果をみると、

① ファンドAは二つの時点とも、30銘柄、50銘柄では明確な違いは確認できないものの、100銘柄になるとトータルリスクが。低下していることが確認できる。一方、ファンドBでは、2011（平成23）年5月時点では銘柄数がふえるとトータルリスクが低下しているものの、2005（平成17）年5月時点では、逆に銘柄数がふえるとトータルリスクが増加している

② ファンドA、Bともに、スペシフィックリスクは2005（平成17）年5月、2011（平成23）年5月の両方の時点で銘柄数の増加とともに減少している

③ ファンドBの2005（平成17）年5月時点でのトータルリスクの増加は、ファクターリスクを構成する業種ファクターのリスクが銘柄の増加とともに大きくなっているためである

ことが確認できる。本章で対象とした二つのポートフォリオは機械的に構築したものであり、改善の余地はあるものの、トータルリスクの大きさは、銘柄数を減らしても30銘柄程度あれば、それほど変わらないことが確認できる。スペシフィックリスクは銘柄数を減らすことで増加するが、その大きさはファクターリスクと比べて小さく、ファクターリスクの大きさは、業種ファクターに起因するリスクが大きい（もう一つの構成要素であるリスクファクターの倍以上の大きさとなっている）ため、この業種リスクをコントロールできれば、30銘柄程度でポートフォリオを構築しても分散効果が得られるこ

図表4-21　ポートフォリオのリスク特性

		30銘柄	50銘柄	100銘柄
ファンドA	【トータル分解】	標準偏差		
2005年5月	リスクファクター	8.006	7.740	8.201
	業種ファクター	18.154	18.082	17.723
	リスクファクター・業種ファクター相関	−0.742	−0.736	−0.764
	ファクターリスク	13.346	13.449	12.616
	スペシフィックリスク	3.462	2.663	1.925
	トータルリスク	13.788	13.710	12.762
	【トータル分解】	標準偏差		
2011年5月	リスクファクター	10.001	9.263	10.935
	業種ファクター	22.116	22.051	21.760
	リスクファクター・業種ファクター相関	−0.793	−0.791	−0.827
	ファクターリスク	15.433	15.780	14.123
	スペシフィックリスク	3.551	2.723	1.952
	トータルリスク	15.836	16.013	14.257
		30銘柄	50銘柄	100銘柄
ファンドB	【トータル分解】	標準偏差		
2005年5月	リスクファクター	7.292	7.535	7.374
	業種ファクター	17.323	17.507	17.733
	リスクファクター・業種ファクター相関	−0.774	−0.754	−0.735
	ファクターリスク	12.555	12.822	13.285
	スペシフィックリスク	3.290	2.600	1.947
	トータルリスク	12.979	13.083	13.427
	【トータル分解】	標準偏差		
2011年5月	リスクファクター	10.328	10.272	10.706
	業種ファクター	21.611	21.853	21.786
	リスクファクター・業種ファクター相関	−0.832	−0.823	−0.824
	ファクターリスク	14.223	14.620	14.320
	スペシフィックリスク	3.376	2.685	1.950
	トータルリスク	14.618	14.864	14.452

（出所）　みずほ信託銀行作成

第4章 ハードルレートとしての自己資本コストと投資戦略への応用

図表4-22 二つのファンドのリスク分解

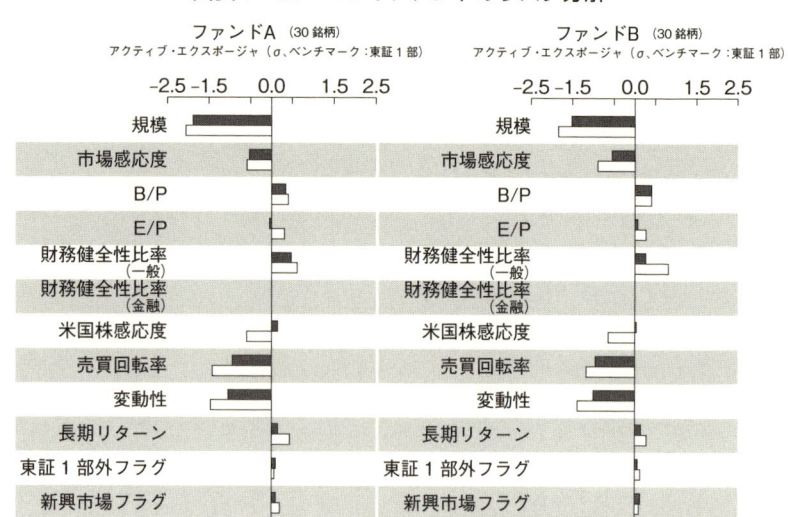

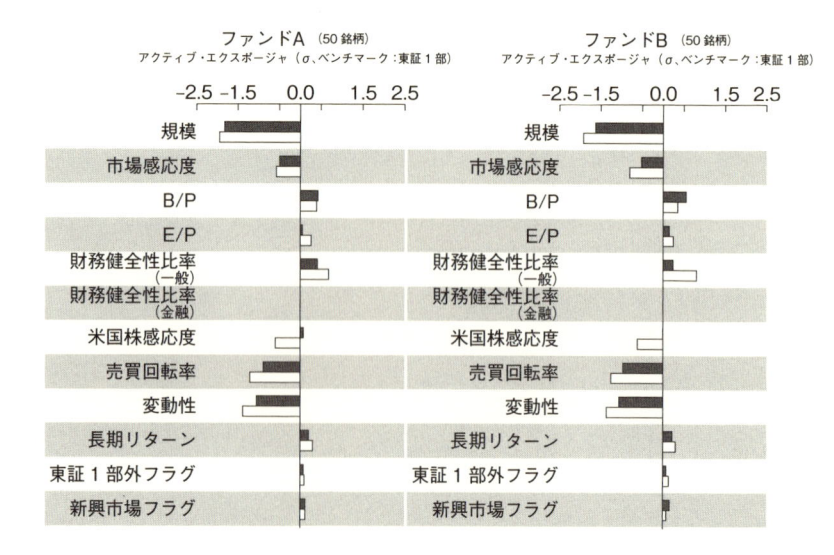

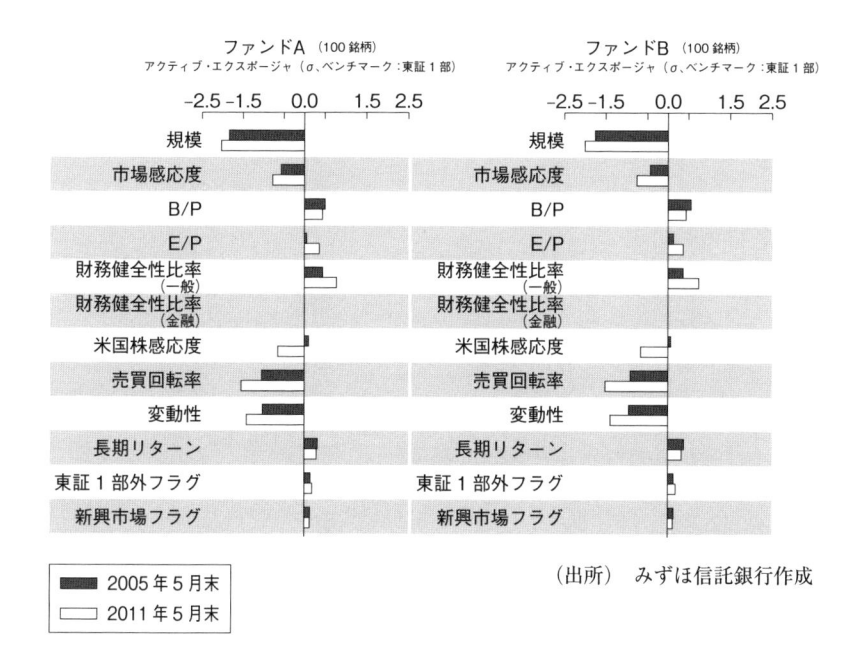

ファンドA (100銘柄)
アクティブ・エクスポージャ (σ、ベンチマーク：東証1部)

| | -2.5 | -1.5 | 0.0 | 1.5 | 2.5 |

- 規模
- 市場感応度
- B/P
- E/P
- 財務健全性比率（一般）
- 財務健全性比率（金融）
- 米国株感応度
- 売買回転率
- 変動性
- 長期リターン
- 東証1部外フラグ
- 新興市場フラグ

ファンドB (100銘柄)
アクティブ・エクスポージャ (σ、ベンチマーク：東証1部)

| | -2.5 | -1.5 | 0.0 | 1.5 | 2.5 |

- 規模
- 市場感応度
- B/P
- E/P
- 財務健全性比率（一般）
- 財務健全性比率（金融）
- 米国株感応度
- 売買回転率
- 変動性
- 長期リターン
- 東証1部外フラグ
- 新興市場フラグ

■ 2005年5月末
□ 2011年5月末

（出所）みずほ信託銀行作成

第4章 ハードルレートとしての自己資本コストと投資戦略への応用

図表4-23　二つのファンドの業種分散

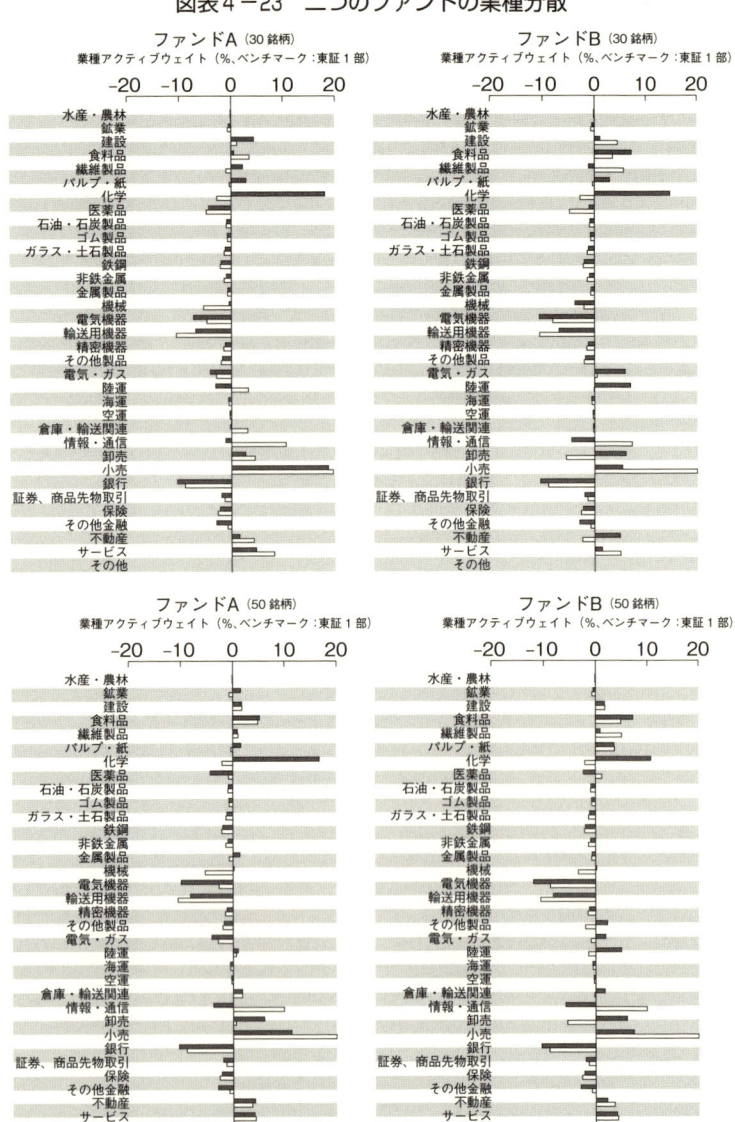

ファンドA（30銘柄）
業種アクティブウェイト（％、ベンチマーク：東証1部）

ファンドB（30銘柄）
業種アクティブウェイト（％、ベンチマーク：東証1部）

ファンドA（50銘柄）
業種アクティブウェイト（％、ベンチマーク：東証1部）

ファンドB（50銘柄）
業種アクティブウェイト（％、ベンチマーク：東証1部）

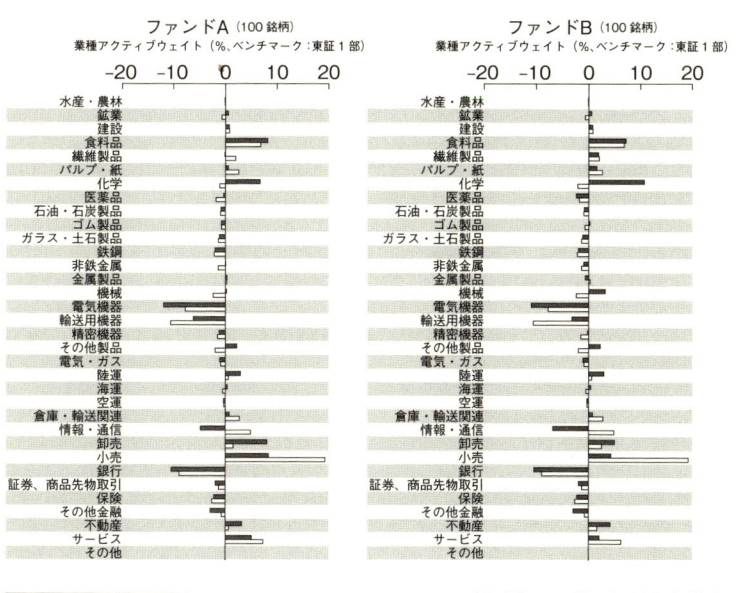

ファンドA (100銘柄)
業種アクティブウェイト (%、ベンチマーク：東証1部)

ファンドB (100銘柄)
業種アクティブウェイト (%、ベンチマーク：東証1部)

■ 2005年5月末
□ 2011年5月末

（出所）　みずほ信託銀行作成

第4章 ハードルレートとしての自己資本コストと投資戦略への応用

とが確認できる。10銘柄前後では、業種リスクのコントロールもスペシフィックリスクも抑えきれない可能性が高いが、30銘柄、あるいは50銘柄で業種分散をある程度考慮したポートフォリオを構築すれば、分散投資効果が得られ、リスクの高いポートフォリオにはならないことが想定される。

なお、一般に集中投資ファンドの対象となる銘柄は、相対的に規模が小さいものが多く、流動性が問題になることも考えられる[4]。自己資本コストや資本コストに着目した少数銘柄から構成されるポートフォリオも、同様の問題をもっている可能性があるため、ファンドA、ファンドBの二つのポートフォリオ(銘柄数は30、50、100の三つ)の特徴を確認するために、2005(平成17)年5月末、2011(平成23)年5月末の二つの時点でリスクファクターのエクスポージャーの大きさを確認した。その結果を図表4-22に示す。これらの結果をみると、ファンドA、ファンドBともに、規模は小さく、売買回転率が低く、変動性も小さいこと、財務の健全性、B/Pが比較的高いといった特徴があることが確認できる。そして、この特徴は時点が異なっても、銘柄数が異なっても大きく変わらないことが確認できる。これらの結果をみると、少数銘柄で構築されたポートフォリオには、流動性が十分ではない銘柄が多いことが確認され、高いリターンの一部はこの低流動性への見返りである可能性が高いことになる。

また、集中投資ファンドの対象となる銘柄は、相対的に業種に大きな偏りがあることも考えられる。図表4-23にファンドA、ファンドBの二つのポートフォリオ(銘柄数は30、50、100の三つ)の業種構成を示す。時点は2005(平成17)年5月と2011(平成23)年5月の2時点での結果である。これらの結果をみると、ファンドAとファンドBの業種構成は似ており、電気機器、輸送用機器、銀行のウェイトは低く、食品品、小売のウェイトは高い

---

[4] 集中投資ファンドのなかには、比較的規模の大きい企業を中心とした流動性の問題が少ないものも存在する(2013年5月28日農中信託銀行年金セミナー資料「集中投資リスク」奥野一成)。

傾向がみられ、この傾向は銘柄数がふえても変わらない。もちろん、一部の業種では、2005（平成17）年5月と2011（平成23）年5月とではウェイトが大きく変動している業種（化学、情報通信、卸売、不動産）もあるが、業種構成は一部に偏りがあることが確認できる。

5 おわりに

　自己資本コストは企業が最低限確保しなければならない収益の水準、すなわち、企業経営者にとってのハードルレートであり、株主（投資家）にとっても、投資対象企業の評価の基準値となる重要な概念である。本章では、ハードルレートとしての自己資本コストに着目し、自己資本コストを上回る利益をあげた企業の株主は、投資成果としてリターンを獲得できていたこと、自己資本コストを考慮した指標が株式投資戦略を考えるうえでも有効なファクターになることを過去の実績データを使い確認した。データ面の制約が多いため、検証方法としては十分なものではないが、本章の主題である自己資本コストが果たす役割の重要性は確認されたと考えている。

　しかしながら、今回の検討を通して、いくつかの課題も明らかになった。たとえば、今回の分析の一部では、自己資本コストの推定方法の違いにより、異なる結果となった。資本コスト推定モデルとして、どの方法が適しているかについては詳細な検討が必要である[5]。また、今回の分析では、フリーキャッシュフローや残余利益が「正しく予測できていれば」という前提で検証が進められているが、予測精度はポートフォリオ構築手法の有効性を評価するうえで重要な要素となる。予測精度がポートフォリオのパフォーマンスに与える影響についても、実務への応用という意味では検討が必要であ

5　自己資本コスト推定モデルについては、第5章で詳細に検討しているので、参照されたい。

第4章 ハードルレートとしての自己資本コストと投資戦略への応用

ろう。

第5章
ハンセン・ジャガナサン距離による自己資本コスト推定モデルの比較

第5章 ハンセン・ジャガナサン距離による自己資本コスト推定モデルの比較

概　　要

　これまで、自己資本コスト推定の方法としてCAPM型のモデルが使われることが一般的であった。この方法は広く知られているものの、実証面から支持されているわけではなく、推定精度という意味では改善の余地が残されている。本章では、これらの問題意識のもとで、ハンセン・ジャガナサン距離（HJ距離）を使い、CAPMをはじめとする代表的な自己資本コスト推定モデルの比較を行い、より適切なモデルの存在の有無について評価した。モデル間に有意な違いがあることを確認することが目的となるため、HJ距離を求めるだけでは十分ではなく、Kan and Robotti（2009）が示したHJ距離のモデル間比較の方法を使い、比較対象となるモデル間のHJ距離に有意な差があるかどうかの検定を行うことで評価を行った。その結果、自己資本コスト推定モデルとして実務で利用されてきたCAPM型のモデルやCAPM型のモデルに規模のファクターを加えたモデルよりもファーマ・フレンチ（Fama and French（1993）、以下「F&F」という）の3ファクターモデルが、HJ距離の意味で真のモデルに近いこと、すなわち自己資本コスト推定モデルとして適切である可能性が高いことを確認した。また、市場ファクターと簿価時価比率にモメンタムファクターを加えた3ファクターモデル、もしくは個別銘柄変動性ファクターを加えた3ファクターモデルがF&Fの3ファクターモデルよりHJ距離の意味で真のモデルに近いこと、すなわち自己資本コスト推定モデルとしてより適切である可能性が高いことを確認した（本章は、みずほ年金レポート2010年3／4 No.90に掲載された「株主資本コスト推定モデルの比較」（菅原周一）をもとに、上智大学博士論文（2011）「日本株式市場におけるファクターモデルの評価と応用」（菅原周一）から一部を引用して加筆、修正したものである）。

1 はじめに

これまで、自己資本コスト推定の方法としてCAPM型のモデルが使われることが一般的であった。TOPIXのような日本の株式市場全体の動きを表す指標を市場ポートフォリオの代理変数と仮定し、TOPIXとの連動性を表すβ値を回帰分析から求めることで算出される株式の期待リターンを自己資本コストとする考え方である。この方法は、一般に広く知られているものの、実証面から支持されているわけではない。推定精度という意味では、改善の余地が残されている。

以下では、これらの問題意識のもとで、CAPMをはじめとする代表的な自己資本コスト推定モデルの比較・評価を行う。モデル評価はハンセン・ジャガナサン距離（HJ距離）を使って行うが、モデル間のHJ距離に有意な差があることを確認することが目的となるため、Hansen and Jagannathan (1997) のHJ距離をそのまま使うことはできない。Kan and Robotti (2009) が示したHJ距離のモデル間比較の方法を使い、比較対象となるモデル間のHJ距離に有意な差があるかどうかの検定を行うことで、比較対象のモデルを評価する。

2 これまでの研究成果

(1) ハンセン・ジャガナサン距離

a 標本HJ距離と確率割引ファクターのパラメータ推定

HJ距離の基本的な考え方は、補論Ⅳに示したとおりであるが、以下の分析では、分析対象のポートフォリオの超過リターンを使用するため、若干の修正が必要となる（ポートフォリオリターンをグロスリターンではなく、超過リ

ターンとしたための修正である)。また、超過リターンを使う場合、基準化の処理を行う必要があるため、Kan and Robotti (2008) に従い、HJ距離算出方法を、以下のとおり変更する。すなわち、線形確率割引ファクターを次式のように基準化する。

$$y_t(\lambda) = 1 - \lambda'(f_t - \mu_1) \quad \text{(5-1)}$$

ただし、λは確率割引ファクター(SDF)yのパラメータである。ここで、r_tをN個の対象資産のt時点における超過リターンベクトルとすると、価格評価誤差は次式で与えられる。

$$e(\lambda) = E[r_t y_t(\lambda)] = \mu_2 - V_{21}\lambda \quad \text{(5-2)}$$

ここで、$Y = [f', r']'$とすると、Yの期待値と分散・共分散行列は以下のように表される。

$$\mu = E[Y] \equiv \begin{bmatrix} \mu_1 \\ \mu_2 \end{bmatrix} \quad \text{(5-3)}$$

$$V = Var[Y] \equiv \begin{bmatrix} V_{11} & V_{12} \\ V_{21} & V_{22} \end{bmatrix} \quad \text{(5-4)}$$

超過リターンを用いる場合は、2乗HJ距離を修正して、次式のようになる。

$$\delta^2 = \min_\lambda e(\lambda)' V_{22}^{-1} e(\lambda) = \mu_2' V_{22}^{-1} \mu_2 - \mu_2' V_{22}^{-1} V_{21} (V_{12} V_{22}^{-1} V_{21})^{-1} V_{12} V_{22}^{-1} \mu_2$$
$$\quad \text{(5-5)}$$

$e(\lambda)' V_{22}^{-1} e(\lambda)$を最小にする$\lambda$は、次式で与えられる。

$$\lambda = (V_{12} V_{22}^{-1} V_{21})^{-1} (V_{12} V_{22}^{-1} \mu_2) \quad \text{(5-6)}$$

したがって、最小2乗HJ距離δ^2とλの推定値は次式で与えられる。

$$\hat{\lambda} = (\hat{V}_{12} \hat{V}_{22}^{-1} \hat{V}_{21})^{-1} (\hat{V}_{12} \hat{V}_{22}^{-1} \hat{\mu}_2) \quad \text{(5-7)}$$

$$\hat{\delta}^2 = \hat{\mu}_2' \hat{V}_{22}^{-1} \hat{\mu}_2 - \hat{\mu}_2' \hat{V}_{22}^{-1} \hat{V}_{21} (\hat{V}_{12} \hat{V}_{22}^{-1} \hat{V}_{21})^{-1} \hat{V}_{12} \hat{V}_{22}^{-1} \hat{\mu}_2 \quad \text{(5-8)}$$

b 標本ハンセン・ジャガナサン距離の漸近分布

(a) モデルが正しく特定されているとした場合(すなわち、$\delta = 0$とした場合)

Jagannathan and Wang (1996) は、$T\delta^2$は自由度N−Kのカイ二乗(χ^2)

分布に従うが、重み付け行列が最適ではないため、自由度1のカイ二乗分布に従うことを示している（Nは対象資産数、Kはファクター数を表す）。これを利用して、検定量（p値）を求めることができる。

(b) モデルが誤って特定されているとした場合（すなわち、$\delta \neq 0$とした場合）

Hansen, Heaton and Luttmer（1995）、Hansen and Jagannathan（1997）によると、誤って特定されたモデルに基づいた$\hat{\delta}$の漸近分布は、次式となることを示している。

$$\sqrt{T}\left(\hat{\delta}^2 - \delta^2\right) \stackrel{A}{\sim} N(0, v) \quad \cdots\cdots（5-9）$$

$$\sqrt{T}\left(\hat{\delta} - \delta\right) \stackrel{A}{\sim} N(0, v/4\delta^2) \quad \cdots\cdots（5-10）$$

ここでvは、次式の漸近分散で計算される。

$$\frac{1}{\sqrt{T}}\sum_{t=1}^{T}\left(2u_t y_t - u_t^2 + \delta^2\right) \quad \cdots\cdots（5-11）$$

ただし、$u_t = e' V_{22}^{-1}(r_t - \mu_2)$
$y_t = 1 - \lambda'(f_t - \mu_1)$
$e = \mu_2 - V_{21}\lambda$

統計的検定を行うには、vの一致推定量が必要となる。これを得るには、Newey and West（1987）、Andrew（1991）等に記述されている周波数ゼロのスペクトル密度推定値を用いて計算すればよい。ここで、求められた$\hat{\delta}$は、漸近正規分布しており、2.5％、97.5％の信頼区間が計算できる。

c 確率割引ファクターの漸近分布

誤って特定されているとした場合のモデルに基づく$\hat{\lambda}$の漸近分布は、次式で与えられる（Kan and Robotti（2008）参照）。

$$\sqrt{T}\left(\hat{\lambda} - \lambda\right) \stackrel{A}{\sim} N\left(\mathbf{0}_K, \sum_{j=-\infty}^{\infty} E\left[h_t h_{t+j}'\right]\right) \quad \cdots\cdots（5-12）$$

ここで、

$$h_t = H V_{12} V_{22}^{-1}(r_t - \mu_2)(1 - y_t) + H\left[(f_t - \mu_1) - V_{12} V_{22}^{-1}(r_t - \mu_2)\right]\mu_t + \lambda$$

であり、$H = \left(V_{12} V_{22}^{-1} V_{21}\right)^{-1}$、$u_t = e' V_{22}^{-1}(r_t - \mu_2)$である。この分散を使い、検定

第5章 ハンセン・ジャガナサン距離による自己資本コスト推定モデルの比較

を行うことができる。なお、分散を計算する際に、データ系列h_tが、不均一分散し、自己相関をもっている可能性があるため、HAC (Heteroscadasity and Autocorrerated Consistency) 推定する必要がある。

一方、Kan and Robotti (2008) では、上記の式で、$Y_t = [f'_t, r'_t]'$ が、有限4次モーメントをもつiid多変量楕円状分布に従うという仮定を加えることで λ の漸近分散は、次式から得られるとしている。

$$A\mathrm{var}[\hat{\lambda}] = [1+(1+k)\hat{\lambda}'\hat{V}_{11}\hat{\lambda}]\hat{H} + (1+2k)\hat{\lambda}\hat{\lambda}'$$
$$+ (1+2k)\hat{\lambda}\hat{\lambda}' + (1+k)\delta^2\hat{H}(\hat{V}_{11} - \hat{V}_{12}\hat{V}_{22}^{-1}\hat{V}_{21})\hat{H} \quad \cdots\cdots (5-13)$$

ここで、$H = (V_{12}V_{22}^{-1}V_{21})^{-1}$ であり、k は $\hat{Y}_t$ の尖度パラメータである。データ系列に関する仮定が満たされれば、この式からも λ の検定を行うことができる。

以上が、Hansen and Jagannathan (1997)、Jagannathan and Wang (1996) およびKan and Robotti (2008) により示されたHJ距離とSDFの係数の算出と検定の方法である。

(2) ハンセン・ジャガナサン距離によるモデル間比較

Kan and Robotti (2009) は、二つの異なるモデルのHJ距離に有意な差があるか否か(等価性)の検定をするための方法を示した。まず、比較対象となる二つのモデルを考える。モデル1のSDFはx_1と線形関係にあり、$y_1 = 1 - \eta'(x_1 - E[x_1])$ により与えられる。一方、モデル2のSDFはx_2と線形関係にあり、$y_2 = 1 - \lambda'(x_2 - E[x_2])$ により与えられる。ここで、$x_1 = [f'_1, f'_2]'$、$x_2 = [f'_1, f'_3]'$とする。ただし、f_1、f_2、f_3は三つの異なったファクター集合であり、f_iは$K_i \times 1$次元 ($i = 1, 2, 3$) である。また$D_1 = Cov[r, x'_1]$、$D_2 = Cov[r, x'_2]$とする。すると、二つのモデルの価格評価誤差とHJ距離は次式で与えられる。

$$e_i = \mu_2 - D_i(D'_i V_{22}^{-1} D_i)^{-1} D'_i V_{22}^{-1} \mu_2 \quad i = 1, 2 \quad \cdots\cdots\cdots (5-14)$$
$$\delta_i^2 = \mu'_2 V_{22}^{-1} \mu_2 - \mu'_2 V_{22}^{-1} D_i(D'_i V_{22}^{-1} D_i)^{-1} D'_i V_{22}^{-1} \mu_2 \quad i = 1, 2 \quad \cdots\cdots (5-15)$$

また、HJ距離を最小にするSDFは次式で表される。

$$\eta = \left(D_1' V_{22}^{-1} D_1\right)^{-1} \left(D_1' V_{22}^{-1} \mu_2\right) \quad\quad\quad\quad\quad (5-16)$$
$$\lambda = \left(D_2' V_{22}^{-1} D_2\right)^{-1} \left(D_2' V_{22}^{-1} \mu_2\right) \quad\quad\quad\quad\quad (5-17)$$

ここで、$K_1 = 0$ のとき、二つのモデルは共通のファクターをもたない(非ネストモデル)。$K_2 = 0$ のとき、第二のモデルは第一のモデルを特殊なケースとしてネストしている(ネストモデル)。同様に $K_3 = 0$ のとき、第一のモデルは第二のモデルを特殊なケースとしてネストしている(ネストモデル)。$K_2 > 0$ かつ $K_3 > 0$ のとき、二つのモデルはネスト化していない(非ネストモデル)。

a ネストモデル

$K_2 = 0$ のとき、モデル2はモデル1を特殊なケースとしてネストしていることになる。この場合、二つのモデルのHJ距離の等価性を検証するために、モデル2において λ の最後 K_3 個のベクトルを λ_2 とすると、$\hat{\delta}_1^2 - \hat{\delta}_2^2$ の漸近分布を導出し、$\delta_1^2 - \delta_2^2$ の検証を行えばよい。すなわち、$H_2 = (D_2' V_{22}^{-1} D_2)^{-1}$ を以下のように分割する。

$$H_2 = \begin{bmatrix} H_{2,11} & H_{2,12} \\ H_{2,21} & H_{2,22} \end{bmatrix} \quad\quad\quad\quad\quad (5-18)$$

ここで $H_{2,22}$ は $K_3 \times K_3$ である。帰無仮説 $\delta_1^2 - \delta_2^2$ のもとで、次式が成立する。

$$T(\hat{\delta}_1^2 - \hat{\delta}_2^2) \overset{A}{\sim} \sum_{i=1}^{K_3} \xi_i x_i \quad\quad\quad\quad\quad (5-19)$$

ここで、x_i は独立 χ_1^2 ランダム変数であり、ξ_i は、$H_{2,22}^{-1} V(\hat{\lambda}_2)$ の固有値である($V(\hat{\lambda}_2)$ は $\sqrt{T}(\hat{\lambda}_2 - \lambda_2)$ の漸近分散である)。この漸近分布から検定を行うことができる。

b 非ネストモデル

$y_1 \neq y_2$(すなわち、$e_1 \neq e_2$)として、二つのモデルの価格評価誤差が等しい、すなわち、$e_1' V_{22}^{-1} e_1 = e_2' V_{22}^{-1} e_2$ となる場合について考える。帰無仮説 $\delta_1^2 - \delta_2^2$ における $\hat{\delta}_1^2 - \hat{\delta}_2^2$ の漸近分布は、①両方のモデルが正しく特定されているとするか、②両方のモデルが誤って特定されているとするかによって異なる。二つの資産価格モデルが正しく特定されているとみなされるのは、両者の価格評

第5章 ハンセン・ジャガナサン距離による自己資本コスト推定モデルの比較

価誤差がゼロとなるときである。

(a) 両方のモデルが正しく特定されているとした場合

$y_1 \neq y_2$ のとき、二つのモデルが正しく特定されているとした場合の $\hat{\delta}_1^2 - \hat{\delta}_2^2$ の漸近分布は、帰無仮説 $\delta_1^2 - \delta_2^2 = 0$ のもとで、

$$T(\hat{\delta}_1^2 - \hat{\delta}_2^2) \overset{A}{\sim} \sum_{i=1}^{n_2+n_3} \xi_i x_i \qquad (5-20)$$

となる。ここで、x_i は独立 χ_1^2 ランダム変数であり、ξ_i は、

$$\begin{bmatrix} P_1' V_{22}^{-\frac{1}{2}} S_{11} V_{22}^{-\frac{1}{2}} P_1 & P_1' V_{22}^{-\frac{1}{2}} S_{12} V_{22}^{-\frac{1}{2}} P_2 \\ P_2' V_{22}^{-\frac{1}{2}} S_{21} V_{22}^{-\frac{1}{2}} P_1 & P_2' V_{22}^{-\frac{1}{2}} S_{22} V_{22}^{-\frac{1}{2}} P_2 \end{bmatrix} \qquad (5-21)$$

の固有値である。P_1, P_2 は各々 $V_{22}^{-\frac{1}{2}} D_1$, $V_{22}^{-\frac{1}{2}} D_2$ の列に直交する $N \times n_1$, $N \times n_2$ の直交行列とする ($n_1 = N - K_1 - K_2 - 1$, $n_2 = N - K_1 - K_3 - 1$)。また、

$$g_t(\theta) = \begin{bmatrix} g_{1t}(\eta) \\ g_{2t}(\lambda) \end{bmatrix} = \begin{bmatrix} r_t y_{1t}(\eta) \\ r_t y_{2t}(\lambda) \end{bmatrix} \qquad (5-22)$$

$$\theta = [\eta', \lambda']'$$

として、

$$S = \sum_{j=-\infty}^{\infty} E\left[g_t(\theta) g_{t+j}'(\theta)\right] = \begin{bmatrix} S_{11} & S_{12} \\ S_{21} & S_{22} \end{bmatrix} \qquad (5-23)$$

である。この漸近分布から、検定を行うことができる。

(b) モデルが誤って特定されているとした場合

モデルが誤って特定されているとした場合、$y_1 \neq y_2$ であるとき、$\hat{\delta}_1^2 - \hat{\delta}_2^2$ の適切な漸近分布は、

$$\sqrt{T}(\hat{\delta}_1^2 - \hat{\delta}_2^2 - (\delta_1^2 - \delta_2^2)) \overset{A}{\sim} N(0, u_d) \qquad (5-24)$$

により与えられる。ただし、

$$u_d = \sum_{j=-\infty}^{\infty} E\left[d_t d_{t+j}\right]$$

であり、$d_t = q_{1t} - q_{2t}$ は、

$$q_{1t} = 2u_{1t}y_{1t} - u_{1t}^2 + \delta_1^2$$
$$q_{2t} = 2u_{2t}y_{2t} - u_{2t}^2 + \delta_2^2 \quad\quad\quad\quad\quad\quad\quad\quad\quad (5-25)$$

また、

$$u_{1t} = e_1' V_{22}^{-1}(r_t - \mu_2)$$
$$u_{2t} = e_2' V_{22}^{-1}(r_t - \mu_2) \quad\quad\quad\quad\quad\quad\quad\quad\quad (5-26)$$

である。帰無仮説 $\delta_1^2 - \delta_2^2 \neq 0$ のもとでのHJ距離の2乗の差は以下のように漸近的に正規分布に従う。

$$\sqrt{T}(\hat{\delta}_1^2 - \hat{\delta}_2^2) \overset{A}{\sim} N(0, u_d) \quad\quad\quad\quad\quad\quad\quad\quad\quad (5-27)$$

この漸近分布から、検定を行うことができる。

▶3 ハンセン・ジャガナサン距離による自己資本コスト推定モデルの比較

(1) 分析対象

　分析対象は、東証一部上場企業とし、1977（昭和52）年9月末〜2012（平成24）年7月末までの419カ月分のデータをもとに行った。株式収益率データは、日経ポートフォリオマスターから取得している。無リスク金利には、CD3カ月を使用している。これまでの多くの実証研究と同様に、個別銘柄での分析ができないため、規模と簿価時価の二つのファクターを使って5×5の25個のポートフォリオを構築し、各ポートフォリオを構成している個別銘柄の収益率の加重平均を使い個々のポートフォリオの月次収益率を計算した。これら25個のポートフォリオの月次収益率データの基本統計量を図表5－1に示す。なお、以降の分析で使用するモーメンタム・データを作成するために3年分の収益率データが必要となる。そのため、この25個のポートフォリオ構築の期間は、この3年間以降の1980（昭和55）年9月末〜2012（平成24）年7月末までの393カ月分のデータとした。

　リスクファクターのファクター・リターンの計算はF&Fの3ファクター

第5章 ハンセン・ジャガナサン距離による自己資本コスト推定モデルの比較

図表5-1　25ポートフォリオの収益率データの基本統計量

	平均(%)	中央値(%)	標準偏差(%)	歪度	尖度	最大(%)	最小(%)
P11	0.190	0.322	7.842	0.285	1.100	35.13	−22.70
P12	0.562	0.352	7.395	0.209	1.515	35.25	−22.83
P13	0.640	0.457	6.962	0.346	1.398	33.74	−19.40
P14	0.794	0.814	6.829	0.338	1.309	27.51	−19.83
P15	0.831	0.492	7.432	0.479	1.466	34.32	−21.47
P21	−0.053	0.144	7.042	0.082	0.968	27.57	−21.22
P22	0.413	0.421	6.676	0.049	0.856	26.11	−22.69
P23	0.435	0.240	6.483	0.109	1.122	24.03	−22.79
P24	0.542	0.321	6.445	0.169	1.015	23.78	−20.49
P25	0.659	0.004	6.965	0.329	1.688	34.07	−20.56
P31	−0.110	−0.191	6.533	0.071	0.841	24.35	−21.57
P32	0.193	0.213%	6.194	0.052	1.580	25.07	−24.05
P33	0.232	0.020%	6.124	0.064	1.171	20.75	−23.21
P34	0.331	0.228%	6.189	0.104	1.081	23.50	−21.13
P35	0.604	0.209%	6.570	0.303	1.842	33.19	−19.95
P41	−0.158	0.162%	6.154	−0.116	1.407	24.80	−26.05
P42	0.103	0.112%	5.701	−0.061	1.431	22.28	−21.94
P43	0.267	0.522%	5.486	−0.259	1.462	20.72	−21.83
P44	0.354	0.211%	5.275	−0.054	1.311	20.36	−20.47
P45	0.432	0.422	5.721	0.043	1.253	20.92	−20.24
P51	−0.278	−0.293	6.471	−0.131	1.204	23.97	−25.29
P52	0.010	0.006	6.024	0.234	1.803	26.13	−23.18
P53	0.399	0.360	5.776	0.085	1.846	23.82	−23.21
P54	0.292	0.490	5.394	−0.095	1.031	16.51	−21.83
P55	0.599	0.466	5.928	0.004	0.758	18.98	−20.81

（出所）　みずほ信託銀行作成

モデル計算の考え方に従っている。リスクファクターのファクター・リターンの計算は、F&Fの3ファクターモデルの計算方法に従っている。リスクファクターのファクター・リターンの基本統計量を図表5－2に、また、この七つのリスクファクター間の相関係数を図表5－3に示す。

図表5－2　七つのファクターの基本統計量

	平均(%)	中央値(%)	標準偏差(%)	歪度	尖度	最大(%)	最小(%)
VW	0.130	0.329	5.395	−0.128	1.107	17.68	−21.07
SMB	0.049	0.203	3.500	−0.405	1.106	10.60	−14.52
HML	0.596	0.526	3.085	−0.084	2.503	13.35	−11.35
LIQ	0.258	0.404	4.002	−0.587	3.185	12.26	−22.81
IdVol	0.448	0.576	3.406	−0.263	0.567	10.88	−12.68
LM24	0.283	0.033	4.515	0.813	3.967	26.73	−14.48
LM36	0.488	0.268	4.298	0.606	4.440	25.29	−17.25

（出所）　みずほ信託銀行作成

図表5－3　七つのリスクファクター間の相関係数

	VW	SMB	HML	LIQ	IdVol	LM24	LM36
VW	1						
SMB	−0.1054	1					
HML	−0.1915	0.1607	1				
LIQ	−0.4465	0.1100	0.2210	1			
IdVol	−0.4856	−0.3233	0.1567	0.5542	1		
LM24	0.0862	0.2500	0.5319	−0.1241	−0.2428	1	
LM36	0.0949	0.2663	0.6108	−0.1573	0.2115	0.9039	1

（出所）　みずほ信託銀行作成

第5章 ハンセン・ジャガナサン距離による自己資本コスト推定モデルの比較

(2) ファクターモデルの評価

a 分析対象ファクターモデル

本章では、F&Fの3つのファクターを中心に、ファクター候補と考えた四つのファクターを加えた計7個のファクターを検討対象とした。また、資産価格評価モデルの原型であるCAPM型のモデルが本研究の出発点と考え、モデルの前提として市場ファクターであるVWをファクターとしてまず組み込み、その他のファクターとの組合せを考えた。具体的には、図表5-4にある64のモデルを検討対象とした。ただし、LM2とLM3は相関が非常に高く、一つのモデルにこの二つのファクターが組み込まれることに問題があるため、LM3とLM2の両方のファクターを含んだモデルについては、参考モデルと考え、検討対象候補のモデルからは除外することとした。

b 分析結果

本節(1)で示したデータを使い、HJ距離およびSDFの係数の推定を行った。また、HJ距離およびSDFの係数の推定値算出と検定の方法については、補論Ⅳで解説したHansen and Jagannathan (1997)、Jagannathan and Wang (1996)およびKan and Robotti (2008) に基づき算出した。すなわち、図表5-5の「HJ距離によるファクターモデルとリスクファクターの評価」では、"HJ距離"は（5-8）式で表されたHJ距離、"p"値はモデルが正しく特定されているという仮定のもとで自由度1のカイ二乗分布に従うとして、1万回のモンテカルロ・シミュレーションにより分布を想定して、p値を算出して

図表5-4 モデルNoと採用ファクター一覧

Model No	数	VW	SMB	HML	LIQ	VOL	LM3	LM2	備考
1	1	○							CAPM型
2	2	○						○	
3	2	○					○		
4	2	○				○			
5	2	○			○				
6	2	○		○					
7	2	○	○						

No.	区分	C1	C2	C3	C4	C5	C6	C7	備考
8	3	○					○	○	(参考)
9	3	○					○	○	
10	3	○					○		
11	3	○				○		○	
12	3	○				○		○	
13	3	○				○			
14	3	○		○			○		
15	3	○		○					
16	3	○		○			○		
17	3	○			○			○	
18	3	○	○						
19	3	○	○				○		
20	3	○	○						
21	3	○	○		○				
22	3	○			○				FFモデル
23	4	○				○	○	○	(参考)
24	4	○					○	○	(参考)
25	4	○			○		○	○	
26	4	○			○		○		
27	4	○		○			○	○	(参考)
28	4	○		○			○	○	
29	4	○		○			○		
30	4	○		○	○			○	
31	4	○			○				
32	4	○			○				
33	4	○	○					○	(参考)
34	4	○	○				○	○	
35	4	○	○				○		
36	4	○	○		○		○		
37	4	○	○		○				
38	4	○	○		○				
39	4	○	○	○				○	
40	4	○	○	○					
41	4	○	○	○		○			
42	4	○		○	○				
43	5	○			○	○	○	○	(参考)
44	5	○		○		○	○	○	(参考)
45	5	○		○		○	○	○	(参考)
46	5	○		○		○	○		
47	5	○		○			○		
48	5	○	○			○		○	(参考)
49	5	○	○		○			○	(参考)
50	5	○	○		○			○	
51	5	○	○		○			○	
52	5	○	○				○	○	(参考)
53	5	○	○		○		○		
54	5	○	○		○		○		
55	5	○	○		○			○	
56	5	○	○		○	○			
57	5	○	○	○		○			
58	6	○	○	○	○	○	○	○	(参考)
59	6	○	○	○	○	○	○	○	(参考)
60	6	○	○	○	○	○	○	○	(参考)
61	6	○	○	○	○	○	○	○	(参考)
62	6	○	○	○	○	○	○		
63	6	○	○	○	○	○			
64	7	○	○	○	○	○	○	○	(参考)

(出所) みずほ信託銀行作成

第5章 ハンセン・ジャガナサン距離による自己資本コスト推定モデルの比較

図表5-5　HJ距離によるファクターモデルとリスクファクターの評価

No	HJ距離	p値	HJDの信頼区間 2.5%CI	97.5%CI	SDF係数の推定値 VW	SMB	HML	LIQ	IVOL	LM24	LM36	t値 VW	SMB	HML	LIQ	IVOL	LM24	LM36
1	0.410	0.000	0.332	0.504	0.533							0.466						
2	0.393	0.001	0.315	0.486	0.248						3.479	0.202						1.524
3	0.393	0.001	0.314	0.485	0.265					3.518		0.211					1.429	
4*	0.387	0.001	0.310	0.484	2.443				6.251			1.975				1.984		
5*	0.379	0.004	0.298	0.480	3.573			9.159				1.937			1.795			
6	0.352	0.010	0.271	0.449	1.310		7.107					1.100		2.990				
7	0.410	0.000	0.334	0.500	0.541	0.117						0.470	0.071					
8	0.393	0.000	0.317	0.482	0.248					0.422	3.078	0.202					0.024	0.184
9*	0.355	0.008	0.272	0.454	2.631				8.154		4.797	2.028				2.699		2.259
10*	0.355	0.007	0.273	0.453	2.672				8.232	4.942		2.008				2.614	2.169	
11	0.360	0.007	0.278	0.460	3.324		9.288				3.565	1.832		1.988				1.572
12	0.360	0.008	0.279	0.461	3.362		9.362			3.659		1.819		1.960			1.473	
13	0.374	0.002	0.293	0.473	3.876		6.921	3.423				2.245		1.331	0.987			
14**	0.327	0.026	0.247	0.430	2.778	14.700					-7.781	2.621	3.300					-2.004
15	0.337	0.015	0.253	0.437	2.265	12.034				-5.476		2.020	3.022				-1.391	
16*	0.333	0.017	0.252	0.432	2.897	6.728		5.331				2.399	3.059		1.827			
17	0.339	0.017	0.256	0.442	3.140	6.073	5.855					1.803	2.462	1.245				
18	0.391	0.001	0.310	0.486	0.118	-1.279					3.959	0.098	-0.856					1.937
19	0.391	0.001	0.311	0.483	0.134	-1.297			4.031			0.110	-0.881			1.822		
20	0.372	0.003	0.293	0.472	3.874	3.874			10.041			2.214	1.549			2.118		
21	0.379	0.003	0.297	0.477	3.607	-0.692		9.408				1.989	-0.390		1.833			
22	0.350	0.005	0.270	0.444	1.264	-0.934	7.289					1.068	-0.586	3.294				
23	0.355	0.004	0.276	0.447	2.652				8.214	2.350	2.573	2.017				2.669	0.158	0.180
24	0.360	0.003	0.281	0.454	3.338		9.323		1.632	2.014		1.805		1.948		0.110	0.144	
25	0.346	0.011	0.264	0.446	3.770			5.564	5.747		4.459	2.312			1.234	1.679		2.055
26	0.346	0.013	0.264	0.447	3.821			5.624	5.800	4.606		2.288			1.244	1.679	1.977	
27	0.322	0.020	0.241	0.418	2.957	15.652				8.646	-16.728	2.517	3.273				0.673	-1.261
28	0.325	0.021	0.246	0.428	3.071	12.752		2.151			-5.941	2.708	2.460		0.576			-1.216
29	0.330	0.014	0.252	0.429	2.945	9.383			3.833	-2.832		2.569	1.920			0.993	-0.565	
30	0.326	0.016	0.247	0.424	3.089	13.585	1.518				-6.913	1.858	2.218	0.236				-1.333
31	0.333	0.011	0.254	0.431	3.086	10.004	3.500			-3.906		1.826	1.683	0.535			-0.709	
32	0.330	0.014	0.249	0.429	3.494		6.277	3.027	4.156			2.199		2.718	0.649	1.326		
33	0.391	0.000	0.313	0.482	0.118	-1.296				0.946	3.066	0.098	-0.887				0.056	0.188
34	0.349	0.007	0.268	0.447	3.538	2.518			10.386		4.212	2.158	1.132			2.398		2.200
35	0.349	0.008	0.267	0.446	3.568	2.501			10.436	4.333		2.154	1.146			2.351	2.156	
36	0.353	0.009	0.271	0.453	3.375	-2.323		10.156			4.446	1.966	-1.389		2.208			2.160
37	0.353	0.011	0.270	0.454	3.423	-2.386		10.274		4.616		1.945	-1.427		2.152		2.016	
38	0.371	0.001	0.292	0.466	4.103	2.603		3.371	7.421			2.324	0.609		0.412	0.870		
39	0.325	0.023	0.242	0.428	2.984	0.946	15.340				-8.627	2.591	0.644	3.140				-2.027
40	0.336	0.012	0.256	0.437	2.334	0.377	12.218			-5.763		1.965	0.272	2.889			-1.392	
41	0.329	0.015	0.251	0.429	3.587	1.962	6.203		7.323			2.291	0.916	3.060		1.783		
42	0.336	0.013	0.256	0.438	3.191	-1.322	6.267	6.225				1.901	-0.787	2.690	1.319			
43	0.346	0.005	0.268	0.441	3.796			5.580	5.804	2.509	2.085	2.256			1.219	1.705	0.177	0.154
44	0.320	0.016	0.243	0.419	3.190	13.994			1.775	8.192	-14.739	2.532	2.823			0.494	0.641	-1.117
45	0.321	0.013	0.243	0.415	3.139	14.955	0.912			8.398	-15.949	1.786	2.692	0.149			0.683	-1.329
46	0.325	0.014	0.245	0.423	3.269		12.111	1.072	1.988		-5.467	1.929		1.756	0.175	0.569		-0.891
47	0.329	0.009	0.253	0.424	3.389		8.423	2.309	3.284	-2.175		1.988		1.333	0.390	0.973	-0.361	

48	**0.349**	0.004	0.271	0.442	3.547	2.494			10.412	1.857	2.460	2.146	1.144			2.374	0.125	0.170
49	**0.352**	0.005	0.272	0.450	3.400	-2.381		10.235		2.713	1.889	1.925	-1.441		2.141		0.194	0.143
50	**0.346**	0.007	0.266	0.443	3.838	0.752			4.574	6.841		4.345	2.314	0.202		0.632	0.909	2.249
51	**0.346**	0.007	0.265	0.445	3.879	0.656			4.760	6.752	4.498		2.299	0.175			0.644	0.889	2.121
52	**0.320**	0.017	0.242	0.416	3.158	0.925	16.273				8.598	-17.505	2.497	0.613	3.113			0.666	-1.276
53	**0.320**	0.020	0.240	0.424	3.786	2.025	12.306			4.155		-6.036	2.567	1.000	2.352		0.834		-1.218
54	**0.326**	0.010	0.247	0.422	3.671	2.054	9.017			5.814	-3.029		2.470	1.012	1.785		1.110	-0.607	
55	**0.325**	0.019	0.244	0.428	3.045	0.854	14.985	0.398				-8.316	1.759	0.399	1.781	0.048			-1.161
56	**0.333**	0.009	0.255	0.432	3.108	-0.399	9.574	3.904			-3.421		1.803	-0.195	1.306	0.499		-0.498	
57	**0.329**	0.011	0.248	0.427	3.646	1.661	6.159	0.836	6.692				2.257	0.497	2.849	0.121	1.016		
58	**0.320**	0.011	0.244	0.414	3.290		13.642	0.556	1.697	8.061	-14.352		1.855		2.244	0.094	0.491	0.653	-1.144
59	**0.345**	0.003	0.269	0.438	3.856	0.678		4.687	6.787	2.349	2.132		2.275	0.180		0.625	0.893	0.163	0.155
60	**0.317**	0.009	0.241	0.410	3.844	1.878	13.492		3.661	7.611	-14.203		2.475	0.993	2.804		0.796	0.596	-1.063
61	**0.320**	0.011	0.244	0.415	3.089	1.033	16.701	-0.466		8.719	-17.993		1.683	0.476	2.165	-0.058		0.704	-1.395
62	**0.318**	0.018	0.239	0.417	3.504	3.889	14.945	-5.101	6.772		-8.382		2.126	1.111	1.742	-0.507	1.077		-1.128
63	**0.326**	0.007	0.247	0.419	3.567	2.678	9.607	-1.685	6.816	-3.569			2.147	0.750	1.314	-0.177	1.052	-0.530	
64	**0.313**	0.012	0.237	0.407	3.532	3.970	16.585	-5.763	6.571	8.325	-17.619		2.059	1.108	2.092	-0.565	1.042	0.641	-1.209

* 該当ファクターモデルで採用されているファクターの係数のt値すべてが90％水準で有意であることを示している。
** 該当ファクターモデルで採用されているファクターの係数のt値すべてが95％水準で有意であることを示している。
(出所) みずほ信託銀行作成

いる。また、2.5％と97.5％の信頼区間については、Hansen, Heaton and Luttmer (1995)、Hansen and Jagannathan (1997) に従い、HJ距離が漸近正規分布に従うとして求めている。

(3) 自己資本コスト推定モデルの評価

a 分析の手順

自己資本コストは、実務的にはβ値から推定されることが一般的である。ただし、β値の説明力の低さ (菅原 (2009) でも明らかにされているが、これまでの分析で評価対象とした64のモデルのうちのNo1のモデルがこのモデル (CAPM型) に対応していて、HJ距離は64のモデルのなかでは最も長く、モデルは統計的に有意ではない) から、さまざまな工夫がなされている。たとえば、Arzac (2005) はβ値に規模の効果を考慮することで、説明力が向上することを示している。

第5章 ハンセン・ジャガナサン距離による自己資本コスト推定モデルの比較

　そこで、本章の分析では、①CAPM型（β値）モデル：No1モデル、②β値＋規模：No7モデル、③F&Fの3ファクターモデル（β値＋規模＋HML）：No22モデル、④統計的に有意でHJ距離が最も短かったモデル（VW、HML、LM36）：No14モデル、⑤統計的に有意でHJ距離が2番目に短かったモデル（VW、HML、VOL）：No16モデルの合計五つのモデルについて、HJ距離のモデル間比較を行うこととする。具体的には、Kan and Robotti（2009）を元に、前述のHJ距離を使い、五つのモデルを比較する。まず、自己資本コスト推定モデルに関して、一般に使われているCAPM型のモデルの説明力が低いという問題意識のもとで、CAPM型のモデル（No1）を比較元として、以下の三つのモデルとの比較、検討を行う。

① 　規模で調整したモデル（No7）
② 　統計的に有意でHJ距離が最も短かったモデル（No14）
③ 　統計的に有意でHJ距離が2番目に短かったモデル（No16）
④ 　実証面で支持されているF&Fの3ファクターモデル（No22）

　次に、Arzac（2005）が指摘したβ値に規模の効果を考慮したモデル（No7）を比較元として、以下の二つのモデルとの比較、検討を行う。

⑤ 　統計的に有意でHJ距離が最も短かったモデル（No14）
⑥ 　統計的に有意でHJ距離が2番目に短かったモデル（No16）
⑦ 　実証面で支持されているF&Fの3ファクターモデル（No22）

　さらに、実証面で最も評価の高いF&Fの3ファクター・モデル（No22）を比較元して、以下のモデルとの比較、検討を行う。

⑧ 　統計的に有意でHJ距離が最も短かったモデル（No14）
⑨ 　統計的に有意でHJ距離が2番目に短かったモデル（No16）

　最後に、統計的に有意でHJ距離が最も短かったモデルと2番目に短かったモデルの間に統計的に有意な違いがあるかを確認するために、統計的に有意でHJ距離が最も短かったモデル（No14）を比較元として、No16のモデルとの比較、検討を行う。

⑩　統計的に有意でHJ距離が２番目に短かったモデル（No16）

(4) 分析結果

前節で示した手順によりモデル間のHJ距離の差を検定した結果を図表５－６の「モデル間比較の結果」(1)、(2)、(3)、(4)に示す。

まず、CAPM型のモデル（No１）を比較元とした結果をみると、規模のファクターを加えたNo７のモデルのHJ距離との差が有意ではないが、他のNo14、16、22のモデルとは統計的に有意な差があることが示された。CAPM型のモデルは、規模のファクターを加えたモデルと統計的に有意な差があるとはいえないことが確認された。また、CAPM型のモデルとF&Fの３ファクターモデルおよびHJ距離が最も短いと評価された二つの３ファクターモデルでは、統計的に有意な違いがあることが確認された。自己資本コストとして従来使われてきたCAPM型のモデルよりも、これら三つのモデルを使うことが適切であることが示された。

次に、Arzac（2005）の指摘したβ値に規模の効果を考慮したモデル（No７）を比較元とした結果を確認する。まずCAPM型のモデルとの比較では、両モデルのHJ距離に有意な差がみられない。一方、F&Fの３ファクターモデルとの比較では明らかな違いがあり、F&Fの３ファクターモデルが自己資本コストを推定するモデルとしては、β値に規模の効果を考慮したモデルより優れていることが確認された。

さらに、F&Fの３ファクターモデル（No22）を比較元として今回の分析でHJ距離が短いと評価された二つのモデル（No14、16）を比較した結果をみると、これらのモデル間のHJ距離には有意な差が認められず、両モデルに違いがあるとはいえないという結論となった。ただし、No22のF&Fモデルは、対応する確率割引ファクターの係数（SIZEファクター）が有意でないため、統計的には有効なモデルとはいえないという問題は残されている。

最後に、統計的に有意でHJ距離が最も短いモデル（No14）と２番目にHJ

第5章 ハンセン・ジャガナサン距離による自己資本コスト推定モデルの比較

図表5−6 モデル間比較の結果

(1) 比較元がモデル1の場合：ネストモデル間比較

No	ネスト関係	JH距離	p値	採用ファクター	モデル間比較の結果		
					HJ距離の2乗	差	p値
1	比較元	0.410	0.000	VW	0.168	—	—
7	ネスト	0.410	0.000	VW, SMB	0.168	0.000	0.962
14	ネスト	0.327	0.026	VW, HML, LM36	0.107	0.061	0.000
16	ネスト	0.333	0.017	VW, HML, IVOL	0.111	0.057	0.001
22	ネスト	0.350	0.005	VW, HML, SMB	0.123	0.045	0.005

(2) 比較元がモデル7の場合：ネストモデル間比較

No	ネスト関係	JH距離	p値	採用ファクター	モデル間比較の結果		
					HJ距離の2乗	差	p値
7	比較元	0.410	0.000	VW, SMB	0.168	—	—
14	非ネスト	0.327	0.026	VW, HML, LM36	0.107	0.061	0.025
16	非ネスト	0.333	0.017	VW, HML, IVOL	0.111	0.057	0.022
22	ネスト	0.350	0.005	VW, HML, SMB	0.123	0.045	0.045

(3) 比較元がモデル22の場合：非ネストモデル間比較

No	ネスト関係	JH距離	p値	採用ファクター	モデル間比較の結果		
					HJ距離の2乗	差	p値
22	非ネスト	0.350	0.005	VW, HML, SMB	0.123	—	—
14	比較元	0.327	0.026	VW, HML, LM36	0.107	0.016	0.296
16	比較元	0.333	0.017	VW, HML, IVOL	0.111	0.012	0.273

(4) 比較元がモデル14の場合：非ネストモデル間比較

No	ネスト関係	JH距離	p値	採用ファクター	モデル間比較の結果		
					HJ距離の2乗	差	p値
14	比較元	0.327	0.026	VW, HML, LM36	0.107	—	—
16	非ネスト	0.333	0.017	VW, HML, IVOL	0.111	0.004	0.754

（出所）　みずほ信託銀行作成

距離が短いモデル（No16）を比較し、両モデルに違いがあるとはいえないことを確認した。二つのモデルに関しては、どちらのモデルを採用しても大きな違いがみられないと考えることができる。

4 おわりに

　本章では、自己資本コスト推定モデルとして利用されてきたCAPM型のモデルよりもF&Fの3ファクターモデルと本検討で最良と判断された二つのモデル（VW、HML、LM36とVW、HML、VOLで構成される二つの3ファクターモデル）が、HJ距離の意味で真のモデルに近いことを確認した。また、CAPM型のモデルに規模のファクターを加えたモデルについても、F&Fの3ファクターモデルと本章で最良と判断された二つのモデルとの比較を行ったが、後者の三つのモデルがHJ距離の意味で真のモデルにより近いことが確認され、自己資本コスト推定モデルとして、これら三つのモデルの優位性が確認された。

　また、優位性のある三つのモデルについては、統計的な差異は確認されなかった。ただ、前述のとおり、F&Fの3ファクターモデルはSMBの係数が有意ではないため、モデルとしては棄却されている。しかしながら、SMBファクターは重要なリスクファクターであり、これを含めないモデルは実務に耐えられないといってよい。SMBファクターについては、さらなる検討が必要であろう。

　また、今回の分析結果をみると、ファクター数がふえるとHJ距離が短くなる傾向がみられる。この点についても、AICのようなファクター数の増加に対するペナルティがHJ距離には課されていない可能性があり、さらなる検討が必要であろう

第5章 ハンセン・ジャガナサン距離による自己資本コスト推定モデルの比較

〈補論Ⅳ〉

1. Hansen and Jagannathan (1997) のハンセン・ジャガナサンの距離

ここでは、HJ距離の基本的な考え方を述べる。まず、以下の議論に必要な枠組みならびに記号を明らかにする。取引はt時点と$t+\tau$時点で行われ、t時点では金融資産が取引され$t+\tau$時点でその資産に対する収益が受け渡されるとする。研究者が分析に用いる価格ベクトルをq_t、収益ベクトルを$z_{t+\tau}$とする。しかし、以下の説明は時点に関する区別を明確化する必要がないので時間に関する添字を省略することとする。

Fを資産の収益受け渡し時に観察される条件付きの情報集合とする。L^2を情報集合Fに含まれ、有限な2次のモーメントをもつすべての確率変数の空間とする。この空間には取引可能な実在の金融資産ばかりか仮説的な資産に対する請求権も含まれている。L^2の上で通常の内積とノルムが定義されているとする。すなわち、

$$\langle h_1|h_2\rangle \equiv E(h_1 h_2),\ \|h\|=\langle h|h\rangle^{1/2},\ h_1,h_2\in L^2$$

Pを研究者が分析に用いるポートフォリオ収益の空間であるとする。Pに関して次を仮定する。

仮定1 PはL^2の閉線形部分空間であるとする。

ここでは資産の収益に対してあるモデルから求められる理論価格と市場価格とを対比しようとしている。実際には、この比較を収益率の時系列平均によって分析する。Pに属するポートフォリオ収益pとそれをもたらす資産の市場価格の決定は、一物一価の原則に従うと仮定する。すなわち、同一収益pをもたらす、すべての資産に対して一意の市場価格$\pi(p)$が存在する。分析を容易にするために以下を仮定する。

仮定2 汎関数πはPの上で連続な線形関数であり、$\pi(p)=1$となる

ある収益$p \in P$が存在する。

一般に、資産価格評価のモデルは将来収益$p \in P$を、ある確率変数$y \in L^2$で割り引いた期待値

$$E(py)$$

として、理論価格を与える。この確率変数 y を、このモデルに対応するSDFと呼ぶ。

つまり、SDFが y であるモデルの p をもたらす資産の理論価格を$\pi_y(p)$とすると、

$$\pi_y(p) \equiv E(py) \quad \text{for all} \quad p \in P \quad \cdots\cdots（補Ⅳ-1）$$

が成り立つ。一般に、理論価格$\pi_y(p)$は、市場価格$\pi(p)$と一致しない。市場価格$\pi(p)$を与えるようなSDFを許容SDFと定義する。

すなわち、市場価格$\pi(p)$に対して、

$$\pi(p) = E(pm) \quad \text{for all} \quad p \in P \quad \cdots\cdots（補Ⅳ-2）$$

を満たすL^2の確率変数m（SDF）を許容SDFと呼ぶ。すべての許容SDFの集合をMとする。yが許容SDF（すなわち、$y \in M$）ならば、理論価格は

図表補Ⅳ-1　許容SDFと提案されたモデルのSDFの関係とHJ距離

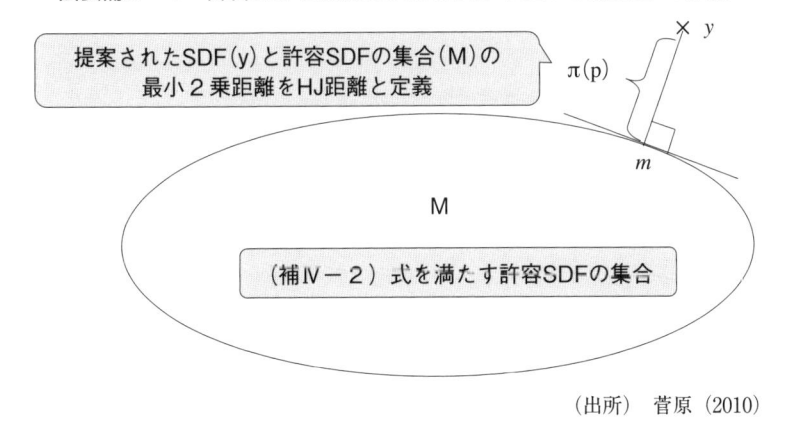

提案されたSDF(y)と許容SDFの集合(M)の最小２乗距離をHJ距離と定義

$\pi(p)$

× y

m

M

（補Ⅳ-2）式を満たす許容SDFの集合

（出所）　菅原（2010）

第5章 ハンセン・ジャガナサン距離による自己資本コスト推定モデルの比較

実際に市場で成立する価格と一致することになる。

このとき、リース（Riesz）の表現定理からMは空集合ではなく、MとPの積集合に属する一意の許容SDFが存在する。この許容SDFが最小ノルムを与えるSDFであり、他のSDFは、この最小ノルムSDFと空間Pに直交する確率変数の和として表される。

(1) ハンセン・ジャガナサン距離の定義

通常の実証研究で評価の対象となるCAPM、APT、その他多因子モデルは一つのSDFに対応している。一般にモデルは現実を十分に反映していないか、その本質をとらえているとしても観測されるSDFには誤差が伴うなどして、yは許容SDFと一致しない。そこで、許容SDF集合からyまでの距離（yと許容SDFのノルムの最小値）を測定し、モデルの妥当性を評価する。

定義：ハンセン・ジャガナサン距離

$$\delta \equiv \min_{m \in M} \|y - m\|$$

このHJ距離が短いほど、より妥当なモデルと評価される。

(2) 最大価格誤差

HJ距離δが価格誤差を意味していることを示そう。モデルyの価格近似誤差を表す汎関数を以下とする。

$$\tilde{\pi}(p) \equiv \pi_y(p) - \pi(p) \quad \cdots\cdots\cdots\cdots\cdots (補Ⅳ-3)$$

再びリースの表現定理から次の式を満たす一意の収益$\tilde{p} \in P$が存在する。

$$\tilde{\pi}(p) = E(\tilde{p}p), \quad p \in P \quad \cdots\cdots\cdots\cdots\cdots (補Ⅳ-4)$$

式（補Ⅳ-4）は、コーシー・シュワルツの不等式の関係から、

$$|\tilde{\pi}(p)| = |E(\tilde{p}p)|$$
$$= |\langle \tilde{p}p \rangle|$$
$$\leq \|\tilde{p}\|\|p\|$$

となる。ここで、$\|p\| = 1$とすると、近似誤差汎関数$\tilde{\pi}$の上限は$\|\tilde{p}\|$

となる。すなわち、
$$\|\tilde{p}\| \equiv \max_{p \in P, \|p\|=1} |\tilde{\pi}(p)| \quad \text{……………………(補Ⅳ-5)}$$
となり、$\|\tilde{p}\|$ は最大の価格誤差を表していることになる。

(3) ハンセン・ジャガナサン距離と最大価格評価誤差の関係

次に $\|\tilde{p}\|$ と δ の関係を示す。任意の m に対して近似誤差汎関数 $\tilde{\pi}$ を表現するのに確率変数 $y-m$ を使うことができる点にまず注意をする。また $\tilde{p}$ を P 上で同じ近似誤差汎関数を表すのに利用することができるから、$y-m-\tilde{p}$ は P と直交する。さらに、$\tilde{p}$ は P に属しているので、$\tilde{p}$ は任意の $m \in M$ に対して $y-m$ の P 上への最小二乗射影である。したがって、
$$\|\tilde{p}\| \leq \delta. \quad \text{………………………………………………(補Ⅳ-6)}$$
また、$\tilde{p}$ は近似誤差汎関数を、y は近似価格汎関数をそれぞれ表すのに使うことができる。それゆえ、確率変数 $y-\tilde{p}$ は価格関数 π を表すのに用いることができる。この確率変数は M に属しており、これを m^* とすれば、$y-m^*=\tilde{p}$ から、
$$\|y-m^*\| = \|\tilde{p}\| \geq \min_{m \in M} \|y-m\| = \delta \quad \text{…………………(補Ⅳ-7)}$$

したがって、次の命題が成り立つ。

命題　仮定1ならびに2が成り立つとする。そのとき
$$\delta = \max_{p \in P, \|p\|=1} |\pi_y(p) - \pi(p)|$$

(4) 最小二乗問題と双対性

すべての $p \in P$ について、
$$\pi(p) = E(pm)$$
が成立する。このことは、すべての資産 i について、

第5章 ハンセン・ジャガナサン距離による自己資本コスト推定モデルの比較

$$E[\mathbf{Z}_{i,t+\tau} \times m] = E[\mathbf{q}_{i,t}] \quad \text{ただし、} \mathbf{z}_{t+\tau} = \begin{pmatrix} z_{1,t+\tau} \\ \cdot \\ \cdot \\ \cdot \\ z_{N,t+\tau} \end{pmatrix} \quad \mathbf{q}_{t+\tau} = \begin{pmatrix} q_{1,t+\tau} \\ \cdot \\ \cdot \\ \cdot \\ q_{N,t+\tau} \end{pmatrix}$$

が成立することと等しい。両辺を$E[q_{i,t}]$で割ると、

$$E\left[\frac{z_{i,t+\tau}}{q_{i,t}} \times m\right] = 1$$

$\frac{z_{i,t+\tau}}{q_{i,t}}$ は、グロスリターンを表しているので、これをR_iと置くと、

$$E[R_i \times m] = 1 \quad \text{for all} \quad i \quad i=1,\cdots,N$$

となり、これをベクトル表記すると、

$$E[\mathbf{R} \times m] = \mathbf{1}_N$$

となる。すると、HJ距離は、

$$\delta^2 = \min_{m \in L^2} \|y - m\|^2, \quad s.t. E(m\mathbf{R}) = \mathbf{1}_N$$

となる。この制約条件付き最適化問題に解が存在する必要十分条件は、$\mathbf{1}_N$が集合 $C \equiv \{E(m\mathbf{R}) | m \in L^2\}$ の内点であることである。$\mathbf{1}_N$はCの内点であるから、以下の鞍点問題を考えればよい。

$$\delta^2 = \min_{m \in L^2} \sup_{\theta \in R^N} \left\{ E\left[(y-m)^2\right] + 2\theta' E(m\mathbf{R}) - 2\theta' \mathbf{1}_N \right\}$$
$$= \max_{\theta \in R^N} \min_{m \in L^2} \left\{ E\left[(y-m)^2\right] + 2\theta' E(m\mathbf{R}) - 2\theta' \mathbf{1}_N \right\}$$

この問題は、mについての最小化問題と考えることができる。

$$E\left[(y-m)^2\right] + 2\theta' E(m\mathbf{R}) = E\left[(y - \theta'\mathbf{R} - m)^2\right]$$
$$- \theta' E(\mathbf{R}\mathbf{R}')\theta + 2\theta' E(y\mathbf{R}) \quad \cdots\cdots (\text{補IV} - 8)$$

式（補IV－8）の右辺の第2および3項はmを含まない。それゆえ、最小化問題としては以下を考える。

$$\min_{m \in L^2} E\left[(y - \theta'\mathbf{R} - m)^2\right] \quad \cdots\cdots (\text{補IV} - 9)$$

式（補Ⅳ-9）は、$m=(y-\theta' \mathbf{R})$ のときに 0 となる。したがって、式（補Ⅳ-9）の解を式（補Ⅳ-7）に代入する。

$$E\left[(y-m)^2\right]+2\theta' E(m\mathbf{R})-2\theta' \mathbf{1}_\mathrm{N}$$
$$=E\left\{\left[y-(y-\theta' \mathbf{R})\right]^2\right\}+2\theta' E\left[(y-\theta' \mathbf{R})\mathbf{R}\right]-2\theta' \mathbf{1}_\mathrm{N}$$
$$=E\left\{y^2-(y-\theta' \mathbf{R})^2-2\theta' \mathbf{1}_\mathrm{N}\right\}$$

したがって、

$$\delta^2 = \max_{\theta \in R^N} E\left[y^2-(y-\theta' \mathbf{R})^2-2\theta' \mathbf{1}_\mathrm{N}\right]$$

となる。最適化の一階の条件は、

$$E\left[\mathbf{R}\left(y-\tilde{\theta}' \mathbf{R}\right)-\mathbf{1}_\mathrm{N}\right]=0$$

である。ここで、$\tilde{\theta}$ は $y-\tilde{\theta}'R$ が許容SDFとなるようなベクトルである。

$$\tilde{\theta}=\left[E(\mathbf{R}\mathbf{R}')\right]^{-1}E(\mathbf{R}y-\mathbf{1}_\mathrm{N}) \quad\cdots\cdots\cdots（補Ⅳ-10）$$

したがって、

$$\delta=\left\{E(\mathbf{R}'y-\mathbf{1}_\mathrm{N}')\left[E(\mathbf{R}\mathbf{R}')\right]^{-1}E(\mathbf{R}y-\mathbf{1}_\mathrm{N})\right\}^{1/2} \quad\cdots\cdots（補Ⅳ-11）$$

となる。この尺度はHJ距離と呼ばれており、すべての資産を正しく価格評価する真のSDF群と誤って特定されたSDFとの最小2乗距離として表される。

2　ハンセン・ジャガナサン距離算出の実際

前節で述べたとおり、この測度には二つの解釈が可能である。一つは、提案されている資産価格評価モデルに対応したSDFとポートフォリオを正しく価格評価する真のモデルに対応したSDF群との距離の最小2乗距離であり、もう一つは、長さが「1」の2次モーメントをもつポートフォリオに対してモデルが生んだ最大価格評価誤差である。後者

第5章 ハンセン・ジャガナサン距離による自己資本コスト推定モデルの比較

の視点でHJ距離を考えると、モデル特定化の誤りの大きさ、すなわち、モデルの当てはまりの悪さを測る測度であるということができる。Hansen and Jagannathan（1997）が示したHJ距離は次のように表すことができる。

まず、N個の資産に対して、評価対象となる資産価格評価モデルに対応したSDFをyとする。このyにより各資産のグロス収益率Rを価格評価すると、価格評価誤差は次式で与えられる。

$$\mathbf{e}(\lambda) = E[\mathbf{R}y(\lambda)] - \mathbf{1}_N \quad \cdots\cdots\cdots (補IV-12)$$

ただし、$\mathbf{1}_N$：要素が1のNベクトル
λ ：SDFyの係数

yが真のSDFであれば、価格評価誤差は「0」になるはずであり、真のSDFでなければ、価格評価誤差が生まれる。yがK個のシステマティック・ファクターfで表されるとすると、yは次式で表される。

$$y(\lambda_0, \lambda_1) = \lambda_0 - \lambda_1' \mathbf{f} = \lambda' \mathbf{x} \quad \cdots\cdots\cdots (補IV-13)$$

ただし、$\mathbf{x} = [1, \mathbf{f}']', \lambda = [\lambda_0, -\lambda_1']'$である。ここで、資産価格評価モデルが誤って特定されているとすると、誤りの大きさを表す尺度を次のように定義できる。

$$\delta = \left[\mathbf{e}(\lambda)' \mathbf{U}^{-1} \mathbf{e}(\lambda) \right]^{\frac{1}{2}} \quad \cdots\cdots\cdots (補IV-14)$$

ただし、$\mathbf{U}$：N個の資産の収益率Rの2次モーメント行列$E[\mathbf{RR}']$

δは、SDFの係数であるλに依存しており、δが最小となるようにλは選定される。すなわち、次式で表せる。

$$\delta = \left[\min_{\lambda} \mathbf{e}(\lambda)' \mathbf{U}^{-1} \mathbf{e}(\lambda) \right]^{\frac{1}{2}} \quad \cdots\cdots\cdots (補IV-15)$$

ここで、$\mathbf{Y} = [\mathbf{f}', \mathbf{R}']'$とすると、$\mathbf{Y}$の期待値と分散・共分散行列は以下のように表される。

$$\mu = E[\mathbf{Y}] \equiv \begin{bmatrix} \mu_1 \\ \mu_2 \end{bmatrix} \quad \text{……………………………………………（補Ⅳ－16）}$$

$$\mathbf{V} = Var[\mathbf{Y}] \equiv \begin{bmatrix} \mathbf{V}_{11} \mathbf{V}_{12} \\ \mathbf{V}_{21} \mathbf{V}_{22} \end{bmatrix} \quad \text{……………………………………………（補Ⅳ－17）}$$

すると、（補Ⅳ－12）式は次のように表すことができる。

$$\mathbf{e}(\lambda) = \mathbf{E}[\mathbf{R}y] - \mathbf{1}_N = \mathbf{E}[\mathbf{R}x'\lambda] - \mathbf{1}_N = \mathbf{D}\lambda - \mathbf{1}_N \quad \text{……………（補Ⅳ－18）}$$

ただし、$\mathbf{D} = \mathbf{E}[\mathbf{R}x'] = [\mu_2, \mathbf{V}_{21} + \mu_2 \mu'_1]$

したがって、（補Ⅳ－15）式は次式で表すことができる。

$$\delta^2 = \min_\lambda (\mathbf{D}\lambda - \mathbf{1}_N)' \mathbf{U}^{-1} (\mathbf{D}\lambda - \mathbf{1}_N)$$
$$= \mathbf{1}'_N \mathbf{U}^{-1} \mathbf{1}_N - \mathbf{1}'_N \mathbf{U}^{-1} \mathbf{D} (\mathbf{D}'\mathbf{U}^{-1}\mathbf{D})^{-1} \mathbf{D}'\mathbf{U}^{-1} \mathbf{1}_N \quad \text{……………（補Ⅳ－19）}$$

ここで、$\mathbf{e}(\lambda)'\mathbf{U}^{-1}\mathbf{e}(\lambda)$ を最小にする唯一の λ が存在し、次式で表される。

$$\lambda = (\mathbf{D}'\mathbf{U}^{-1}\mathbf{D})^{-1} (\mathbf{D}'\mathbf{U}^{-1}\mathbf{1}_N) \quad \text{……………………………………（補Ⅳ－20）}$$

ここで、重み付け行列 $\mathbf{U}^{-1}$ は、$\mathbf{U}^{-1} = \mathbf{E}[\mathbf{RR}']^{-1}$ である。しかし、真の分散共分散行列は未知であり、よりよい推定値を求めるために、いくつかの代案が提案されている。

なお、Hansen and Jagannathan（1997）では、対象資産の収益率をグロス収益率としており、本章ではこれに従うが、これを超過収益率で表しても同様にHJ距離を算出することができる。さらに、この超過収益率によるHJ距離算出に関しては、Kan and Robotti（2008）により、ファクターの平均値を使った「デミーン」の必要性が指摘されている。

3 ハンセン・ジャガナサン距離と確率割引ファクターの係数の推定と検定

(1) ハンセン・ジャガナサン距離と確率割引ファクターの係数の推定

次にT個の時系列データを使い、ハンセン・ジャガナサン距離および確率割引ファクターの係数を推定する必要がる。具体的には、（補Ⅳ－

21）式からハンセン・ジャガナサン距離を、（補Ⅳ－22）式から確率割引ファクターの係数を推定することになる。

$$\hat{\delta}^2 = 1'_N \hat{V}_{22}^{-1} 1_N - 1'_N \hat{V}_{22}^{-1} \hat{D} \left(\hat{D}' \hat{V}_{22}^{-1} \hat{D} \right)^{-1} \hat{D}' \hat{V}_{22}^{-1} 1_N \quad \text{(補Ⅳ－21)}$$

$$\hat{\lambda} = \left(\hat{D}' \hat{V}_{22}^{-1} \hat{D} \right)^{-1} \left(\hat{D}' \hat{V}_{22}^{-1} 1_N \right) \quad \text{(補Ⅳ－22)}$$

ただし、$\hat{\mu} = \mathrm{E}\left[\hat{Y}\right] \equiv \begin{bmatrix} \hat{\mu}_1 \\ \hat{\mu}_2 \end{bmatrix} = \dfrac{1}{T} \sum_{t=1}^{T} \hat{Y}_t$

$$\hat{V} = \mathrm{Var}\left[\hat{Y}\right] \equiv \begin{bmatrix} \hat{V}_{11} & \hat{V}_{12} \\ \hat{V}_{21} & \hat{V}_{22} \end{bmatrix} = \frac{1}{T} \sum_{t=1}^{T} \left(\hat{Y}_t - \hat{\mu} \right)\left(\hat{Y}_t - \hat{\mu} \right)' \quad \text{(補Ⅳ－23)}$$

$$\hat{D} = \mathrm{E}\left[\hat{R}\hat{x}'\right] = \left[\hat{\mu}_2, \hat{V}_{21} + \hat{\mu}_2 \hat{\mu}'_1 \right]$$

(2) ハンセン・ジャガナサン距離の検定

   a モデルが正しく特定されているとした場合（すなわち、$\delta = 0$ とした場合）

Jagannathan and Wang (1996) は、$T\hat{\delta}^2$ は自由度 $N-K$ のカイ二乗分布に従うが、重み付け行列 U^{-1} が最適な推定値でないため、自由度 1 のカイ二乗分布に従うことを示した。すなわち、正しく特定されているとした場合のモデル（$\delta = 0$）のもとで $\hat{\delta}^2$ の漸近分布は、以下となる。

$$T\hat{\delta}^2 \overset{A}{\sim} \sum_{i=1}^{N-K-1} \xi_i x_i \quad \text{(補Ⅳ－24)}$$

ここで、x_i は、独立 χ^2_1（カイ二乗）ランダム変数である（詳細については、Jagannathan and Wang (1996) を参照されたい）。したがって、モンテカルロ・シミュレーションにより、自由度 1 のカイ二乗分布に従う乱数を発生させて、（補Ⅳ－24）式に従って、$T\hat{\delta}^2$ の分布を求めればよい。$\hat{\delta}$ が「0」ではない（真のモデルとは異なる）ことの検定も、この分布を使い p 値を求めればよいことになる。

b モデルが誤って特定されているとした場合（すなわち、$\delta \neq 0$とした場合）

Hansen, Heaton and Luttmer (1995)、Hansen and Jagannathan (1997) によると、誤って特定されたモデルの$\hat{\delta}$の漸近分布は、以下となることを示している。

$$\sqrt{T}\left(\hat{\delta}^2 - \delta^2\right) \stackrel{A}{\sim} N(0, v) \quad \cdots\cdots (\text{補IV} - 25)$$

$$\sqrt{T}\left(\hat{\delta} - \delta\right) \stackrel{A}{\sim} N(0, v/4\delta^2) \quad \cdots\cdots (\text{補IV} - 26)$$

ここでvは、次式の漸近分散から計算される。

$$\frac{1}{\sqrt{T}}\sum_{t=1}^{T}(2\hat{u}_t\hat{y}_t - \hat{u}_t^2 + \hat{\delta}^2) \quad \cdots\cdots (\text{補IV} - 27)$$

ただし、$\hat{u}_t = \hat{\mathbf{e}}'\hat{\mathbf{V}}_{22}^{-1}\hat{\mathbf{R}}_t$

統計的検定を行うには、vの一致推定量が必要となる。ここで、Jagannathan and Wang (1996)ではNewey and West (1987)の方法で、不均一分散と自己相関性が存在する可能性のあるデータに対処している（ラグの長さ（m）を15として分析）。求められた$\hat{\delta}$は、漸近正規分布しており、2.5%、97.5%の信頼区間が計算できる。

(3) 確率割引ファクターの係数の推定値

a モデルが誤って特定されているとした場合（すなわち、$\delta \neq 0$とした場合）

Hall & Inoue (2003) および Kan & Robotti (2008) は、誤って特定されたモデルについて、

$$\sqrt{T}\left(\hat{\lambda} - \lambda\right) \stackrel{A}{\sim} N\left(\mathbf{0}_{K+1}, \mathbf{V}(\hat{\lambda})\right) \quad \cdots\cdots (\text{補IV} - 28)$$

ただし、$\mathbf{V}(\hat{\lambda}) = \sum_{j=-\infty}^{\infty} E\left[\hat{\mathbf{h}}_t \hat{\mathbf{h}}'_{t+j}\right]$

第5章 ハンセン・ジャガナサン距離による自己資本コスト推定モデルの比較

$$\hat{h}_t = -\hat{H}\hat{D}'\hat{V}_{22}^{-1}\hat{R}_t\hat{y}_t + \hat{H}\left[\hat{D}'\hat{V}_{22}^{-1}\left(\hat{R}_t - \hat{\mu}_2\right) - \hat{x}_t\right]\hat{u}_t + \lambda$$

であり、$\hat{H} = (\hat{D}'\hat{V}_{22}^{-1}\hat{D})^{-1}$、$\hat{u}_t = \hat{e}'\hat{V}_{22}^{-1}\hat{R}_t$ の関係が成り立つことを示すとともに、ファクターと収益率がiid多変量楕円状分布に従うとすると、$\sqrt{T}(\hat{\lambda} - \lambda)$ の漸近分散は、

$$V(\hat{\lambda}) = \left[\hat{\mu}_y^2 + (1+k)\hat{\sigma}_y^2\right]\hat{H} + \begin{bmatrix} \hat{\sigma}_y^2 - \hat{\mu}_y^2 + \hat{\lambda}_0^2 + 2k(\hat{\mu}_1'\hat{\lambda}_1)^2 & (\hat{\lambda}_0 - 2k\hat{\mu}_1'\hat{\lambda}_1)\hat{\lambda}_1' \\ (\hat{\lambda}_0 - 2k\hat{\mu}_1'\hat{\lambda}_1)\hat{\lambda}_1 & (1+2k)\hat{\lambda}_1\hat{\lambda}_1' \end{bmatrix}$$

$$+\hat{\delta}^2\hat{H}\left(\left[1 + (1+k)\hat{\mu}_2'\hat{V}_{22}^{-1}\hat{\mu}_2\right]\begin{bmatrix}1\\\hat{\mu}_1\end{bmatrix}\begin{bmatrix}1\\\hat{\mu}_1\end{bmatrix}' + \begin{bmatrix}0 & 0_K'\\0_K & (1+k)(\hat{V}_{11} - \hat{V}_{12}\hat{V}_{22}^{-1}\hat{V}_{21})\end{bmatrix}\right)\hat{H}$$

....(補Ⅳ - 29)

ここで、$\hat{H} = (\hat{D}'\hat{V}_{22}^{-1}\hat{D})^{-1}$、$k$：尖度、$\hat{\mu}_y = \hat{\lambda}_0 + \hat{\lambda}_1'\hat{\mu}_1$、$\hat{\sigma}_y^2 = \hat{\lambda}_1'\hat{V}_{11}\hat{\lambda}_1$
となる。

b モデルが正しく特定されているとした場合（すなわち、$\delta = 0$ とした場合）

この場合、$e = 0_N$、$u_t = 0$ となり、$\hat{h}_t$ は以下のように単純化される。

$$\hat{h}_t = -\hat{H}\hat{D}'\hat{V}_{22}^{-1}\hat{R}_t\hat{y}_t + \lambda$$ ....(補Ⅳ - 30)

これまで導出した式はグロス収益率を使ったものであるが、前述のとおりこれらを超過収益率を用いて表わしたり、「デミーン」して表すこともできる。

参考文献・参考資料

　本書の内容は、多くの方の助言、ご指導、有益な多くの書籍、文献、さらに座談会等での意見交換の場で得られた示唆をもとにしている。以下では、本書を執筆する際に直接参考とした文献だけでなく、読者に有益と思われる情報源や書籍、文献等を紹介し、その後に直接参照した書籍、文献の一覧を示すこととする。

第1章
　本章を執筆するに際しては、イボットソン・アソシエイツ・ジャパン社 山口勝業氏および小松原宰明氏の論文、講演あるいは直接的にご指導、ご助言をいただいた。特に、山口勝業（2007）『日本経済のリスクプレミアム』（東洋経済新報社）、小松原宰明・小野田慎（2010）「株主資本コストの推定方法と推定事例」『みずほ年金レポート』2010年3／4月号 No.90からは、本章執筆に際して、多くのヒントをいただいた（データ面でもイボットソン・アソシエイツ・ジャパン社の良質な基礎データの存在が不可欠であった）。
　なお、第1節の明治維新以降から第二次大戦勃発前までの過去の株式市場のリターン系列作成に際しては、東洋経済新報社の依光孝史氏からご助言をいただきながら、国会図書館所蔵の資料等をもとに復元している。また、その他の部分については、千葉商科大学内田茂男名誉教授執筆（1995）の『日本証券史3』（日経文庫）を中心に、『日本証券史1』（日経文庫）、『日本証券史2』（日経文庫）を参考にしている。なお、電通ホームページ（http://www.dentsu.co.jp/books/ad_nenpyo/）には、1945年から現在に至る情報が掲載されている。過去の新聞情報等を確認するうえで、有益な情報源である。
　その他、直接的あるいは間接的に参照した書籍、文献は以下のとおりである。

（参考文献）
東洋経済新報社（1975）『明治大正国勢総覧』
東洋経済新報社（1991）『完結昭和国勢総覧』第2巻
有沢広巳（編修者）（1995）『日本証券史1、2』日本経済新聞社
内田茂男（1995）『日本証券史3』日本経済新聞社
Mehra, Rajnish, and Edward C. Prescott (1985) "TheEquity Premium: A Puzzle" Journal of Monetaly Economics, March, 15, 145-62
Siegel, Jeremy J. (1999) "The Shrinking Equity Premium." Journal of Portfolio

参考文献・参考資料

Management, vol. 26, no. 1 (Fall) : 10-17

Siegel, J. (1998) "Stocks for the Long Run" 2 nd Edition Irwin, New York

Ibbotson, Roger G. and Peng Chen (2003) "Long-Run Stock Returns: Participating in the Real Economy" Financial Analysts Journal, January/February

Ibbotson, Roger G & Sinquefield, Rex A (1976) "Stocks, Bonds, Bills, and Inflation: Year-by-Year Historical Returns (1926-1974)" Journal of Business, University of Chicago Press, vol. 49(1), pages 11-47.

Ibbotson, Roger G & Sinquefield Rex A (1976) "Stocks, Bonds, Bills and Inflation: Simulations of the Future 1976-2000" Journal of Business, University of Chicago Vol.49(3)

Jorion, Philippe and William N. Goetzmann (1999) "Global Stock Markets in the Twentieth Century" Journal of Finance, June

Dimson, Elroy, Paul Marsh, and Mike Staunton (2001) "Triumph of the Optimists: 101 Years of Global,Investment Returns" Princeton University Press (邦訳『証券市場の真実』)

Brown, S., W. Goetzmann and S. Ross (1995) "Survival", Journal of Finance 50 : 853-873.

Welch, Ivo (2000) "Views of Financial Economists on the Equity Premium and on Professional Controversies", Journal of Business, Vol.73, no.4.

Welch, Ivo (2001) "The Equity Premium Consensus Forecast Revisited" September 2001.Cowles Foundation Discussion Paper No.1325, Yale University

Graham, J. R., and C. R. Harvey (2001) "The Theory and Practice of Corporate Finance: Evidence from theField." Journal of Financial Economics 60 (2 - 3) : 187-243.

山口勝業 (2005)「わが国産業の株式リターンのサプライサイド推計 法人企業統計に基づく業種別集計データの長期時系列分析」『証券アナリストジャーナル』Vol43, No 9 pp45-59

山口勝業 (2007)『日本経済のリスクプレミアム』東洋経済新報社

小松原宰明、小野田慎 (2010)「株主資本コストの推定方法と推定事例」『みずほ年金レポート』3／4月号 No.90

Lucas Jr, R.E. (1978) "Asset prices in an exchange economy" Econometrica 46 : 1429-1445.

Weil, P. (1989) "The equity premium puzzle and the risk-free rate puzzle"

Journal of Monetary Economy 24 : 401-421.

Grossman, S.J., and R.J. Shiller (1981) "The determinants of the variability of stock market prices" American Economic Review 71 : 222-227

Hansen, Lars Peter, and Kenneth J. Singleton (1982) "Generalized instrumental variables estimation of nonlinear rational expectations models", Econometrica 50, 1269-1288

Epstein, L.G., and S.E. Zin (1991) "Substitution, risk aversion, and the temporal behavior of consumption and asset returns: an empirical analysis" Journal of Political Economy 99 : 263-286

Constantinides, G.M. (1990) "Habit formation: a resolution of the equity premium puzzle" Journal of Political Economy 98 : 519-543

Abel, A. B. (1990) "Asset Prices under Habit Formation and Catching Up with the Joneses" American Economic Review, 80(2).

Campbell, J.Y., and J.H. Cochrane (1999) "By force of habit: a consumption-based explanation of aggregate stock market behavior", Journal of Political Economy 107 : 205-251.

Barberis, N., and M. Huang (2009) "Preferences with Frames: A New Utility Specification that Allows for the Framing of Risks" Journal of Economic Dynamics and Control 33 : 1555-1576.

Constantinides, G.M., J.B. Donaldson and R. Mehra (2002) "Junior can't borrow: a new perspective on the equity premium puzzle" Quarterly Journal of Economics 118 : 269-296.

Bansal, R., and J.W. Coleman (1996) "A monetary explanation of the equity premium, term premium and risk free rate puzzles" Journal of Political Economy 104 : 1135-1171.

McGrattan, E.R., and E.C. Prescott (2001) "Taxes, Regulations, and Asset Prices." Working Paper No. 610, Federal Reserve Bank of Minneapolis.

Mehra, Rajnish (2003) "The Equity Premium: Why Is It a Puzzle?" Financial Analysts Journal, Vol.59, No.1, pp.54-69.Elton (1999)

Fama, E. F., and K. R. French. (1997) "Industry Costs of Equity." Journal of Financial Economics 43(2) : 153-193.

Diermeier, Jeffrey, Ibbotson, Roger, and Siegel, Lawrence B. (1984) "The Supply for Capital Market Returns" Financial Analysts Journal, Vol. 40, No 2.

Cornell (2001)" Equity Risk Premium Forum" Nov, 8th

参考文献・参考資料

Estep, Tony (1987) "Security analysis and stock selection: Turning financial information into return forecasts.". Financial Analysts Journal 43 : 34-43

Fama, Eugene F. and Kenneth R. French (2002) "The Equity Premium", Journal of Finance,Vol.57, No. 2, pp.637-659.

Arnott, Robert D. and Peter L. Bernstein "What Risk Premium is 'Normal'?", Financial Analysts Journal, March/April 2002.（邦訳『証券アナリストジャーナル』2003年1月号〜3月号）

山口勝業（2003）「株式リスクプレミアム」『アクチュアリージャーナル』第15号 pp.54-75

山口勝業、金崎芳輔、真壁昭夫、小松原宰明（2003）「日本のリスクプレミアム サプライサイドからの50年間の検証」日本ファイナンス学会第11回大会報告論文

三吉康雄、林田正史（2003）、「リスクプレミアムは消失したか？〜政策資産配分の前提再考〜」大和総研 年金レポート

Gebhardt, William, Charles M. C. Lee, and Bhaskaran Swaminathan (2001) "Toward an implied cost of capital" Journal of Accounting Research 39, 135-176.

Easton, P., G. Taylor, P. Shroff, and T. Sougiannis (2002) "Using forecasts of earnings to simultaneously estimate growth and the rate of return on equity investment" Journal of Accounting Research 40 : 657-676.

Gode, D. and P. Mohanram (2003) "Inferring the Cost of Capital Using the Ohlson-Juettner Model" Review of Accounting Studies 8 : 399-431.

Benartzi, S., and R.H. Thaler (1995) "Myopic loss aversion and the equity premium puzzle", Quarterly Journal of Economics 110 : 73-92.

Bullard, James B. (2007) "the Market Price of Risk and Equity Premium" Working Paper

木村哲（2011）「期待株主資本コストと期待リスクプレミアム再考」『みずほ年金レポート』7／8 No.38

小林孝雄（2006）「市場の効率性：ファーマから35年」『証券アナリスト・ジャーナル』Vol44, No10

岸本義之（2009）「資本コストへの過大な期待と世界バブル」早稲田大学WBS研究センター『早稲田国際経営研究』No40pp.41-51

小松原宰明（2006）「資本コスト－推計方法と推計事例－」『リスク・リターンの経営手法』中央経済社 第3部第1章pp176-200

Siegel (2002) "Stocks for the Long Run" 3rd Edition New York Irwin

Enrique R.Arzac（2005）"Valuation for Mergers, Buyout, and Restructuring"（邦訳『合併・買収・再編の企業評価』）
Brealey, R. A., S. C. Myers, and F. Allen. (2010) "Principles of Corporate Finance" 10th ed. New York, NY: McGraw-Hill/Irwin.
Carhart, M. M. (1997) "On Persistence in Mutual Fund Performance." The Journal of Finance 52(1) : 57-82.
Jonathan Berk, Peter DeMarzo（2010）"Corporate Finance" 2nd Edition PEARSON（邦訳『コーポレートファイナンス 入門編、応用編』〔第2版〕）
Cooper, Ian（1996）"Arithmetic versus geometric mean estimators: Setting discount rates for capital budgeting." European Financial Management 2 (2) : 157-167.
Indro, D.C. and W. Y. Lee（1997）"Biases in Arithmetic and Geometric Averages as Estimates of Long-run Expected Returns and Risk Premium", Financial Management, v26,81-90.
Blume, M.E.（1974）"Unbiased estimators of long-run expected rates of return" Journal of the American Statistical Association, 69, 634-638.
菅原周一（2007）『資産運用の理論と実践』朝倉出版社
菅原周一（2011）「日本株式市場におけるファクター・モデルの評価と応用」上智大学　博士論文
John C. Bogle（1999）"Common Sense On Mutual Fund"（邦訳『インデックスファンドの時代』）

第2章

　資本コストに関しては、古くから、青山学院大学大学院の髙橋文郎教授に多くのご指導をいただいており、特に「わが体験的「資本コスト論」」『みずほ年金レポート』2010年3／4月号 No.90から、多くの示唆をいただいた。日本福祉大学元教授津森信也氏の『資本コストの実務』も、実践的な部分で大変参考となった文献である。また、早稲田大学大学院ファイナンス研究科の竹原均教授が書かれた多くの論文からも執筆のヒントを数多くいただいている。
　なお、資本コストに関しては、Pratt and Grabowski（2010）"Cost of Capital Applications and Examples" 4th Edition John Wiley & Sons Inc.が網羅的な文献であるが、海外の良質なコーポレートファイナンスに関するテキストが翻訳、出版されている。これらの書籍を読むだけで、実践的な知識を得ることができる。他にも良書はあると思われるが、本書執筆の際に参考になったテキストは、以下

参考文献・参考資料

の4点である。
①Enrique R.Arzac（2005）"Valuation for Mergers, Buyout, and Restructuring"（邦訳『合併・買収・再編の企業評価』）
②Jonathan Berk, Peter DeMarzo（2010）"Corporate Finance" 2nd Edition PEARSON（邦訳『コーポレートファイナンス 入門編、応用編』〔第2版〕）
③Mackinsey&Company,Inc.（2010）" Valuation: Measuring and Managing the Value of Companies "5th Edition（邦訳『企業価値評価』〔第5版〕〔上〕〔下〕）
④Richard A. Brealey, Stewart Myers and Franklin Allen（2005）"Corporate Finance" 8th Edition McGraw-Hill,（邦訳『コーポレートファイナンス』〔第8版〕〔上〕〔下〕）
その他、直接的あるいは間接的に参照した書籍、文献は以下のとおりである。

（参考文献）
津森信也（2008）『資本コストの実務』中央経済社
Graham, J. R., and C. R. Harvey（2001）"The Theory and Practice of Corporate Finance: Evidence from theField." Journal of Financial Economics 60（2-3）: 187-243.
Sharpe, W. F.（1964）"Capital Asset Prices: A Theory of Market Equilibrium under Conditions of Risk." Journal of Finance 19(3): 425-442
Lintner, J.（1965）"The valuation of risk assets and the selection of risky investments in stock portfolios and capital budgets", Review of Ecoomics and Statistics 47, 13-37
F. Black（1972）"Capital Market Equilibrium with Restricted Borrowing" Journal of Business 45, pp444-454
Merton, R.C.（1973）"An intertemporal capital asset pricing model", Econometrica 41, 867-887
Breeden, D.T.（1979）"An intertemporal asset pricing model with stochastic consumption and investment opportunities", Journal of financial economics 7, 265-296
Roll, Richard（1977）"A critique of the asset pricing theory's tests", Journal of Financial Economics 4, 129-176
Fama, E. F., and K. R. French（1992）"The Cross-Section of Expected Stock Returns." The Journal of Finance 47(2): 427-465.
Fama, E. F., and K. R. French（1993）"Common Risk Factors in the Returns on

Stocks and Bonds "Journal of Financial Economics 33⑴ : 3-56.
Carhart, M. M. (1997) "On Persistence in Mutual Fund Performance." The Journal of Finance 52 (1) : 57-82.
久保田敬一、竹原均 (2007a)「Fama-Frenchファクターモデルの有効性の再検証」『現代ファイナンス』第22号, 3 -23
Daniel, Kent D., and Sheridan Titman (1997) "Evidence on the characteristics of crosssectional variation in common stock returns", Journal of Finance 52, 1 -33.
Pastor, L., and R. F. Stambaugh (2003) "Liquidity Risk and Expected Stock Returns." Journal of Political Economy 111⑶ : 642-685
Lewellen, Jonathan, Stefan Nagel and Jay Shanken (2010) "A skeptical appraisal of asset pricing tests", Journal ofFinancial Economics 96, 175
竹原均 (2009)「日本株の流動性測定と株式リターンとの関係－日次データを用いた分析－」『証券アナリストジャーナル』Vol49 ,No 6 , 5 -18.
徳永俊史 (2009)「日本の株式市場におけるモメンタム効果」『みずほ年金レポート』2009・11/12 No.88
Enrique R.Arzac (2005) "Valuation for Mergers, Buyout, and Restructuring", (邦訳『合併・買収・再編の企業評価』)
小松原宰明、小野田慎 (2010)「株主資本コストの推定方法と推定事例」『みずほ年金レポート』2010年 3 / 4 月号 No.90
小松原宰明 (2006)「資本コスト－推計方法と推計事例－」『リスク・リターンの経営手法』中央経済社 第 3 部第 1 章pp176-200
Ang and Liu (2003) "How to discount cashflows with time varying expected returns" NBER working paper
太田浩司、斉藤哲朗、吉野貴晶、川井文哉 (2012)「CAPM, Fama-French 3 ファクターモデル, Carhart 4 ファクターモデルによる資本コストの推定方法について」『関西大学商学論集』第57巻第 2 号 (9月)
菅原周一 (2010)「株主資本コスト推定モデルの比較」『みずほ年金レポート』3 / 4、No90, pp22-37
Lo, A. W. and A. C. MacKinlay (1999) "A Non-Random Walk Down WallStreet", Princeton University Press.
Blume, M. (1971) "On the Assessment of Risk," Journal of Finance, 26, 1-10.・
Ibbotson, R.G., Kaplan, P.D., and Peterson, J.D. (1997) "Estimates ofsmall-stock betas are much too low". The Journal of PortfolioManagement, 23⑷, 104-111.
Mackinsey & Company,Inc. (2010) "Valuation: Measuring and Managing the

参考文献・参考資料

Value of Companies" 5th Edition（邦訳『企業価値評価』〔第5版〕〔上〕〔下〕）
Jonathan Berk, Peter DeMarzo（2010）"Corporate Finance" 2nd Edition PEARSON（邦訳『コーポレートファイナンス入門編、応用編』〔第2版〕）
Pratt and Grabowski（2010）"Cost of Capital Applications and Examples" 4th Edition John Wiley & Sons Inc.
久保田敬一、竹原均（2008）「加重平均資本コスト推定上の諸問題」『経営財務研究』27, 2-25
Scholes, M. S., M. A. Wolfson, M. M. Erickson, E. L. Maydew and T. Shevlin（2002）"Taxes and Business Strategy" A Planning Approach, Prentice-Hall
Graham, J. R.,（1996）"Debt and the marginal tax rate", Journal of Financial Economics 41, 41-73
Kubota K. and H. Takehara（2007）"The cost of capital, marginal tax rates, and the effects of tax rate changes: The case of Japanese firms," FinanzArchiv/Public Finance Analysis, forthcoming, June Issue

第3章

本章は、『証券アナリストジャーナル』2012年5月号（証券アナリスト読書室 Vol.50 No 5）での書評執筆の機会をいただいて精読することとなったJonathan Berk, Peter DeMarzo（2010）"Corporate Finance" 2nd Edition PEARSON（邦訳『コーポレートファイナンス入門編、応用編』〔第2版〕）から多くの示唆を得て執筆した「社債の期待リターン推定方法に関する検討」（『みずほ年金レポート』2013年新年号 No.105）を元にしている。

（参考文献）

菅原周一（2013）「社債の期待リターン推定方法に関する検討」『みずほ年金レポート』新年号 No.105
Fama, E. and French, K.（1993）"Common risk factors in the returns on stocks and bonds," Journal of Financial Economics, 33,3-56
Simon Benninga（2000）"Financial Modeling" 2nd Edition MIT Press
Jonathan Berk, Peter DeMarzo（2010）"Corporate Finance" 2nd Edition PEARSON（邦訳『コーポレートファイナンス入門編、応用編』〔第2版〕）
山田徹、永渡学（2010）「投資家の期待とボラティリティ・パズル」『証券アナリストジャーナル』Vol.48, No.12
森平爽一郎（2011）「証券分析とポートフォリオ・マネージメント」（第10回　信

用リスクモデル）第2次レベル通信教育講座テキスト、日本証券アナリスト協会
Simon Benninga（2008）"Financial Modeling" 3rd Edition MIT Press
Stephen M. Schaefer, Ilya A. Strebulaev（2009）"Risk in Capital Structure Arbitrage" Stanford GSB working paper

第4章

本章は、菅原周一、青山祥一朗「日本株式市場における価格形成と株式集中投資」『みずほ年金レポート』2012年7／8月号 No.103をもとに加筆、修正しているが、本章執筆に際しては、大藤康博氏（大和ファンド・コンサルティング）、近藤英男氏（DIC企業年金基金）、伊井哲郎氏（コモンズ投信）と議論する機会が得られ、多くの示唆をいただいた『証券アナリストジャーナル』2012年6月号（Vol.50, No.6）での座談会、日本株式投資に問題意識をもった有志の集まりでつくった「厳選投資の会」を中心に出版が予定されている書籍（『新たな株式投資－脱市場・厳選投資』（金融財政事情研究会））の1つの章である川北英隆教授（京都大学）を座長とする座談会、さらに農林信託での奥野一成氏のセミナー、バリューアップファンド立ち上げ当初から意見交換させていただいていた中神康議氏（「厳選投資の会」幹事）から多くの示唆をいただいている。

（参考文献）

菅原周一、青山祥一朗（2012）「日本株式市場における価格形成と株式集中投資」『みずほ年金レポート』7／8月号 No.103
「あすかバリューアップファンド投資家総会」資料（2010年11月）
Fama, E. and French, K.（1993）"Common risk factors in the returns on stocks and bonds," Journal of Financial Economics, 33, 3-56
大藤康博、近藤英男、伊井哲郎、菅原周一（2012）「（座談会）株式集中投資」『証券アナリストジャーナル』Vol.50, No.6
川北英隆他（2013）『新たな株式投資－脱市場・厳選投資』金融財政事情研究会
奥野一成（2013）「集中投資のリスク」農中信託銀行年金セミナー資料、5月28日
Ohlson, James A.（1995）"Earnings, book values, and dividends in equity valuation" Contemporary Accounting Research 11(2): 661-687

第5章

本章は、2010年に執筆した「株主資本コスト推定モデルの比較」（『みずほ年金

レポート』3/4、No90, pp22-37）および上智大学での博士論文「日本株式市場におけるファクター・モデルの評価と応用」（2011年）を元にしている。これらの論文の多くは上智大学名誉教授の斎藤進氏のご指導のもとで執筆できたものである。

（参考文献）

菅原周一（2010）「株主資本コスト推定モデルの比較」『みずほ年金レポート』3/4、No90, pp22-37

菅原周一（2011）「日本株式市場におけるファクター・モデルの評価と応用」上智大学　博士論文

Andrews,D.W.K., (1991) "Heteroskedasticity and Autocorrelation Consistent Covariance Matrix Estimation." Econometrica, 59, 817-858.

Enrique R.Arzac (2005) "Valuation for Mergers, Buyout, and Restructuring", John Wiley & Sons, Inc. （邦訳『合併・買収・再編の企業評価』）

Hansen, L.P. and R. Jagannathan (1997) "Assessing Specification Errors in Stochastic Discount Factor Models" Journal of Finance, 52, 557-590

Fama, E. and French, K. (1993) "Common risk factors in the returns on stocks and bonds," Journal of Financial Economics, 33, 3-56

Jagannathan, R. and Z. Wang (1996) "The Conditional CAPM and the Cross-section of Expected Returns," Journal of Finance, 51, 3-51

Hansen Lars, Heaton John, and Luttmer Erzo G J (1995) "Econometric Evaluation of Asset Pricing Models" Review of Financial Studies, 8(2), 237-74

Hall, A.R., Inoue,A., (2003) "The Large Sample Behaviour of the Generalized Method of Moments Estimator in Misspecified Models." Journal of Econometrics 114, 361-394.

Newey, Whitney K., and Kenneth D. West (1987) "A Simple Positive Semi-Definite, Heteroskedasticity and Autocorrelation Consistent Covariance Matrix." Econometrica 55, 703-708.

Raymond Kan and Cesare Robotti (2008) "Specification Tests of Asset Pricing Models Using Excess Returns" Journal of Empirical Finance, 15, 816-838

Raymond Kan and Cesare Robotti (2009) "Model Comparison Using the Hansen-Jagannathan Distance" Review of Financial Studies, 22(9), 3449-3490

菅原周一（2009）「日本株式市場におけるリスクファクターに関する考察」『みずほ年金レポート』11/12、No88

索　引

●A〜Z

Blumeの修正ベータ 123
Blumeの方法 49
Carhart（1996）の4ファクターモデル 102
F&Fの3ファクターモデル 103, 128, 131
HAC（Heteroscadasity and Autocorrerated Consistency） 228
ITバブル 21
PERの分解 62, 76
Tモデル 63, 77, 88
WACC：Weighted Average Cost of Capital 95

●あ

アジア通貨危機 21
アンレバード・ベータ 135
一物一価の原則 242
エクイティ・プレミアム・パズル ... 26
欧州債務危機 24
大阪株式取引所 7

●か

確率割引ファクター 227, 249, 251
加重平均資本コスト ... 95, 148, 151, 154
株式価値 3, 24
株式ベータ 135
株式リスクプレミアム 25, 50, 55, 58, 76

下方リスク 211
幾何平均 45
期待回収率 167
期待損失率 167
許容SDF 243
ギリシャ危機 23
金融システム不安 20
クリーンサープラスの関係 100, 187
ケネディ・ショック 12
限界税率 143
公的資金注入 21
ゴードンモデル 59, 98
コンセンサス予想 30

●さ

裁定価格理論（APT：Arbitrage Pricing Theory） 102
サバイバル・バイアス 29
サブプライムローン 22
サム・ベータ 123
算術平均 45
残余利益 200
残余利益モデル 100
自己資本コスト 93, 97, 148, 187, 193, 200, 237
自己相関 228
資産ベータ 135
市場ポートフォリオ 106, 118
資本構成割合 145, 150
資本コスト 91, 93, 193, 200
資本資産評価モデル（CAPM） 100

索引

資本の機会費用………………………… 91
社債コスト ……………………………… 140
社債の期待リターン ……………159, 160
ジャパン・プレミアム ………………… 20
集中投資 ………………………………… 188
スターリン暴落 ………………………… 10
スペクトル密度推定値 ………………… 227
世界金融危機 …………………………… 22
世界大恐慌 ……………………………… 8
節税効果 ……………………………97, 142
総量規制 ………………………………… 18

● た

対日投資規制 …………………………… 13
超過利益 ……………………………205, 210
デフォルト確率 ……………141, 163, 167
東京株式取引所 ………………………… 7
ドバイショック ………………………… 24

● な

日銀特融 ………………………………… 12

● は

ハードルレート …………93, 187, 198, 200
配当割引モデル ………………………… 98
ハンセン・ジャガナサン距離 ……225, 242, 244, 247, 250
ヒストリカルベータ …………………… 112
ファンダメンタルベータ ……………… 112

ファンダメンタルリターン …………… 64
不均一分散 ……………………………… 228
負債コスト ……………………97, 138, 149
負債ベータ ……………………………… 136
プラザ合意 ……………………………… 15
ブラジル危機 …………………………… 21
ブラックマンデー ……………………… 16
フルインフォメーションベータ
 …………………………………112, 116
分散投資効果 …………………………… 220
平成バブル ……………………………… 15
ベージアン修正ベータ ………………… 124
ベータ値 …………………………112, 120
法人税率 ……………………………143, 150

● ま

無リスク金利 ……………36, 39, 107, 118
明治23年恐慌 …………………………… 7

● ら

リース（Riesz）の表現定理 ………… 244
リーマンショック ……………………… 22
リスク価格 ……………………………… 35
リスクの市場価格 ……………………… 69
リスクの単価 ………………………69, 78
リスクフリーレート・パズル ………… 32
ルーブル合意 …………………………… 17
レバレッジ比率 ………………………… 134
ロシア危機 ……………………………… 21

264

著者略歴

菅原　周一（すがわら　しゅういち）
みずほ年金研究所　研究理事　1980年東京工業大学卒業。2009年3月より現職。主な著書に『年金資産運用の理論と実践』（共編）日本経済新聞社2002年、『資産運用の理論と実践』朝倉書店2007年、『基礎から学ぶコーポレート・ファイナンス』創成社2011年などがある。早稲田大学大学院ファイナンス研究科、慶應義塾大学湘南藤沢キャンパス総合政策学部非常勤講師。博士（経済学）上智大学。

日本株式市場のリスクプレミアムと資本コスト

平成25年9月26日　第1刷発行

　　　　　　　　　　　　著　者　菅　原　周　一
　　　　　　　　　　　　発行者　加　藤　一　浩
　　　　　　　　　　　　印刷所　図書印刷株式会社

〒160-8520　東京都新宿区南元町19
発行所・販売　株式会社 きんざい
　編 集 部　TEL 03(3355)1770　FAX 03(3355)1776
　販売受付　TEL 03(3358)2891　FAX 03(3358)0037
　　　　　　URL http://www.kinzai.jp/

・本書の内容の一部あるいは全部を無断で複写・複製・転訳載すること、および磁気または光記録媒体、コンピュータネットワーク上等へ入力することは、法律で認められた場合を除き、著作者および出版社の権利の侵害となります。
・落丁・乱丁本はお取替えいたします。定価はカバーに表示してあります。

ISBN978-4-322-12352-4